从外国冬至到圣诞节

近代以来圣诞节在中国的节日化

From *the Foreign Winter Solstice* to *the Holy Birthday*:
How Christmas Become a Celebratory Festival in China

邵志择 著

上海交通大学出版社
SHANGHAI JIAO TONG UNIVERSITY PRESS

内容提要

　　本书是关于圣诞节自近代以来如何逐渐在中国的部分都市里成为一个商业化节日的研究,时间跨度从晚清到民国,再到改革开放以后。最初耶稣诞辰被上海、江浙等地的人们称为"外国冬至",到民国时期,耶稣诞辰逐渐被称为"圣诞节",这个称呼一直沿用至今。与此同时,圣诞老人、圣诞树、圣诞大餐以及圣诞舞会等节日要素也都在上海等地逐渐流行,其商业性非常突出。改革开放以后,这个节日又在商业化的推动下流行起来,以至今日。本书的主题在国内尚未见系统的研究,作者对圣诞节在中国流行的梳理较为详细,对其所遇到的文化回应也作了初步的分析,具有一定的学术价值。

图书在版编目(C I P)数据

　　从外国冬至到圣诞节:近代以来圣诞节在中国的节日化 /
邵志择著. —上海:上海交通大学出版社,2018
　　ISBN 978 - 7 - 313 - 20213 - 0

　　Ⅰ.①从…　　Ⅱ.①邵…　　Ⅲ.①圣诞节-影响-
节日-风俗习惯-研究-中国　　Ⅳ.①K891.1②K892.1

　　中国版本图书馆 CIP 数据核字(2018) 第 216751 号

从外国冬至到圣诞节
——近代以来圣诞节在中国的节日化

著　　者:邵志择
出版发行:上海交通大学出版社　　　地　　址:上海市番禺路 951 号
邮政编码:200030　　　　　　　　　电　　话:021 - 64071208
出 版 人:谈　毅
印　　刷:江苏凤凰数码印务有限公司　经　　销:全国新华书店
开　　本:710mm×1000mm　1/16　印　　张:14.5
字　　数:266 千字
版　　次:2018 年 10 月第 1 版　　　印　　次:2018 年 10 月第 1 次印刷
书　　号:ISBN 978 - 7 - 313 - 20213 - 0/K
定　　价:68.00 元

版权所有　侵权必究
告 读 者:如发现本书有印装质量问题请与印刷厂质量科联系
联系电话:025 - 83657309

前　言

　　有两件亲历的事触发了我对圣诞节的兴趣,分别发生在 1998 年和 2004 年。

　　1998 年圣诞夜,我和妻子应邀参加一个圣诞晚会。晚会在一家大型百货商场的顶楼餐厅举行,那里临时改成了音乐舞厅。我们九点多进场,人已多得几无插足之地,人声鼎沸,音乐在旋转彩灯的晃动中似乎也有些失真。正当我们想找个角落的地方坐下时,忽见大厅一角冒出烟来,起初以为是故意施放的,很快便发现现场乱作一团,有人在往外跑。真是着火了! 我们也夺路而逃。跑到街上,见商场门口有许多身穿红衣头戴红帽的人在散发广告纸,有的则卖红帽子和其他东西,那便是"圣诞老人"了,虽然他们很年轻。抬头看大楼,并没有烟冲出来,商场里照样人潮涌动,似乎也没有警报。原本想过会再上楼去继续娱乐一下,犹豫了一会儿,还是决定回家了。

　　2004 年,儿子三岁。圣诞夜,我们带他去参加他的第一个圣诞晚会。从家里出发,原来不到二十分钟的车程足足走了一个半小时,堵在车上看前后左右,也都是车和人。我把妻儿送到延安路上的目的地之后,独自到了西湖以西茅家埠边上的三台山。这里黑黢黢的,山林之间隐隐有路灯惨白的光亮,看不到一个人影。那天晚上很冷,山林间寒意尤冽,那里又是张苍水、俞樾、陈夔龙诸人的宅茔所在,所以格外使我清醒。

　　我站在林间的路边想:究竟什么时候中国人开始这么热衷于过圣诞节的?

　　我自己开始过圣诞节是在上大学的时候,那是 20 世纪 80 年代末。1988 年圣诞夜,我曾到杭州著名的基督教堂思澄堂去看热闹。思澄堂在那个年代是杭州比较热闹的宗教场所,周末都有活动,每年平安夜和圣诞日更是人满为患。我好不容易挤到了里面,看了弥撒仪式,唱诗班的孩子们天籁般的声音至今仍有余音在我耳中。那一年我还与同学合伙在校园里贩卖过圣诞卡和贺年卡,赚了几个小钱。至于学校里的圣诞舞会,因平常周末也常跳舞,自然是不会放过的。但也仅此而已,没有留心过杭州街头是否也有圣诞大餐或圣诞舞会。2011 年开始准备资料的时候,翻阅图书馆里收藏的旧报刊,发现那时杭州的圣诞大餐也颇流行,当然价格不菲,即使我当时知道也是吃不起的。现在回想,1988 年是很特殊的年份,20 世纪 80 年代的文化热到这一年达到顶峰,圣诞节也以这一年最为热闹,这是我在研究中得出的结论,当然也有自己的经历作附证。

　　那时别的城市如何过圣诞节我没有切身的体验。来到麦迪逊以后,曾问过同在这里访问的几位学者,他们大多是到大城市上大学或读研究生以后才接触到圣诞节,可见在 20 世纪 80 年代末期,很多小地方、小城市的学生还不知道圣诞节这回事。我记得曾在香港《文汇报》上看到一篇上海学者写的文章,作者是从山东到上海念书以后才对圣诞节有了兴趣,而作者的一个三十多岁的朋友告诉她,在他能记事的时候,就知道过圣诞节了。这个"他"是上海人,算起来他知道过圣诞节的时候大概是 20 世纪 80 年代初吧(这篇文章刊于 2002 年 12 月 25 日)。20 世纪 80 年代的中国社会乐于接受一切来自西方的事物,这在当时是非常普遍的社会风气,愚人节和圣诞节就是在这时候和这样的风气中来到中国的,我和同学都从中取乐,但是并不深究。说实在的,当时对这两个洋节的来历所知甚少。流行文化之所以流行,也许正在于人们在无意识中的接受,如果人人都认真追究每件事情的根源,大概是不会有流行文化的。我自己早已不过圣诞节,反倒有兴趣来了解它是如何进入中国的,又是如何在中国流行起来的。

　　2013 年 8 月,我到美国威斯康星大学历史系做访问学者,此前一年在国内已经收集了大部分资料,准备利用这段时间专注于写作。麦迪逊冬天本极冷,又遇几十年来美国北部地区最冷的冬天,国内有人调侃电影《2012》中的情景已成为现实。最冷的那几天零下 30 度左右,吓得我不敢出门半步。困在屋内的好处是码字有充裕的时间,我经常是看看窗外的飘雪,低头打几个字。一个冬天下来(将近六个月!),初稿也基本上完成了。

　　在麦迪逊期间，我和同专业的访问学者曾与当地的媒体和宗教界人士有所接触，他们对我的研究选题颇感兴趣，向我询问中国人过圣诞节的情形，对中国人居然热衷于过他们的节日感到十分惊讶。使我惊讶的是，麦城街头的圣诞节气氛竟远不如杭州或上海等国内城市热闹，主要街道有一些彩灯，商店里稍微热闹些，圣诞花（poinsettia）摆放在显眼的位置，梅西百货商店门口照例有一个圣诞老人接待孩子，如此而已。当然，对美国家庭而言，这自然是一年中最重要的节日，我住的地方附近住宅的门口树上或墙头都挂着彩灯，在雪夜中安静地一闪一烁，只是绝无中国人过年爆竹、烟花的震响，因此也没有中国人熟悉的那种节日气氛。不过，我在那里体会到了美国圣诞文化中的博爱精神。有三件事值得一说。一是我们应邀参加了教堂提前举办的一个圣诞晚会，参加者大半是中国人，还有专门来与外国友人联欢的美国志愿者。第二件事，我在晚会上结识了一位在菲律宾传教 30 年的教士 Lee，他刚退休回美国。他知道我一人在此，过了两天写了封信给我，邀请我在圣诞日到他家去作客，并表示要开车来接我。我因为事先已有安排，婉谢了他的盛情。还有一件事，就是退休记者 Gordon 先生请我们十几位访问学者还有几个孩子到他家提前过圣诞节。他和夫人 Anne 极为友善，不仅准备了丰富的吃食，还为我们每个人精心制作了圣诞照片册页。另外还有一位单身的女士 Rose 也赶来与我们相聚。正是Gordon 先生和 Rose 女士，在大半年里为我们安排并陪同我们参观了几乎所有麦迪逊的报纸、电台和电视台，而圣诞册页就是我们数次参观的照片。Gordon先生和夫人 Anne，以及 Rose 女士、Lee 先生，让我感觉到异国的圣诞节是温暖的。

　　我要感谢潘忠党老师和田竹林老师，他们是我们这些"麦屯支部"成员的精神领袖和生活指导，我们在他们 Middletown 温暖的家过了一个完全中国味的中国年。我们也在美丽的威州一起看了许多乡野风景。戴斯哲（Joe Dennis）为我获得了威斯康星大学历史系访学的机会，当然要特别感谢。他的中文很好，我们交流过各自研究的内容，也一同参观过博物馆。也要感谢他的夫人 Laurie Dennis，她是威大中国项目部（China Initiative）的负责人之一。戴斯哲从事中国明代研究是受了 Laurie 喜欢中国文化的影响，他原来是学法律的，原本可以做律师赚许多钱，最后却安心坐冷板凳研究明代中国的出版和书院藏书等文化现象。威大图书馆中文部的徐女士（Diana Xu）热情地帮助我了解馆内

中文资料的收藏情况,指点收集资料的门径,并听取了她所体会到的美国圣诞精神。还要感谢同在麦迪逊度过美好时光的访学好友,他们是张建、邹军、沈荟、张杰、章平、吴赟、朱金玉、杨席珍、叶欣、丁苗苗、赵凌,以及曾在麦屯生活过的也是"麦屯支部"一员的吴红雨。

当然,最应感谢的是我的妻子和儿子,没有他们的感情支持和每天的视频通话,麦屯的冬天会更难熬。特别是,这本书源于我们仨一起经历过的事情。

邵志择

2014 年 7 月 6 日于威斯康星大学"鹰冈"

目　录

第一章 绪论——圣诞节:从西方到中国

鸦片战争以后,来中国传教和经商的西方人大概不会想到,他们文化中最为热闹的一个节日——圣诞节,有朝一日会在中国的某些城市里成为一个嘉年华式的商业化世俗节庆。20 世纪初,一位德国记者目睹了上海的西方式繁华,但是他仍认为在中国不断扩张业务并拥有精致生活习惯的英国人、德国人、法国人和美国人,至多也就是中国文明这碗肉汤里面漂浮着的肉丸子。[①] 相对于庞大的中国及其悠久的历史文化而言,这话当然是对的。不过,如果换一个视角来看,当时的上海也有相当多的中国人在精神上、文化上、生活上正在成为西方文明这碗肉汤里漂浮着的肉丸子。

隔 膜 解

"中国人急切地想拥有所有外国人技术上的发明,机枪和迫击炮,飞行器和无线电报,热水壶和电影放映机,理发器和钢笔。"1928 年在中国旅行的一个西方人如此写道。在中国的城市里,人们热衷于外国的各种时髦玩意,"外国菜肴、外国葡萄酒、外国游戏、外国服装、外国风俗——几乎所有外国的东西都成了时髦。"即使在农村,诸如自行车、热水瓶、手电筒、肥皂、火柴、香烟、罐头食品等被认为有用的洋货也都广为人们接受。[②] 冯客在《洋货:摩登物品与中国的日常生活》这本书中,展示了 19 世纪中期到 20 世纪上半叶中国人对各种洋货的接受和使用状况,他认为日常生活中的中国人在物质现代化上并非受制于外

[①] 《1903:德国记者蔡博(Zabel)眼中的上海》,《另眼相看——晚清德语文献中的上海》,王潍江、吕澍辑译,上海辞书出版社,2009 年,第 204 页。

[②] Frank Dikötter. *Exotic Commodities: Modern Objects and Everyday Life in China*. Columbia University Press,2006,p1.

国人强加的影响,相反,洋货为中国人提供了大量的新机遇,是可以供人充分利用的一套工具。普通人在一定的文化模式中使用外来物品,可以通过挪用(appropriation)的方式来满足自己的需求①,中国人也不例外。冯客借用法国学者德塞图等人的理论,认为消费也是一种生产,消费者也是生产者,消费就是一种社会行为,通过这种行为,产品成为消费者的对象并产生个性化的意义。②

洋货在中国的流行并非简单的物质消费,同时也是一个文化渗透、文化适应(inculturation)和文化同化(acculturation)的过程。对西方物质的普遍接受并不仅仅停留在物质层面,多少总会影响到文化和意识形态。唐振常先生曾指出,"对于物质文化既经认同与接受,深一层追究其所以然,其结果便会是影响和促进对于西方制度文化的认同和接受。"③这里似乎存在着一个先物质后文化的接受逻辑。也许对中国这样有着深厚文化根基的国家来说,外来的影响确实需要以物质为基础,然后才能逐渐体现其物质背后的文化力量。物质消费是日常生活的基础和前提,俗语所说的开门七件事是最好的证明,如果我们承认物质能够改变日常生活的基础,那么人们的生活方式迟早也会跟着改变,文化也会因此而多少有些改观。当然,这种变化并不是抛弃原来的文化,因为文化一旦成型并经过长期的稳固发展,可在相当程度上超越物质基础,外来物质文化并不一定会完全取代本土文化,在文化层面上确实存在着现代性的本土化现象(Indigenization of modernity)。④

同样,首先体现在精神层面的外来影响也可能慢慢地在物质上呈现出来,换言之,精神文化也可以向物质层面转化。近代以来,不能在物质层面上落实的外来文化要得到中国人的认可往往异常困难,因为它要直接面对中国自身强大的文化传统的阻力。反之,如果一种文化形式能找到物质层面的足够支持,它早晚会被中国人至少在一定程度上接受。也就是说,不能物质化的外来文化对实用理性特别强的中国人来说,因为很难体现它的好处而可能显得处处隔膜,而一旦它能够给中国人带来日常生活上的物质利益,这种隔膜就会在一定程度上得以消除。民国时期的一个中国人曾在耶诞节时对中国社会中的隔膜现象颇为感慨,他说,人与人之间的隔膜是普遍存在的,这是因为人们之间存在

---

① Frank Dikötter(2006),pp5 – 7.

② Frank Dikötter(2006),p11.

③ 唐振常:《市民意识与上海社会》(原载《二十一世纪》,总第 11 期,1992 年 6 月),汪晖、余国良编:《上海:城市、社会与文化》,中文大学出版社(香港),1998 年,第 94 页。

④ Frank Dikötter(2006),p7.

着生活上的距离,如要消除隔膜,还得由生活本身:

> 就近言之,这些时候和地方来很热闹地庆祝耶诞,这是为了耶稣
> 人格的伟大,"牺牲自己,博爱大群"——彼此一点也不隔膜。有些表
> 示十分融合起见,会通宵狂欢,不过却有十五元一客大餐以示限制,就
> 见得不大"博爱"了。自然,在街头的不易"亲近",这也由来已久,只在
> "八·一三"后更形显著而已。这"永远"还延续若干时日,我可不知
> 道。热心之士抱着不平起来,提议准备把火鸡拎到街头去吃,"与民同
> 乐",可是大概这慷慨都想发表于筵席之间。等一会"焗猪柳元汁烧茨
> 仔"与"白帽蛋糕"塞在嘴里,便也不免静默三分钟了。①

作者用了反讽的手法来表说明,在中国人过耶诞的时候,圣诞大餐、白帽蛋
糕和火鸡只是少数人的享受,与街头的乞儿和穷人形成了巨大的差距,耶稣伟
大人格所显示的"博爱"也就不那么博爱了,隔膜由此产生。其实,对那些在圣
诞夜通宵狂欢的少数人而言,耶稣的"博爱"也需要通过物质消费——大餐、火
鸡、焗猪柳元汁烧茨仔、白帽蛋糕,才能显出彼此之间"十分融合"。在这里,所
谓耶稣的人格和博爱表征的是基督教文化,以吃大餐和通宵狂欢来庆祝是物质
层面的事情,然而,这样的庆祝所"融合"的究竟是什么呢? 如果每个中国人都
能吃到火鸡和白帽蛋糕,圣诞节在中国人中间是否就没有了文化上的隔膜呢?

"他们的心里没有圣诞节"

耶诞是基督教中的四大弥撒之一,当基督教进入中国以后,外国传教士每
到此时必做弥撒是可以想见的。据说清初著名画家、也是天主教徒的吴历曾写
过号称中国第一组"圣诞诗"(共九首五言律诗),其中有两首描写了圣诞弥撒时
的场景:

> 乐国丰筵备,传乎起侧微。麦膏飡不素,萄酒醉无归。玉冕三光
> 烂,金衣五色围。台前多有德,朝夕近容辉。
> 广乐钧天奏,欢腾万众灵。器吹金角号,音和凤狮经。内景无穷
> 照,真花不断馨。此间才一日,世上已千年。②

---

① 霖长:《隔膜解》,《申报》,1939 年 12 月 26 日,第 11 版。
② 参见汤亦可编:《圣诞丛谈》,世界书局,1945 年,第 119 页。该书转载了原刊于《教友半月刊》第
十三号上的这些诗歌。按,吴历(1631-1718),字渔山,江苏常熟人,长期在苏南一带传教。

对基督教徒来说,庆贺耶诞的弥撒是令人欣喜的,但是对大部分中国人而言,宗教文化上的隔膜不可以道里计。我不知道在吴历的那个年代一般中国人是如何称呼耶诞的,近代江浙一带的人则最早把它叫作"外国冬至",后来这个叫法流传到国内其他地方。"外国"一词表明了"他们"与"我们"之间的界限,"冬至"主要是时间上与我们自己的节日的临近性,似乎又显示了一些消除隔膜的意味。但是,"外国冬至"这个称呼纯粹是文化附会式的叫法,虽然用了"冬至"这一中国人熟悉的节名,反映出来的却是巨大的文化差异,属于文化交流中捷径取向(short-cut)的产物。如果我们对圣诞节进行深入的了解,就可知道这个宗教纪念日确实与西方的冬至日或冬节有关,但是同治、光绪年间的中国人对这个西方宗教节日的历史渊源缺乏深入的了解,"外国冬至"的叫法纯粹是文化误读中的巧合。

耶稣究竟诞生在哪一天?《圣经》和古典宗教文献并无记载。西方宗教界人士众说纷纭,有人认为是 5 月 20 日,也有人认为是 4 月 19 日或 20 日,另有 11 月 18 日、3 月 28 日等说法。公元四世纪时,罗马天主教会开始在 12 月 25 日庆祝基督诞生。这个日子其实就是凯撒历(Julian Calendar)的冬至日,也是庆祝光神(Mithras)的日子。在古罗马时代,人们从 12 月 17 日开始欢庆冬至日(Winter Solstice)前后的农神节(Saturnalia),大部分罗马人欢宴、游戏、狂欢、游行,一直延续到 1 月 1 日。为了对抗古罗马异教徒的这个冬天节庆习俗,教会开始在冬至庆祝耶稣基督的诞生,同时把原来农神节的民间习俗加以改造,这样就形成了圣诞节的习俗。① 可见耶稣诞节与冬至节在西方确实是同源的。

在所有北半球的各种文化中,冬至都是一个重要的节日,它代表着人们希望从萧杀死寂向春生夏长秋收转变的心愿。从象征的意义上说,冬至表明生命对于死亡的胜利,所以耶稣降生(圣婴)在基督教中标志着人类生命的新开始,圣诞节的重要性由此体现出来。圣诞节并非仅仅景仰作为个体的耶稣,按照基督教的基本教义,整个人类也由此进入了一个新纪元。② 中国人认为秋冬的阴气到冬至这天达到极点,此后阳气便开始逐渐上升,因此值得庆贺。从历法的角度来看,中国人对冬至的理解与西方人基本相同。但是,由于基督教对西方古代冬节的改造掩盖了圣诞节的历法含义,近代中国人又无法理解这个节日在

---

① Penne L.Restad. *Christmas in America：A History*. Oxford University Press,1995,pp4 - 5.

② William B.Waits. *The Modern Christmas in America：A Cultural History of Gift Giving*. New York University Press,1993,pp9 - 11.

西方基督教里所包含的宗教文化意义，所以就简单地附会在自己所熟知的中国冬至节上。

上海开埠之初，外国人对于他们身处其间的东方异域有着强烈的文化隔膜感和孤独感，每逢圣诞佳节之时，这种感觉尤其强烈：

> 我们与读者处于相同的境遇——异国他乡的居民——被无数对圣诞节一无所知的人们所包围，他们对我们所体会到的圣诞快乐完全陌生。这个令人怀念的节日似乎存在着特别的力量。到底存在何种巨大的差异使得中国人与我们如此隔膜！唉！可怜的灵魂啊！他们的心里没有圣诞节，他们的家里没有欢乐！①

在《北华捷报》编者的眼中，被异域文化所包围的外侨社区（文中称为 *our little Christian community*，凸显了外侨社区的宗教特性）因有共同的圣诞节而格外团结。在他们的心底里，圣诞节显示了与祖国强大的联系，这种文化上和精神上的联系值得他们远航到这东方的海岸来体会这种力量，他们从心底里喊出"happy，happy，Christmas!"与此同时，在中国的土地上过这个节日也特别体现了"我们"与"他们"之间巨大的文化、心理距离。

旅居上海的西方人当然知道他们的圣诞节与冬至的关系②，但是他们并没有主动在文化上与中国的冬至节联系起来，也许是他们并不了解中国的冬至节，也许出自"我们—他们"的文化差异感而有意保持他们的宗教节日的纯洁性，故意不与中国人的世俗冬至节扯上关系。

生活在上海租界里的外国人以英国人居多，从《北华捷报》的文章来看，他们特别强调以家庭为中心的英国圣诞节习俗，举办圣诞晚宴是他们最重要的过节方式。有些年轻人远离家乡，也没有结婚，所以就想方设法在上海这个异乡寻找其他的过节方式。男人们像在英国一样去乡间打猎，甚至在旅途中的画舫上搞圣诞晚宴，据说他们的胃口比上海的洋房里更好。③ 他们也在圣诞节期

---

① *To Our Readers*. The North China Herald，1850.12.28.

② 在《北华捷报》的一篇文章中，作者追溯了圣诞节的由来，其中特别提到冬至以及古罗马冬节的庆贺习俗。见 *Christmas*. The North China Herald，1870.12.28.

③ *Christmas*. The North China Herald，1870.12.28.19 世纪 60 年代中期前后的上海，英国侨民家庭并不多，以家庭为中心的过节习俗在外侨社区里还不是很普遍，单身汉除了接受邀请参加聚会之外，有的躲在自己的住处阅读旧信以怀念美好的过去，或者去乡下打猎度假，也有少数人开始为中国的穷人做一些慈善活动，总之，过节的方式较为自由。见 *Christmas*. The North China Herald，1867.12.31；*Christmas*. The North China Herald，1868.12.28。

间举行传统的 Paper Hunts 这种体育活动①,中国人称之为"令节跑纸"。《北华捷报》一再声称外侨在上海过圣诞节完全遵循英国(欧洲)和美国的习俗,所以经常 Yule 这个古英语单词指代 Christmas,以显示英国圣诞节的古老传统。在一篇文章中,作者写道,在中国这个陌生人的地方:

> 盎格鲁-萨克逊人仍然用他们自己的娱乐方式聚集在一起,我们是何等急切并成功地在中国将圣诞节与欧洲或美国的圣诞节融合在一起。我们传递着相同的友好的节日问候,教堂和家庭里有着相似的节日装饰,为不幸和贫穷的人们准备的慈善活动也同样举行着。事实上,我们把圣诞节的习俗带到了地球的尽头。②

文化习俗上的差异使得生活在上海的英国人自觉地保持纯粹的英国圣诞节传统,他们忙于装饰教堂,忙于购物,忙于写祝福语,忙于包裹神秘的礼物,以便让圣诞老人分送给孩子们。③

西方的现代圣诞节

在上海这个"模范租界"中,圣诞节的传统主要来自英国,后来才有美国圣诞节的引入。回顾一下西方尤其是英、美两国圣诞节的发展有助于认识它在中国的流播。

尽管古代基督徒在耶稣被钉死在十字架之后数年即开始过耶稣受难日、复活节和圣灵降临日,但是人们并没有庆祝他的诞辰。英语 Christmas(即 Christ's mass 或 Communion service 之意,指的是为耶稣举行的弥撒)出现得也较晚,Christes Masse 一词公元 1101 年才见于亨利一世在威斯敏斯特教堂举行的圣诞瞻礼。④ 在中世纪早期,圣诞庆祝主要限于教会、教堂内部,1300 年

---

① "跑纸"不知起于何时,至少在 1860 年代中期,上海的外侨就在圣诞节时举行此项运动。见 *Summary of the Week*, The North China Herald, 1866.12.22.1876 年圣诞前后举行了四次"跑纸"活动,其中圣诞日这次吸引了最多的参加者。见 *The Drag and Paper Hunts*. The North China Herald, 1876.12.28."跑纸"活动是租界外国人的保留项目,每年都举行,圣诞节最为隆重,这种活动直到 20 世纪 20 年代中期仍很热闹。见 The Christmas and Boxing Day Hunts, *The North China Herald*,1926.12.31.

② *Christmas*. The North China Herald,1871.12.28.

③ *Christmas*. The North China Herald,1880.12.30.

④ Francis G.James & Miriam G.Hill(Ed). *Joy to the World:Two Thousand Years of Christmas*. Four Court Press,2000,pp9 - 10.

至 1500 年左右,欧洲所有基督徒都开始庆贺圣诞节,不再局限于教堂内,教会也开始接受一些流行的庆贺方式,如唱颂歌、欢宴,甚至跳舞,后来的许多圣诞风俗来自这一时期。① 到英国资产阶级革命前,英国从乡村到宫廷都有圣诞狂欢活动,宫廷的奢靡过节之风尤盛,所以,英国清教徒革命以后对圣诞节加以严厉禁止。② 1656 年,取消圣诞节的法案在英国议会获得通过,次年圣诞节,政府甚至派出军队逮捕参加圣诞活动的任何人。直到克伦威尔死后,英王复辟,教会也恢复了原来的地位,圣诞节的世俗庆贺活动才又慢慢回到英国的社会生活中。③

18 世纪末到 19 世纪初,英国圣诞节有衰落的迹象。有人认为这是受了工业革命的影响,因为工业化和城市化把英国过去的传统与现代生活隔离开了,现代的都市生活远不同于乡村,这导致根基于乡村的圣诞节习俗遭到破坏。在有些人看来,英国社会的碎片化(macadamized)减弱了包括圣诞节等节俗在内的传统文化。④ 直到维多利亚时期,英国圣诞节的世俗化庆贺才得以在社会中重获生机。在西方人把圣诞节的习俗带到上海的时候,英国和美国的圣诞节正处于从古代到现代的转变过程中。⑤ 后来流行于中国的圣诞节习俗正是维多利亚时期的英国和美国创造出来的新传统。维多利亚时期英国的圣诞节比较优雅、节制,也不乏欢乐,与古代挪威和诺曼时期老的英国圣诞传统专注于吃喝、无节制的狂欢不大一样。⑥

在美国,新英格兰地区从最初的移民时代一直到 19 世纪中期,都严禁过圣诞节,这是英国清教徒带到新大陆的禁忌。清教徒普遍认为圣诞节完全不可接受,浸礼会、长老会和贵格会的教徒甚至强烈反对宗教性的圣诞庆祝活动。新英格兰的清教徒在早在 1647 年就通过议会表决取消了圣诞节,连带着复活节、圣灵降临周也被取消了。1659 年,马萨诸塞州总法院通过一项法令惩罚那些

---

① Francis G.James & Miriam G.Hill(2000),p55.

② 以加尔文派原则为基础的清教徒采取普遍禁欲的措施,反对一切无谓的娱乐,对节日甚至是圣诞节的正常娱乐也进行压制。关于这方面的情况,可参见马克斯·韦伯的名著《新教伦理与资本主义精神》第二卷第二章"禁欲与资本主义精神",康乐、简惠美译,广西师范大学出版社,2010 年。

③ Francis G.James & Miriam G.Hill(2000),pp112 - 114.

④ Mark Connelly. *Christmas：A Social History*. I.B.Tauris & Co Ltd,1999,pp29 - 30.英国乡村的圣诞节强调地主与佃农之间的融洽关系,地主一般要为佃农和雇工准备圣诞节食物,并邀请他们一起过节。这种传统的乡村圣诞风俗在工业化时代遭到很大的冲击。

⑤ 关于这个转变,许多有关圣诞节的专著中都有叙述,较为详细的论述可参见 J.M.Golby and A. W.Purdue. *The Making of the Modern Christmas*. The University of Georgia Press,1986,第三章 *The Victorians and the Refurbishing of Christmas*.

⑥ Mark Connelly(1999),p31.

保留圣诞节的人:如果发现有人不劳动、宴请或以任何其他方式庆祝诸如圣诞节之类的宗教节日,将被罚款 5 先令。① 英国演员凡尼·肯博(Fanny Kemble)1832 年在新英格兰地区旅行,他观察到这里的节日非常少,"圣诞日不是一个宗教的日子,几乎也不是一个节日,新年也许稍微像一个节日。至于第十二日(按,英国圣诞节期结束的那天,即主显节),则没人知道"。② 尽管新英格兰的清教徒严格限制圣诞节,但是在美国其他地区,如纽约市、宾州以及南方殖民地,17 世纪和 18 世纪一直有民间和宗教性的圣诞庆祝活动,大部分圣诞习俗来自英国、荷兰与德国,这些地方的节俗大多注重吃喝、家庭聚会和娱乐。③

19 世纪中叶前后,维多利亚风格的圣诞节波及美国,加上原有的德国、荷兰等国圣诞习俗的传播,美国各地逐渐开始接受了圣诞节。1836 年,阿拉巴马州率先承认圣诞节为正式的节日,此后到 1890 年,大部分州或准州都承认了圣诞节的合法性。④ 1870 年 6 月 26 日,美国国会正式宣布圣诞节为联邦节日⑤,也就是全国性的节日。与此同时,美国和英国同样出现了圣诞节的商业化转变。英国大约从 1870 前后开始有所谓的圣诞消费季(Christmas shopping),从圣诞节前第四周的周日(即标志着一年一度圣诞节期开始的 Advent Sunday)开始直到次年年初假期结束。到 19 世纪末,商业化的圣诞节在英国已经很喧闹了,1898 年圣诞节伦敦街头的购物潮令人目眩,到 20 世纪初,每逢圣诞节时街头人潮如涌,交通堵塞,不得不动用警察来疏导。⑥ 商业性也是维多利亚时期圣诞节的一个时代特点。

美国的圣诞商业到 19 世纪 60 年代时已初具规模。著名的梅西百货公司(Macy's)在 1867 年圣诞夜营业至午夜时分,当天的收入达 6 000 美元。1888 年,梅西百货公司向顾客保证,凡在 12 月 24 日所购之物,当天即可送到,也可以要求在圣诞日送到。1889 年 12 月份,纽约的梅西百货公司把 162 624 份顾客所购的礼物送到了他们的家门口。⑦ 到 19 世纪末,圣诞节的商业化已经使美国公众感到担忧,认为商业化损害了圣诞节的真正含义,《纽约时报》(1894

---

① James H.Barnett. *The American Christmas:A Study in National Culture*. Arno Press,1976,pp2 - 3.
② Penne L.Restad(1995),p17.
③ James H.Barnett(1976),p9.
④ James H.Barnett(1976),p20.
⑤ Penne L.Restad(1995),p104.
⑥ Mark Connelly(1999),p194.
⑦ Penne L.Restad(1995),pp128 - 129.

年12月23日)曾撰文呼吁"圣诞节应当去物质化"。①

圣诞节商业化最明显的标志是圣诞老人的流行和他被商家的广泛利用。众所周知，圣诞老人的原型是圣·尼古拉斯，他的形象由荷兰人带到了美国。圣·尼古拉斯一般在12月5日晚间到来，他穿着红色主教长袍出现在天空中，骑着漂亮的大白马，后面跟着一名黑人仆从，他降落在房顶上，然后从烟囱滑下，在好孩子的鞋子中塞满糖果和饼干。对那些行为不良的孩子，他会留下鞭子以示不满。② 圣诞老人深入美国人心目中与摩尔(Clement Clarke Moore)的一首诗歌有很大的关系，在他的诗歌《圣·尼古拉斯来访》(A Visit From St. Nicholas,1822)中，St.Nicholas和Santa Claus互用，他笔下的这个人物是矮个子，如小精灵般，穿着皮衣而不是主教长袍。他身边也没有跟随者，雪橇和驯鹿也很小。他从天而降，在12月24日晚到达，而不是原来荷兰传统中的圣·尼古拉斯日(12月5日)。摩尔的诗歌塑造了近代圣诞老人形象的基础，许多画家根据他的描写绘制圣诞老人。1843年，谢尔曼和史密斯(Sherman and Smith)所刻画的圣诞老人形象出现在《纽约市杂志》(New York City magazine)上，画面中的圣诞老人坐在火炉旁，把礼物塞进孩子们的袜子中。他个子小，穿着皮衣，头戴帽子，上面有一个主教的标志。他还抽着荷兰雪茄，表情和蔼，但是并没有表现出愉快。③ 在他们之前，罗伯特·威尔(Robert Weir)已根据摩尔的诗歌描摹了圣诞老人形象，他画中的圣诞老人也是身材矮小，头戴圆锥形的绒线长帽，没有胡子，身穿短大衣，脚上套着的是长筒靴，所背的礼物袋也很小(图1-1)。④ 据说另一位画家J.G.Chapman在1847所绘的圣诞老人体型较大，穿戴着镶边的衣服和长靴，帽子上镶带羽毛，已经很像现代的圣诞老人形象。漫画家托马斯·纳斯特(Thomas Nast)从1863年到1886年为《哈珀周刊》(Harper's Weekly)所画的圣诞老人最受人喜欢，他笔下的圣诞老人高大，穿着皮衣，有一部白胡须，是一个快乐的老人。到19世纪末，纳斯特笔下的圣诞老人形象就成了现代圣诞老人的标准像(图1-2)。⑤ 这个形象深得孩子们的喜爱，1881年圣诞节时，《哈珀周刊》就曾刊出一幅一个小女孩亲

---

① Penne L.Restad(1995),p131.

② Penne L.Restad(1995,p25.

③ James H.Barnett(1976),pp27-28.

④ Penne L.Restad(1995),p144.图片来源：http://www.smithsonianmag.com/arts-culture/A-Mischevious-St-Nick-from-the-American-Art-Museum.html.

⑤ James H.Barnett(1976),pp28-29.图片由本书作者摄自 Harper's Weekly,1881.1.1.

密地搂着圣诞老人脖子的图画(图1－3,本书作者摄自《哈珀周刊》,1881.12.24)。在另外一幅画中,圣诞老人为一群参加聚会的孩子分发礼物,孩子们的脸上洋溢着幸福的微笑(图1－4,本书作者摄自《哈珀周刊》,1883.1.20)。

图1－1

图1－2

图1－3

图1－4

圣诞老人从矮小瘦弱到高大富态也象征了美国物质丰富的程度越来越高,圣诞老人逐渐成了物质财富的象征。受利益驱动的经济贸易导致大规模的生产和销售,商业界很容易发现给孩子们派发礼物的圣诞老人是很好的促销工具,因为他使物质财富、美好愿望和慷慨得以人格化。随着圣诞老人形象的广泛传播,他也就被商店广泛利用在圣诞季进行促销。① 有人认为美国的圣诞节是 1880 年代被"重新发明"(reinvented)出来的,这主要是指商业化对圣诞节的塑造。因为在 1880 年之前,美国的圣诞节规模不大,节日商业在全国经济中地位不高,不仅因为很少有礼物交换,而且因为那些礼物大多是手工制作的。随着美国工业化和城市化的加快,到 19 世纪末,美国经济和社会的发展为美国现代文化奠定了基础,这种"摩登"文化由城市的价值观和符号主导,商业消费价值第一次在这个国家的历史中得到高度的认可,美国庆祝圣诞节的现代形式就是在这种文化中出现并形成的。即使原本对圣诞节抵制的地区,特别是新英格兰地区,也加入到了这样的商业化节庆中。② 与此同时,长辈给孩子们的礼物越来越多、越来越贵,这导致了圣诞老人性格的变化,比如原来圣·尼古拉斯惩罚坏孩子的一面消失了,圣诞老人趋向于奖励而不是惩罚,圣诞老人给所有孩子带去礼物,不管他们在过去的一年中表现如何。圣诞老人的身材也发生了变化,他变得更高大,身体变得更柔软,完全不同于 19 世纪初那个小精灵般的形象,也不同于欧洲那个高高瘦瘦的圣·尼古拉斯。③ 很显然,商业性要求圣诞老人和蔼可亲,这样才符合他的送礼者的身份,商店也愿意用他作为促销的形象。可以说,商业性是使圣诞老人从原来的主教、孩子和船员的保护神的角色④,转变为如今这样为全世界的孩子们所喜爱的虚构人物的主要因素。

上海租界圣诞节的商业性

上海租界里的圣诞至少从同治末年开始也体现出了它的商业性。租界的外国商行一般都要在圣诞节期间休业,包括外国人管理的中国海关,会审公

① James H.Barnett(1976),p44.
② William B.Waits(1993),pp1 - 2.
③ William B.Waits(1993),p127.
④ Eugenia L.Tennant. *American Christmas: From the Puritans to the Victorians*. Exposition Press,1975,p39.

癖因有外国人参与也停公放假。如果有人借口处理商业事务而在节日期间呆在办公室里,就可能被视为狄更斯笔下斯古奇(Scrooge)那样刻薄无情的人。事实上,整个外侨社区都会停止工作来参与娱乐活动,各商店都极为华丽地装饰一新,大量的玩具、珠宝、装饰品、礼品书、糖果等陈列在柜台上。哪里有孩子,闪闪发亮的挂满礼物的圣诞树就会是引人注目的中心。① 我们可以从《北华捷报》的新闻中可以看到当时上海的外资商店为过圣诞节所做的准备。1879年,该报记者走访了三家商店,它们是 Messrs.Hall and Holtz(福利公司),Messrs. Lane, Crawford &Co.,(泰兴洋行,在香港叫做连卡佛)以及 Messrs.L. Vrard &Co.,这几家商店都位于南京路一带到外滩之间:

> 我们看到福利公司对面有一排马车,由此推测有人与我们一样来观看圣诞商品展示。走进商店,最先吸引人的是绕着柱子的冬青树装饰,优美的曲线从屋顶挂下来,旁边是一幅展现英国冬天景色的巨幅图画。商品陈列是如此多样,从何处开始欣赏颇使人为难。我们很快便置身于一些极具个性的玩偶之间,我们希望能快点把这些玩具交到小朋友手中,他们肯定会特别喜欢这些玩意。在商店里的另一角,展示了许多剑、枪、鼓、加农炮等军事玩具。对吸烟者而言,也有两个柜子陈列各种雪茄烟嘴和烟管。在商店的后部,有许多蛋糕、蜜饯、果酱、饼干等等,太多了,不能一一介绍。蛋糕和它们包装都是福利公司自己做的,大部分蜜饯、糖从巴黎进口。引人注目有美国制造的精美的镀金餐盘,还有一些日本刺绣丝绸屏。听说有一个玩具房正在搭建之中,几天后将完工。我们又来到泰兴洋行,这家店也如前一家,这里有两句欢迎大家的吉祥语:"圣诞快乐!""新年快乐!"这里有非常具有艺术性的圣诞卡和新年贺卡,这是我们从未见过的,大部分设计都很新颖。我们来到江西路上著名的 Messrs.L. Vrard &Co.,听到音乐盒里传来悦耳的音乐,走过去,看到了音乐盒里有鼓、击锤和响叮当的铃儿。这里也有一些机械玩具、会游动的鱼、狗以及火车的机车等等。其他还有各种物品,如珠宝、钟表、项链,还有大量的饼干、糖果,

---

① *Christmas*. The North China Herald,1872.12.26.这篇新闻里所提到的 Scrooge 是狄更斯著名的小说《圣诞颂歌》里的主人公,他不承认圣诞节是值得庆贺的节日,他对同事颇为苛刻,也不顾家庭,并且压榨穷人。在一次梦境中,他经历了巨变,醒来之后领悟到了圣诞节的精神,于是改变了对待他人的态度,变得友善并乐于施舍穷人。这个故事对英国和美国现代圣诞节慈善精神产生很大的影响,有人甚至认为现代圣诞节是狄更斯创造出来的。

玩偶特别有吸引力。①

这一年上海的圣诞节气氛也如狄更斯和华盛顿·欧文所描写的那样欢乐，火鸡也像《圣诞颂歌》里斯古奇改变了对圣诞节和人们的态度之后所买的那样肥大，其他各种圣诞食品很丰富，从葡萄干布丁到肉馅饼等，各种各样的圣诞物品真可谓琳琅满目，上海洋房的地窖里窖藏着各种高品质的葡萄酒。② 此后数年，《北华捷报》一般都会在节日前报道各商店准备圣诞商品的报道，所介绍的商店也逐渐增加。③ 从这些报道中可以了解到，除了传统的玩具、化妆品、餐具、糖果、食品等等之外，圣诞商品中还增加了圣诞树、圣诞（树）装饰品、圣诞图书、照相机、相册和相框等等，凡是在欧洲和美国流行的圣诞商品都可以在上海的商店里买到。

孩子是圣诞节的主角，在中国过圣诞节的外侨感受到的最大变化就是孩子成了圣诞节的中心。当外国人刚来到中国的时候，几乎没有外国孩子一同前来，这使得圣诞节看起来不那么自然。"但是现在的圣诞节和在家乡一样了，这是多么美好的变化啊。……圣诞节应该为孩子而过，这是对的，有什么比孩子们的事情更重要？"④因为有孩子，圣诞树和圣诞老人也就成了圣诞节的必不可少的元素，商店里的玩具、玩偶也成了最重要的圣诞商品，它们往往被摆在最显著的位置，有的商店甚至专门辟出玩具房。⑤

民国时期在中国人中极为流行的圣诞卡和新年贺卡，在光绪年间的上海外侨中就已经非常普及了。圣诞卡出现在英国本土也仅仅在上海开埠初期的那段时间里，最初并不流行，后来才慢慢受到人们的喜爱。英国本土的圣诞卡上所绘的内容与《伦敦新闻画报》(Illustrated London News)、《笨拙》(Punch)和《女士报》(Lady's Newspaper)等画报上所刊圣诞场景类似，有展示古老圣诞习俗如圣诞野猪头、圣诞柴以及圣诞食品的，也有家庭圣诞装饰、家庭团聚的场景，当然也有冬天的景色，圣诞树和孩子们等等。再往后，圣诞卡内容更加丰

---

① *The Christmas show at the Shanghai stores*. The North China Herald, 1879.12.18. 附注：引文略有删节。

② *Christmas*. The North China Herald, 1879.12.24.

③ 参见以 *Christmas Preparations* 为题的报道，The North China Herald，1882.12.13；1884.12.17；1885.12.16；以及 *Christmas show at the stores*，The North China Herald，1889.12.20；*Christmas at display at the stores*. The North China Herald, 1891.12.24.

④ *Christmas*. The North China Herald, 1898.12.24.

⑤ *The Christmas show at the Shanghai stores*. The North China Herald, 1879.12.18.

富,宗教的场景也被制成圣诞卡,还有许多与圣诞节无关的内容也被印在圣诞卡上。① 托马斯·纳斯特在《哈珀周刊》上发表的圣诞老人形象也很快被圣诞卡利用,成为英国圣诞卡上最常见的图案之一。② 1870 年代,圣诞卡已经很受英国人的欢迎,1880 年以后,美国人开始互相交换圣诞礼品,圣诞卡是表达心意最方便的方式。③

1870 年代末,上海的外国商店里已经有设计新颖的各种圣诞卡与贺年卡销售。④ 光绪中叶,圣诞卡在外侨社区中是最受人欢迎的圣诞商品,它的销量一般不受经济萧条的影响。《北华捷报》的一篇文章专门介绍了圣诞卡在英国和美国的情况,其中也提到中国人普遍喜欢展示外国风情的印刷品。虽然圣诞卡、贺年卡尚未在中国社区中流行,但是作者相信时间会证明中国人会接受圣诞卡,因为上海的外国人互相赠送圣诞卡的习惯肯定会引起好奇的中国人来效仿。⑤ 在当时的租界商店里,圣诞商品中圣诞卡、贺年卡确实是品种繁多,花样百出,在别发洋行(Messrs.Kelly and Walsh,Limited.)里展出的大量圣诞卡和贺年卡中有许多创新的卡片,如蛋白照片卡(Opaline photograph cards),有些是还是手工绘制的。⑥ 1891 年圣诞节,各商店照例纷纷陈列各种贺卡,别发洋行的圣诞卡、贺年卡最为丰富,甚至已经出现了中国制作的贺卡。⑦ 1911 年圣诞节时,屈臣氏(Messrs.A.S.Watson & Co.)所展出的以中国风情为主题的圣诞卡是《北华捷报》记者多年来所见最为漂亮的,这些圣诞卡所描绘的是中国的风景和社会生活,其中有黄浦江上的帆影、中国的街道、水乡村落等等。⑧

到宣统年间,上海租界里圣诞节的商业氛围已经非常繁荣了,正如《北华捷报》的一篇报道所说的那样:"如果剥夺了圣诞购物,圣诞节的魅力就基本上消失了。在上海,商店充分满足了人们的购物需求,这在中国的其他地方都是没有的。""圣诞购物如果不到 Messrs.Kuhn & Co's 就是不完美的,走进这家店,你几乎会忘记这是在上海,琳琅满目的商品使人以为这是在伦敦西部,我们并不

---

① Neil Armstrong. *Christmas in nineteenth-century England*. Manchester University Press,2010, pp28 - 32.

② Neil Armstrong(2010),p39.

③ William B.Waits(1993),pp70 - 71.

④ *The Christmas show at the Shanghai stores*. The North China Herald, 1879.12.18.

⑤ *Christmas Cards*. The North China Herald,1886.12.29.

⑥ *Christmas show at the stores*. The North China Herald,1889.12.20.

⑦ *Christmas display at the stores*. The North China Herald, 1891.12.24.

⑧ *Chinese Christmas Cards*. The North China Herald,1911.12.2.

是说它大,而是指它所出售的东西品质与伦敦一样高。"①

其他城市的外侨与圣诞节

除了上海之外,居住在中国其他口岸城市里的外国人当然也过圣诞节。宁波在 1887 年圣诞节举行了所有外侨参加的晚会,在这个晚会上,孩子们是实际上的中心:四十多个孩子们排成队在大厅内绕圈行进,一边唱着圣诞颂歌。突然,大厅中央高耸着的一块布被揭掉,露出了一棵漂亮的圣诞树。在大厅的一个角落里坐着一个圣诞老人,他穿着毛绒的衣服,一部大胡子,和蔼可亲地招呼孩子们一个个到他跟前领取圣诞礼物。② 宁波外侨的圣诞活动儿乎每年都有,有时候是英国驻宁波领事招待大家③,有时候是宁波海关俱乐部举办,俱乐部一般都会赠送一棵圣诞树,邀请所有的外国孩子参加。1907 年的圣诞节照例也有一棵圣诞树,这是参加晚会的三十五个孩子最为喜欢的。在享用了丰盛的茶点之后,覆盖在圣诞树上的布被慢慢地揭开,它耀眼的灯光和颜色使孩子们极为兴奋。当然还有给孩子们带来礼物的"圣诞老爹"(Father Christmas)。④不一会儿,他口袋里的好东西就空了。每个孩子都得到了礼物,最小的几个孩子还和他一起拍了照片。⑤

北方口岸牛庄的外国孩子也有他们自己的圣诞节。牛庄的一个少年写道:几个星期以来,这里的孩子们纷纷议论,认为可爱的圣诞老爹(Good Father Christmas)在他全世界的旅行过程中不会忘记在牛庄的朋友,他肯定会出现在布雷顿先生(M.Boyd Bredon,时任牛庄税务司)举办的平安夜派对上。这一年,牛庄在圣诞节来临之际下了大雪,所有生活在牛庄口岸的 45 个外国孩子都被邀请参加圣诞晚会。吃过茶点之后,孩子们去看一棵 15 英尺高的圣诞树,上面缀满了各种颜色的细蜡烛、画片、饼干和玩具。"这时,我们被一阵喇叭声惊住了,我们的眼睛紧盯着一扇紧闭的门,突然,门打开了,圣诞老爹出现了,他身

---

① *Christmas in the shops*. The North China Herald,1909.12.11.

② *Ningpo*. The North China Herald,1888.1.6.

③ *Ningbo*. Entertainments,The North China Herald,1896.1.3.

④ 英国圣诞节的一个人格化形象,类似圣·尼古拉斯,与后来的圣诞老人(Santa Claus)差不多的一个节日人物,只不过他是一个高高瘦瘦的形象。为了与美国胖胖的圣诞老人区别开来,本书译为"圣诞老爹"。

⑤ *Christmas at Ningpo*. The North China Herald,1908.1.3.

后是雪橇,上面堆满了大小不同、形状各异的盒子、包裹,还有信件。"在孩子们的欢呼声中,圣诞老爹以诗歌的方式宣布他的到来:①

> Old Father Christmas! here I come,
>
> A self invited guest.
>
> Here I come from wandering
>
> North, South, East and West!
>
> And though I might have wandered
>
> From Peking to Hongkong.
>
> There's nothing half so joyous
>
> As a Christmas in Newchwang!②
>
> ……

圣诞老爹走过东西南北,从北京到香港,然后到牛庄这个北方的小地方来过圣诞节,他接着还要到中国的其他口岸去给孩子们送礼物。他所带来的礼物很快就被牛庄的小朋友分享一空,孩子们得到了快乐,1889年牛庄的圣诞派对永远留在了这个小作者的心底里。牛庄几乎每年都会举行圣诞晚会,1893年又有一场为孩子们和大人准备的丰盛晚宴,照例也有圣诞树和各种礼物。晚宴结束之后,Yingtsze Recreation Club 的成员为大家献上了各种演出。③ 同样在北方的芝罘,虽然侨民很少,但是也保持着传统的圣诞庆祝活动。早在1874年,芝罘的英侨就在圣诞前夜聚会欢庆节日,圣诞日,所有旅居芝罘的英国人都参加了在新建成的教堂里所举行的庆祝活动,这也是芝罘外侨社区第一次举办这样的活动。④ 1903的圣诞节,芝罘海关足球队与生活在芝罘的其他外国人组成的球队举行了一场足球赛,女士们则组织了曲棍球赛,轻松快乐的节日气氛洋溢在芝罘这个小小的外国人社区。⑤ 苏州地区的外国人在1897年圣诞节以私人聚会的方式举行了一次庆祝活动。全苏州城的传教士都到场,还有来自上海、常熟和江阴的客人。圣诞前夜除了宴会之外还有音乐演奏和歌唱活动,圣诞日则是孩子们的日子,他们围着一棵圣诞树欢快地等待分礼物,所有的孩子

---

① *Father Christmas in the North*(by a Newchwang juvenile). The North China Herald, 1890.1. 31.

② 中文大意:"我来啦! 我是圣诞老爹,不请自来的客人,我从东南西北巡回而来,虽然到过北京和香港,哪里都比不上牛庄圣诞哪怕一半的快乐! ……"

③ *Newchwang, Social enjoyments*. The North China Herald, 1894.1.19.

④ *Chefoo*. The North China Herald, 1875.1.7.

⑤ *Chefoo at Christmas-tide*. The North China Herald, 1904.1.15.

都捧得了满满的礼物。①

对生活在远离沿海城市地区的外国人而言，圣诞节的气氛就稍微弱了一些。有一位生活在长江上游的作者提到，他所在的地方圣诞用品很少，圣诞卡也没有，新年过去了一周也没有收到来自远方朋友的"英国圣诞卡"，可见这是一个偏僻的地方。作者哀叹道："我们颇为忧伤地生活在中国，远离亲朋好友，远离老关系、旧习俗，这些画有飞鸟的卡片（指圣诞卡）能为我们带来欢愉的问候，就像狗对着自己的倒影吠着美好的祝愿，使我们想起在家乡时去教堂时穿戴的服饰、冬青叶的味道、从教堂里传出来的圣诞颂歌的仙乐。"不过，他们却收到许多中国朋友的圣诞礼物，这使他们大为感动。② 江西九江因为是开放口岸，外国社区和教会学校的圣诞节要丰富得多，商店、家庭和教堂、学校都会装饰一新，每个人都来享受快乐的时光。最引人注目的是男校和女校以及校园里的教堂，孩子们精心准备了各种演出节目，一一奉献给大家欣赏。不过，数百人挤在屋子里，倒是令人担心会不会爆棚。③

虽然《北华捷报》对中国其他地方的圣诞节活动并没有系统的报道，但是从零星的新闻中也可以猜测，凡是有欧美人的地方一般都不会忘记一年之中最重要节日，圣诞活动是加强外侨社区凝聚力的重要方式。

圣诞节渐入中国社会——《北华捷报》所见

从《北华捷报》和《申报》的报道来看，无论是在上海还是其他地方，光绪中叶以前的圣诞节还局限在外侨社区。进入 20 世纪以后，由于外侨社区的扩大，圣诞节对华人的影响也随之增强，外国文化对中国的渗透以及中国人对外来文化的接受程度也都有了提高。清末、民国时期圣诞节在上海等城市的流行情况可参见第二章和第三章，那些材料主要来自《申报》等中文报刊。《北华捷报》对圣诞节在中国社会中的情况也有报道，虽然不及《申报》那样丰富，但是也可以从他者的角度提供一些补充。

1898 年圣诞节，上海的英国教会机构特意为 150 位中国贫穷人家的孩子

---

① Soochow. *Christmas Festivities*. The North China Herald，1897.12.31.

② *Christmas Cards*. The North China Herald，1889.1.18.

③ Kiukiang. *Christmas Joys*. The North China Herald，1896.1.3.

举行了一场圣诞联欢会,会场特意布置了一棵圣诞树,上面缀满了闪闪亮的电灯,圣诞老爹为每位孩子准备了礼物。中国的孩子们显然对这个老人感到非常陌生,在他出现的时候都默默无语地看着,当圣诞老爹开始叫唤礼物上所粘贴的名字时,孩子们才骚动起来。很快,他们就喜欢上了这位白胡子老爷爷,他们围着他,伸手去触摸他穿着的红色长袍。①

庚子事变当年,中国青年会特意在上海举行了一场圣诞节晚会,会场用冬青树枝等装饰物点缀,有 152 人参加。美国传教士富善博士(Dr. Chauncy Goodrich)专程从北京赶来参加并致辞,四个致回敬词的中国人中有三个毕业于美国的大学,有趣的是,中国人讲英文,而外国人却讲中国官话。颜惠庆(Mr. W.W.Yen, B.A)以"圣诞节的重要性"(the significance of Christmas)为题作了演讲。音乐是当晚的亮点,圣约翰大学乐队演奏了六首曲子,青年会自己的乐队用六种中国乐器演奏曲目,音乐自然是悦耳动听,最后到场者用中文齐声高呼"干杯"来相互祝贺节日。德国青年会也借中国青年会的会场举办了一场圣诞庆祝会,形式与中国青年会的晚会相似。② 虽然同是教会机构中的人,但是中外人士聚集一堂,以娱乐的方式庆祝圣诞节,毕竟还是一种突破,与《北华捷报》同一版面上所报道的教堂圣诞弥撒活动肃穆庄严的情景形成了鲜明的对比。③

1904 年圣诞节,就读于江西九江教会学校的中国孩子们过了一个愉快的节日。同文书院(William Nast College,后改称南韦烈大学)和女子寄宿学校(Girls' Boarding School)都做了精心的准备,讲台和会场均用冬青树枝装饰,并有缀满蜡烛的圣诞树,演出的节目主要是唱歌和背诵诗歌。学校向中国学生家长和教会成员发放了入场券,由于不请自来的人太多,校方不得不在中午时分就关闭了校门,无票的人员一律不得入内,可见学校举行的圣诞节活动在当地中国人中还颇有吸引力。有些年纪大的中国人看到这样欢乐的场景,埋怨外国人为什么不在他们年轻的时候和他们一起过节。九江的外国社区也受到邀请来参加学校的活动,尽管他们自己也有圣诞节派对。④

上海的礼查饭店(The Astor House)和蜜采里饭店(The Hotel des Colonies)在 1904 年圣诞节期间生意兴隆,前来庆祝的人们满堂满座,体现了真正的圣诞快乐风尚(Yule fashion)。礼查饭店平安夜和圣诞日之夜的客人

---

① *The London Mission Christmas Tree*. The North China Herald, 1899.1.16.

② *The German and Chinese Y.M.C.A's Christmas celebrations*. The North China Herald, 1901.1.2.

③ *Christmas at the St. Joseph's Church*. The North China Herald, 1901.1.2.

④ *Christmas at Kiukiang*. The North China Herald, 1905.1.13.

都在三百多人。蜜采里饭店则将餐厅装饰成宫殿一般，乐队的演奏极为美妙，晚宴结束之后，圣诞老人登场，他给每个人都带来了礼物。① 新闻中并没有提到究竟是哪些人到这两家饭店去过圣诞节，其中肯定会有一些中国人，因为上海本地的买办阶层一般都是热衷西洋娱乐的，而且他们一般都喜欢到这两家饭店玩乐。② 20 世纪初，至少在上海，圣诞节已经越来越为中国人所知，也有许多中国人以各种方式参与圣诞节的活动。在上海出版的周刊《东方速写》（The Eastern Sketch）在 1905 年圣诞节前发行了它的圣诞号，这期杂志的封面以红色和黄色为主色调，画的是圣诞老爹和中国龙（Chinese Dragon）手挽手走向外滩的场景。杂志的第一页还有一个黄头发的少女祝大家圣诞快乐，此外还有圣诞铃铛的画面。③《东方速写》是一本英文画报，读者对象自然主要是外国人，英国的圣诞老爹和中国龙手牵手走在租界的街头，这场景一定会让周刊的读者有点吃惊吧。第一页祝贺大家圣诞快乐的少女是"一个头发非常黄的少女"（A very yellow-haired maiden），她很可能是一个中国少女。④ 可以想见，这期圣诞号里应该有关于中国人与圣诞节的文章。英文杂志出圣诞号并不奇怪，但是把象征中国的龙的形象摆到封面上肯定表明编者有所意指，有可能是编者观察到圣诞节已经被一部分中国人接受，或者是编者希望圣诞节被中国人接受。

到 20 世纪一二十年代，圣诞节早已不再是外侨独享的节日，它的慈善、娱乐都已经深入部分城市中国人的生活之中（详见第二章和第三章），甚至在成都这样的西南内地城市，外国人也借着云南起义纪念日的机会展示圣诞节的社会功能。1920 年圣诞日这一天，外国人在成都举行了很多庆祝活动，帮助穷人的慈善活动尤其引人注目。美国俱乐部的主席泰勒博士（Dr. Taylor）倡议成立了一个基金会，以帮助北方旱灾饥民，英国的机构也积极参与。外国人的举动也带动成都人的慈善意识，他们也在圣诞节前后数次开会，组织赈济灾民。圣诞日这一天在成都还举行了一场婚礼，青年会的埃尔先生（Mr. Earl）和在当地加

---

① *Christmas at Hotels*. The North China Herald，1904.12.30.

② 20 世纪 20 年代中期，礼查饭店、卡尔登饭店等高档场所举办的新年晚会大部分是中国人搞的，而且规模很大。见 *Bringing in the New Year-Shanghai's Hotel and Dancing Resorts Packed With Joyous Crowds*. The North China Herald，1926.1.9.

③ （无标题简讯），The North China Herald，1905.12.22.

④ 这期圣诞号未见，但是从我所见同年该刊夏季号图片来看，这本周刊似乎喜欢用中国女性形象。夏季号封面左上角就是一个身穿黄色衣服，头发也呈黄色的中国女性。内容目录版也有一个身着传统中国服装的少女站立像。这一期的内容可查阅 The National Archives UK，www.flickr.com/photos/nationalarchives/sets/72157631191232416/.

拿大学校教书的玛瑟乐丝小姐(Miss Marcellus)在装饰着冬青树拱门、圣诞铃铛、梅花和金橘的圣诞场景中喜结连理,礼毕,他们坐上撒满彩纸和大米的轿子前往他们在满城的新家。① 梅花、金橘以及大米、花轿是中国风俗的元素,它们与西方圣诞节的装饰物一同为这两位来自西方的新人见证了一场中西合璧的婚礼。

　　上海华界的市民在文化娱乐形式上也向西人学习,他们曾经组织了一个合唱团(Chinese Community Chorus),经常面向市民公开演出。1919 年圣诞节,这个合唱团在市政厅公演,吸引了一千多人前来观看,其中绝大部分是中国人。对外侨而言,在圣诞节的时候有如此多的中国人对西方音乐感兴趣是很令人瞩目的。② 这一年圣诞节,位于上海河南北路的神圣家庭修道院(Holy Family Convent)为中国的穷人举办了一场盛大的慈善活动。活动现场设立了一棵圣诞树,四周堆满了各色礼物。圣诞树的一侧张挂了电影银幕,放映有趣的影片。来自葡萄牙的乐手演出了一场音乐会。到场的男女老少有 270 人,大家都分到了礼物,大多是被子、衣服等实用品,孩子们自然还有玩具可得。现场还支起了二十张长桌子,摆满食物供大家享用。③

　　1922 年圣诞节,上海出现了第一棵社区圣诞树。这棵具有公共性和慈善性的圣诞树设在租界内的板球俱乐部前,圣诞树上挂满了彩色灯泡,树下堆了大量的礼物,这是专门为在码头工作的中国穷人准备的。圣诞礼物是一篮篮的蔬菜、烤肉、腌肉、火鸡、水果、糖果盒、保暖衣、玩偶和玩具等等,所有礼物来自上海的各个慈善机构。市政乐队(The Municipal Orchestra)演奏了圣诞颂歌,另外还有合唱演出。④ 这样的公开活动无疑展示了圣诞的慈善精神。以慈善为主题的圣诞精神正是英、美维多利亚时代圣诞节的一个特色,它被称为“颂歌哲学”(Carol Philosophy),即把宗教和世俗的庆祝融合进一种慈善的博爱模式(Humanitarian pattern),它谴责个人的自私,颂扬兄弟情谊、友善和慷慨。这种颂歌哲学通过狄更斯的小说《圣诞颂歌》发生了巨大的影响,在相当程度上塑造了现代英、美圣诞节,以至于有人认为现代圣诞节是狄更斯创造出来的。圣诞节的慈善主题与 19 世纪的社会境况有关。伴随着迅速的工业化和城市的不断膨胀,城市棚户区的贫困、高死亡率、犯罪和社会不公现象也越来越严重。⑤

---

① *Christmas at Chengtu*. The North China Herald,1921.1.29.
② *Chinese Christmas Festivel*. The North China Herald,1919.12.27.
③ *A Christmas Treat*:*Entertainment to Poor of Shanghai*. The North China Herald,1919.12.27.
④ *Community Christmas tree*. The North China Herald,1922.12.30.
⑤ James H.Barnett(1976),pp14 - 18.

这种现代城市病在民国初年的上海比 19 世纪的英、美城市更加严重，所以，教会以及一些社会机构于圣诞节期间在中国的大城市展开慈善活动，也是在中国发扬颂歌哲学的好时机，这恐怕也是中国人对圣诞节产生好感的一个原因。

在上海，最能体现这种圣诞颂歌哲学的是"人力车苦力圣诞基金会"（Ricsha Coolies' Christmas Fund）。这个慈善机构成立于 1913 年，由苏格兰人玛达生（George Matheson）组织，也叫做"上海人力车夫福音会"，全年对穷人展开救济活动，每年圣诞节的慈善活动最为隆重。《字林西报》后来也参与这一慈善基金会的运作，并以报社的名义向读者征求捐款。1925 年圣诞节期间，该基金会在狄斯威路（Dixwell Road，即现在的溧阳路）和阿拉白司脱路（Alabaster Road，后来改称曲阜路）各开一个会场，向上海的人力车夫和其他穷苦的劳动者发放食物和衣服、日用品包裹，活动一直持续到次年 1 月 3 日，共15 天。在 15 天的活动里，以平安夜人参与的人数最多，参加晚会的中国穷人都尽量穿戴整齐，脸上泛着愉悦的神情，只有不时的咳嗽声表明了他们生活的艰辛。有一个人力车夫站起来发言，他的话很能反映圣诞颂歌哲学对底层城市贫民的影响，他说："我是一个普通的人力车夫，代表 10 万从事辛苦的拉车活儿的兄弟们，感谢你们所有的人——外国人和中国人，为我们所做的一切。感谢《字林西报》和报社的人以及所有慷慨的人们，感谢他们每年辛勤的工作……我们不仅得到了食物和衣服，在精神上也得到了满足。我们得到如此多的帮助，言语无法表达我们的感谢，我们无以为报，只有从心底里说出我们的感谢，上帝保佑你们！"①

其他慈善机构也会利用圣诞节的机会让特殊的人群体会到过节的快乐，比如 1926 年圣诞节，美国人亨德森小姐（Miss Maud Henderson）开办的孤儿院就过了一个非常欢乐的圣诞节。孤儿院的孩子们先是到一家商店的玩具部去玩，每人都获得一个玩具。五十多个孤儿还参加了上海联华总会（Union Club）特别为他们举办的圣诞联欢会。孤儿院里也举行了自己的圣诞聚会，许多人捐赠了礼物，这些礼物摆放在最显眼的位置。有一位中国朋友给孤儿院运来一吨煤作为圣诞礼物，还有一个富裕家庭送来一笔钱，当作他们孩子特殊的生日礼物。②

当然，中国人对日常生活层面的圣诞节更容易接受。到 20 世纪 20 年代，旅沪外国人已经注意到圣诞节在上海已初步成为一个世俗的节日。在《北华捷报》的作者看来，中国人过的圣诞节不可能有完全的宗教意义，"很显然，成千上

---

①　*The Ricsha Coolies' Christmas*. The North China Herald，1926.1.3.

②　*A Christmas Picture*：*at St.Faith's*. The North China Herald，1926.12.25.

万的中国人在平安夜挤进舞厅里,并不会想到圣婴基督,这是一个外国人快乐的日子,他们也感到快乐。"所以,圣诞节随着圣诞树和它的彩灯、礼物以及圣诞老人在中国流行,中国的青年人甚至老年人都大吃其火鸡和布朗布丁,在这方面,山姆大叔(美国人)和中国人、约翰牛(英国人)一样。作者认为这样不分国别和种族共享圣诞欢乐是一件好事情,因为当人们在享受共同的快乐时,不大可能互相憎恶,这就像人们在同一张桌子上吃饭喝酒时,一般也不大会互相猜忌。①

就像中国人过年重视吃喝一样,西方的圣诞节也是一个少不了美食的节日,所以每到圣诞节,上海虹口市场②的生意都特别兴旺。在这个市场里,几乎所有的圣诞食品和用品都可以买到,唯一例外的是英国圣诞节传统中要用的野猪头(Boar's Head),不过,有乳猪头可以当作替代品。③ 通过下面的一则报道,我们可以详细地了解到虹口市场圣诞节的节日销售情况。

虹口市场的清晨,各种语言嘈杂一片,喧闹得犹如远东的巴比塔,看起来生活在上海的各族人都已经接受了圣诞佳节,大家都在为过节而忙碌。市场里面,外国主妇和她们的中国保姆以及日本妈妈、中国人挤在一起采购圣诞节食品。圣诞节期间的物价当然要高一些,火鸡是少不了的,货源很充足,它们产自舟山的马鞍岛屿(Saddle Islands,指的是舟山群岛的部分岛屿,如花鸟山和嵊山、枸杞山等岛。关于舟山火鸡,详见第二章),每磅45美分。其他的圣诞食品价格是:鸡肉30到35美分一磅;鸡蛋每打35至40美分;鹅从天津和南京运来,每只售价1.5到2美元;水果,美国苹果20美分一磅,新鲜菠萝10美分一个,柠檬8美分一个,柚子25到30美分一个,南方的橘子上好的品种每磅1美元(大约10到11只);蔬菜,花椰菜和土豆每磅5美分,或者每担5到5.5美元。此外,肉和鱼也很充足,新鲜的牛肉来自南京附近的丹阳,所有的牛都在上海市屠宰场宰杀的,有圆的印戳才能销售。至于圣诞节必不可少树木花草,市场里也有供应,产自日本的圣诞树(矮株松树)每棵从150元(中国货币)到500美元不等;冬青树每一小枝20美分;康乃馨一打2美元;菊花25美分一打;中国水仙花20美分一打;槲寄生是过圣诞节必需的,一束2美元,比以往的圣诞节都贵。④

---

① *Chinese and Christmas*. The North China Herald,1926.1.2.

② Hongkew market,即虹口三角地菜场,光绪初此地即已形成菜市。1893年建成一层楼的室内菜市场,1913年至1914年改建,为钢筋混凝土建筑,二层(部分三层)。虹口市场是民国时期上海最大的菜市场,日本人和俄国人也在此设摊卖货。可参见熊月之主编:《上海名人名事名物大观》,上海人民出版社,2005年,第607页;唐艳香、褚晓琦:《近代上海饭店与菜场》,上海辞书出版社,2008年,第279-281页。

③ *XMAS Festivities*. The North China Herald(the women's page),1921.12.31.

④ *A Specialized Aspect of Christmas*. The North China Herald,1926.12.31.

菜市场最能体现日常生活的情景,从虹口市场情况来看,圣诞节已经在很大程度上融入了中国社会,虽然我们从这则新闻中无法了解到底有多少中国人也和外国主妇那样在那里采购圣诞商品。

圣诞老人、灶家老爷:"来者"与"去者"

图1-5、图1-6分别是《北华捷报》1924年12月13日和1925年12月12日圣诞节增刊的头版。在1924年的版面上,身着满族服装的老人表情凝重,挂着拐棍,看起来步履艰难,他身边的孩子则眉开眼笑,双手举着灯笼,上写"恭禧"二字。[①] 我们无法得知此画的作者究竟要传达怎样的意思,既然是为圣诞节增刊而作,祝贺节日快乐是自然的,孩子的表情和灯笼就是表达这个意思。

图1-5

图1-6

1925年圣诞节增刊的这幅画虽没有祝贺的意思,但是描绘一个中国女子

---

① 灯笼的另一面很可能是"圣诞"二字。

和她的盛装头饰,也表明编者试图把圣诞节与中国人联系在一起。在这期圣诞增刊中有一篇主题文章,专门探讨了圣诞节的起源问题,其中就有关于中国的内容。作者罗德尼·吉尔伯特(Rodney Gilbert)在讲到德国圣诞节传统的时候,特别指出德国人在一年结束之前需要把所有的工作都做完,然后准备迎接新的一年,如果某家在这个季节没有做到,他们会遭到"家神"(The household gods)的惩罚,"在这个季节,上天在地上的神祇是令人敬畏的,就像中国人在过年时敬畏灶神(Kitchen god)一样,因为灶神会把家里的好事和坏事都向上天报告。"在讲述圣诞老人的来历时,作者没有提到圣·尼古拉斯是孩子和水手的保护神这个公认的历史传说,而是强调尼古拉斯也是家庭保护神和火神,他在圣诞节代表太阳来到人们的家里,进入的通道是烟囱。所以,尼古拉斯实际上是家庭火种的人格化神(A personification of the household fire),与中国的灶神相似,体现的也是一种"火的崇拜"(Fire worship)。"圣诞老人是我们祖先的火炉之神(The hearth god of our ancestors),他们向他讲述各种琐事、表达各种愿望,把站在火炉近旁的小木偶的帽子涂上红色——圣诞老人至今仍戴着。中国的灶神也喜欢靠近火的位置,中国人相信他听得见家里所说的一切,因此要在新年来到之际用饧糖堵住他的嘴,不要让他报告家里不好的事情。"①

罗德尼·吉尔伯特想要证明的是,中国古代通过中亚的月氏(Yueh Shih)以及匈奴人与西方发生了关系,而在那个古老的年代,东西方的节日都有相似之处,一年四季各有大致相同的节日。不过,由于西方古老的春、夏、秋、冬四节大多经过了基督教文明的转化,因此与东方的节日产生了差距。但是实际上中国的新年就是冬节,与冬至有关;中国的清明节类似于基督教的复活节,两者都是春天的节日;中国的端午龙舟节(Dragon boat festival)与印欧(Indo-Germanic)的仲夏节(Midsummer holiday)相似;而中国的中秋节正好在秋分与西方的秋收节(Surviving harvest festival)之间。罗德尼·吉尔伯特认为,中国人的年节从冬节改到如今的日期,其实是忘记了这个节日原来与火、太阳的关系,也就是失去了雅利安(Aryan)传统的特征。在作者看来,由于历史的隔膜,中国人不了解圣诞节与西方冬(至)节的关系,因此把它叫做"外国冬至"(Foreign *tung Chih*),而实际上,中国的年节和冬至节都与西方的圣诞节一样,在古代是同源的。虽然我们对罗德尼·吉尔伯特的考证不能完全相信,但

---

① Rodney Gilbert. *Whence Came Christmas? —A Festival Observed by East and West Alike：The Derivation of Its Attendant Observers*. The North China Herald,1925.12.12.

是,正如《北华捷报》的编者在按语中所指出的,这篇文章提醒了西方人,他们的圣诞节和新年的传统与太阳崇拜有关,也许与中国新年的灶神有着某种联系。

一般中国人对这种学术性的节日探源也许不感兴趣。不过,也有中国人对圣诞老人与中国的灶神感兴趣,试图对这两个老人作一个对比。

对小孩子而言,他们更关心的问题可能是"外国有圣诞老人,我们中国为什么没有?"有人答曰:我们有"灶家老爷"。在一篇名为《圣诞老人与灶君菩萨:一对打拉酥》的文章中,作者从圣诞老人和中国灶神的一"来"一"去"现象,阐发两位老人的诸多不同之处:

送灶是送灶君菩萨上天;圣诞老人下凡,一个来,一个去,这是不同之点。

菩萨有轿子坐;圣诞老人要劳他自己的一双脚,一个惬意,一个辛苦,又是不同之处。

圣诞老人的光临常在深夜,从烟囱里钻进来;灶君菩萨上天,虽不知他从后门出入还是从客堂里走,但他终年与烟囱相伴,从烟囱里上去是唯一的快捷方式。

圣诞老人来的时候,带些糖果给孩子吃;灶君菩萨上天的时候,人家要他说几句好话,请他吃糖元宝。圣诞老人只出不进,灶君菩萨只进不出,圣诞老人肚皮大,菩萨气量小。

圣诞老人穿着一件红布白毛的袍子,在漫天雪中,驮着大包裹,像逃难的光景;灶君菩萨穿着黑衣服,虽不及圣诞老人富丽,可他看守灶头,如同住在水汀房,实在用不着穿大衣。灶君上天的时候比圣诞老人神气多了,上天不到十天就要回来;圣诞老人终年住在天上,只在"外国冬至"这一天到人间来。

结果如何呢?

倘若我国废除阴历,改用阳历,维持灶君菩萨的地位,同时又学外国人的样,在圣诞节也同圣诞老人亲善一下,那么他们两位老头儿,一去一来,狭小的烟囱里,会不会碰头,挤得大家走不过?圣诞老人的临时公馆,不用开旅馆租公寓,就住在灶头上的灶君府上便了。这样叫做"中西合璧",是最摩登的办法。孩子们听了道:"灶君菩萨,不及圣诞老人讨人喜欢。"我道:"这由于灶君住在人家灶头上,时间太长,不出一个铜板的房钱,所以大家憎厌他。圣诞老人很识相,住一天就走,还要带糖果来,故而人人欢迎。"[1]

---

[1] 歪嘴:《圣诞老人与灶君菩萨:一队打拉酥》,《艺海周刊》,1939年第11期,第7页。

小孩子听了这样的对比,很自然地得出了自己的结论。这也许就是《北华捷报》所画的那个喜笑颜开的孩子恭喜圣诞节的简单理由吧。

圣诞老人和灶神所代表的是两种完全不同的文化,他们在"摩登"时代相遇在中国的大城市里,多少有些尴尬。圣诞老人是受人欢迎的"来者",灶神是遭人嫌恶的"去者",一来一去的形象体现了在中国都市里发生的文化变迁。对生活在现代都市里并且接受了现代文化的中国人而言,灶神代表的是中国旧历年文化,是中国落后传统的象征,显然与中国的现代化格格不入,早就应该在封建帝王退位的时候退位了。① 圣诞老人虽然只在圣诞节时才出现一次,但是他没有宗教意味,在许多中国人眼中他是慷慨、爱心的代表。很多中国人对圣诞老人寄予厚望,希望他消除中国的军阀混战、贫富不均、振兴实业、发展教育,希望他见证中国由专制而共和,最后进入一个自由平等的世界。(详见第二章)

当然,灶神在那个年代并没有退位,中国人过旧历年的时候仍然要祭祀这位"家神",可是在像上海这样的大城市里,圣诞老人胜过灶神至少在部分人看来已经是事实。到 20 世纪 30 年代,以圣诞老人为象征的圣诞节在上海已经完全超越了中国的冬至节,"昔之风俗,冬至日献袜履于舅姑,今日但知有圣诞节,不知有冬至,但知有圣诞老人赠儿童玩具之袜,乃至新妇多不愿有舅姑,遑知有献袜乎?"②在像黄濬这样的文人眼中,这种重洋节的社会风气是国未亡而俗先亡的征象。中国古训中本有"亡人国家易,亡其国之风俗难"的说法,这是中国文化自信的一种表现。确实,中国历史上外族入侵不可谓不多,但最后都是中国文化风俗胜出。而现代西方国家侵入中国的情形完全不同,他们虽然利用坚船利炮进行了侵略,但是并没有亡中国,而是在武力之后携物质、技术的优势改变了中国社会的基础,使中国人在利用西方物质、技术的过程中渐渐感受到西方文化风俗的力量。这个过程并没有多少强迫中国人接受的成分,惟其如此才令对文化极其敏感的中国知识分子倍感压力。除了主权意识、民族自觉之外,20、30 年代的非基督教运动与中国本位文化建设运动也是在西方物质(经济)、文化的双重压力下的反应,民族主义者视之为"经济侵略""文化侵略"。但是,

---

① 1912 年清廷宣布退位的那一天适逢阴历年底(腊月廿五),《申报》刊登了一篇戏拟的《灶君退位记》,其中有一段是他的"退位诏书":"朕以衰年诞膺大灶,利人民之迷信,逞酒肉之醑嬉,黄羊白术,可怜邀福之心;黄纸朱书,尽是蹈空之语。方今民国崛兴,朕躬倒灶,在天既无官职,在地难享祀典,惟有勉顺舆情,引辞宝位。"后面还有如逊清皇室那样的"优待条件"。钝根:《灶君退位记》,《申报》,1912 年 2 月 12 日,第 8 版。

② 黄濬:《马夷初记武林新年风俗》,《花随人圣庵摭忆》,中华书局,2008 年,第 418 页。

客观而言,西方的物质文化进入中国很难简单地归结为"经济侵略",从前引冯客的书中我们可以看到,外国物质商品广受中国人欢迎是因为它们先进、好用,可使利用者得到实际的好处。而像圣诞节这样属于文化风俗上的引入,主要也是因为它给部分中国人提供了一个新鲜的娱乐方式,这在多灾多难又缺乏快乐文化基因的中国是可以理解的,即使对中国旧俗的衰消表示十分惋惜的黄濬也认为,"国家多故,丧乱相寻,士皆短后按剑以备急,略无岁时伏腊之娱"是旧俗涤荡一空的原因之一,难怪趋向新学的人士弃旧俗如敝屣。①

　　文化习俗需有物质作基础,才有物质文化一说,如果圣诞节没有圣诞老人和他的礼物,没有圣诞大菜、白帽蛋糕可吃,也没有圣诞舞会等物质上的享受,而仅仅作为一种教堂里的宗教仪式,我想它是绝对不会在中国流行的。比如基督教的另一大节日复活节,在中国世俗社会中就没有产生任何影响。罗德尼·吉尔伯特认为复活节与中国的清明节相近,近代中国人也确实曾把这个节日叫做"外国清明"②,但是一般中国人绝不过这个节。中国人在清明节只祭拜自己的祖先,"外国清明"与中国的墓祭传统没有任何共同点,"外国清明"除了兔子和彩蛋之外,缺乏圣诞节那样丰富的世俗享受来吸引中国人。即便如此,因为外侨大多在复活节停业放假,中国人也会借放假之际悠游数日,对商业还是有一定的促进作用。《十尾龟》这部晚清小说对外国因素影响上海世俗社会风气有诸多描写,主人公费春泉初到上海时就见识了西式大菜、东洋车(人力车)、马车、电灯、洋房等西方事物,当他问及张园为什么那么热闹时,他的朋友马静斋说道:

　　　　上海市面都是外国人做起的,各处玩耍就不能不顺着外国风俗。这里热闹日子,一月里就是礼拜六、礼拜日两天,一年里就是外国清明、外国冬至、外国元旦和春秋两回大跑马。一切时髦的衣裳,新奇的装束,阔绰的首饰,都是从这里行出的。漂亮的人物,标致的妇女,也都是在这里聚的。③

　　这虽是小说家言,但是作者没有理由让他的角色凭空得出这样的结论。看来,到清末的时候,外国风俗确实在一定程度上塑造了上海的商业性世俗生活。

---

① 黄濬:《马夷初记武林新年风俗》,《花随人圣庵摭忆》,第418页。
② 大约在光绪中叶,中国人就把复活节叫做外国清明,这种说法直到抗战时期仍可在《申报》上看到。见《节期停公》,《申报》1884年4月6日,第2版;《全沪教堂今日纪念复活节》,《申报》,1940年3月22日,第8版。
③ [清]陆士谔:《十尾龟》,中国文史出版社,2003年,第10页。

再过十多年以后,"外国冬至"将变为上海人趋之若鹜的狂欢的"圣诞节",这大概也是当年英国人初到上海时所期望的情景。1850 年圣诞节时,虽然生活在上海的英国人深深体味到陷于中国人和中国文化包围之中的孤独感,但是他们坚信总会有一天,在全中国的大地上将出现这样的局面:

Western commodities are used,western civilization copied,western influence felt.①

_____

① "使用西方的物品,复制西方的文明,感受到西方的影响。" *To Our Readers*. The North China Herald,1850.12.28.

第二章 从"外国冬至"到"圣诞节"

在近代中国,凡有租界的口岸城市必有一定数量的外国人居住,由此形成一个个外侨社区,其生活习惯和生活方式一如在他们的母国,逢年过节的习俗自不例外。对中国人来说,这些洋人的节俗虽然迥异,但是也可以用中国人自己的节日来比拟,往往可以找出相似之点或不同之处。事实上,中国人最初认识西方节日就是以自己为节俗文化为视角的,不管自觉不自觉,这都是文化主体意识的表现,这体现在命名上,比如西历新年被称为"西历元旦"(前一夕是"西历除夕"),复活节被称为"外国清明",耶稣诞辰被称为"外国冬至"。最初,中国人仅仅是旁观西洋人过西洋节,大约从清末民初开始,上海人首先参与到圣诞节这个西方最热闹的节日之中。到 20 世纪 20 年代,特别是 30、40 年代,生活在上海这样大都市里赶时髦的中国人,都把圣诞节视作寻欢作乐的狂欢节。"外国冬至"之名仍是中国人对耶稣诞辰的俗称,更常见的节名却已变成"圣诞节"——一个完全没有文化疏离感的本土化称呼。在中国众多的"圣诞"中,人们一提到这个词,首先想到的是耶诞,而不是佛诞、观音诞或孔子的诞日。基督教在近代中国是民族主义者主要的攻击对象,但是基督耶稣的生日反倒成了许多中国人趋之若鹜的节日,这其中的吊诡值得我们深思。本章的目的就是想探究原来被称作外国冬至的耶诞日,如何成了并不信教的某些中国人趋之若鹜的圣诞节。

外国冬至

上海及其周边地区自明末以来就是天主教传播的一个中心,耶诞之庆典弥撒为教民所知是可想而知的,因为它是教中几大节日之一,圣诞瞻礼也是教中

最隆重的弥撒。① 上海开埠以后,尤其是第二次鸦片战争以后,传教士之外的各类西方人大量涌入,耶诞的庆祝便不再局限于教堂之中,以西人家庭和西人社区为主体的世俗化过节方式在租界中渐成气候,上海人对此不可能熟视无睹。1872年中国冬至后三天,当年春天创刊的《申报》即注意到耶诞日是西方人的一大佳节:

> 二十五日则为西人之一大佳节,盖相传为耶稣诞日也。凡西国银行皆于二十五日二十七日两日闭门游息,各事俱停,以伸与民宴乐之意。各领事衙门亦皆停止公务,悠游数日云。又闻海关亦定于二十五、二十六两日封关,以昭普庆焉。盖至十二月初二日则为西人度岁之期矣。②

新闻中所用日期均为中国农历,巧合的是,当年农历十一月二十五日正是西历12月25日。从日期上看,冬至与耶诞日前后相继,这个现象肯定早为中国人所知,所以,1873年《申报》再次提及耶诞日的时候,就把这个日子称为“西国冬至”:

> 今日系西人除夕,桃符万户,明日即元旦矣。筵开玳瑁,酒泛屠苏,将与初六日西国冬至同一兴高采烈。③

有意思的是,新闻中用了“桃符”“屠苏”来描绘西历新年,当时的西方人恐怕不会用中国的“桃符”来装饰门面,大概也不会饮屠苏酒,这样的叙述只是作者使用了他所熟悉的节日用语。新闻中又用“除夕”“冬至”来指称西历年终最后一日和耶诞日,这也表明当时的中国人完全是用自己的节日来附会西方节日。

此后数年,《申报》每届耶诞日和西历新年都有新闻报道,耶诞日多被称为“西国节期”,1876年称“西历冬节”④,1881年又称“西人冬节”⑤和“西历冬至令节”⑥,从1882年以后多采用“外国冬至”之说,似乎是顺应了民间的俗称:

---

① 罗马天主教规定的重要宗教性节日有耶稣诞节、复活节、圣灵降临节(Pentecost)、主显节(Epiphany)、耶稣升天节(Ascension)、祈祷节(Rogation Days)等。参见 Penne L.Restad(1995), p18.

② 《耶稣诞日》,《申报》,壬申十一月廿四日(1872年12月24日),第4版。

③ 《西人除夕》,《申报》,癸酉十一月十二日(1873年12月31日),第2版。

④ 《西历冬节》,《申报》,1876年12月20日,第2版。

⑤ 《停公日期》:“本月初五、十二两日为西人冬节、元旦良辰。”《申报》,1881年12月23日,第2版。

⑥ 《西节悬旗》:“昨系西历冬至令节。”《申报》,1881年12月26日,第2版。

　　本月十六日系耶稣诞期,即华人所称外国冬至节。①

　　本月二十六日为西人节期,即俗传为外国冬至。②

　　明日为西历十二月二十五日号,即耶稣诞辰,即华人所谓外国冬至。③

　　从报道中可知,"外国冬至"之说一般紧接着耶诞日,是用来向中国读者解释这个外国节日的中国称呼,偶尔也直接说"今日系外国冬至节"而不提耶诞日。④ 从"华人所称""俗传""华人所谓"这些定语来看,中国人把耶诞日称为"外国冬至"由来已久,估计在《申报》创刊以前就已经有这样的叫法。

　　在《申报》从创刊到 1949 年终刊所有关于耶诞的新闻和文章中,出现过许多不同的中文称谓,如"耶稣诞日""西国节期""泰西节期""耶稣诞辰""西人佳节""西历节期""令节""耶稣诞期""耶稣降生日""耶稣降生之期""耶稣降生之辰""耶稣降诞之期""耶稣诞降之期""耶稣受难节""耶稣受难日""耶稣教主诞日""耶稣教主受难之期""耶稣诞生令节""耶稣圣诞之期""耶稣圣诞节""耶诞日""圣诞节"⑤,20 世纪 20 年代以后,"圣诞节"才成为较为固定的中文节名,同时也常用"耶稣圣诞节""耶稣诞辰",有时简称"耶诞"或"耶诞节"。值得注意的是,耶稣诞辰的中国"俗称",自 1882 年以后以"外国冬至"和"西国冬至"居多,前者更为常见。⑥

　　把耶稣诞辰叫做外国(西国)冬至,体现出来的是"中国冬至"的主体地位,也就是说,在相当长的时间内,一般中国人是以本土冬至节来观照这个西国宗教节日的。

　　中国的冬至虽然在农历中不固定日期,但是耶稣诞辰在没有农历置润的年份则固定在中国冬至节后三天,以中国人当时的历法知识,这个外国节日看起来是跟随着中国冬至而定的,在不信基督教也不太了解基督教文化的中国人眼中很自然地视之为外国的冬至。张荫桓在出使美国的时候亲身经历了耶稣诞辰之节,他注意到耶诞恒在冬至后三日,便不假思索地认为这是以中国的至日为准而定的,他说:"中朔有定,西历靡常,或曰闰月、重日之所有所参差,何以西

---

　　① 《令节停公》,《申报》,1882 年 12 月 21 日,第 3 版。

　　② 《年节停公》,《申报》,1883 年 12 月 20 日,第 2 版。

　　③ 《西节停公》,《申报》,1884 年 12 月 24 日,第 3 版。

　　④ 《西节停公》,《申报》,1887 年 12 月 25 日,第 3 版。新闻中说,"今日系外国冬至节……各商家门前均以万年枝结彩,以示庆贺之意。"

　　⑤ 这些名称中"耶稣受难节""耶稣受难日"和"耶稣受难之期"显然是用错了。

　　⑥ 另有"洋冬"一说,但是新闻报道中很少见,在广告中较为常见,少数文章中也出现过。

族给假度岁之期衡以中历则不爽,固知声教之遐被矣。"①他把耶诞节随着中国冬至而定视为中国声教之遐被,体现出了典型的本位文化思维。对"外国冬至"之说,《申报》曾在一篇报首论说中加以澄清,文章认为这种说法是中国人不了解中西历法之不同所致,并特别强调这一天"乃彼国耶稣降生之辰,西人节期以是为最重。"否认外国有冬至节,并把"外国冬至辄依中国至日以为准,迟三日而定为节期"这种说法叱为"是真不思之甚矣!"②后来,《申报》也曾数次在文章中驳斥过"外国冬至"之说,嗤之为"俚谚无稽,殊堪一噱"。③

除了时间相临,西人放假并群相宴饮庆贺耶稣诞辰,也是中国人把这个节日叫做外国冬至的原因。冬至在中国是个热闹的庆贺节期,"冬至之始,人主与群臣左右纵乐五日,天下之众,亦家家纵乐五日,为迎日至之礼。"④关于苏南一带的冬至习俗,《清嘉录》有这样的描述:

> 郡人(指苏州人)最重冬至节。先日,亲朋各以食物相馈遗,提筐担盒,充斥街道,俗呼"冬至盘"。节前一夕,俗称"冬至夜",是夜,人家更速燕饮,谓之"节酒"。女嫁而归宁在室者,至是必归婿家。家无大小,必市食物以享先,间有悬挂祖先遗容者。诸凡仪文,加于常节,故有"冬至大如年"之谚。⑤

《申报》对旅沪西人家庭庆贺"外国冬至"则有如下的记述:

> 先期,各西人家俱用冬青、柏叶系作垂花门,室中陈设辉煌,争相炫耀。届时邀宾燕饮,尽日言欢,蓺□⑥炭以围炉,飞螺觞而醉月,暂抛俗务,藉洗旅愁。各店铺更踵事增华,铺张场面,而尤以"福利"为耳目一新,入其中,觉十色五光,陆离璀璨。凡用物、食物、绫罗、绢帛、锦绣、金银,以及珊瑚木难之瑰奇,锦贝文犀之美丽,如入波斯之域,令人耳眩神摇。平时送货至买主家,悉用高大马车载运,兹以五色颜料就车上写吉利语,以表祝忱,更令出店马夫穿五色衣,戴假面具,高坐车

① 《张荫桓日记》,任青、马文忠整理,上海书店出版社,2004年,第97页。
② 《论中西历之所以不同》,《申报》,1886年12月26日,第1版。
③ 《弥撒志盛》,《申报》,1898年12月25日,第3版。此外,《申报》在1891年12月25日的《西节志盛》、1901年12月25日的《西人弥撒》、1903年12月25日的《教堂弥撒》这三篇新闻中,分别对"外国冬至"之说表示不屑。
④ [宋]陈元靓:《岁时广记》(三),卷三十八"冬至·迎至日"条,商务印书馆,1939年,第412页。
⑤ [清]顾禄:《清嘉录·桐桥倚棹录》,来新夏、王稼句点,校中华书局,2008年,第184页。顾禄的记述也为《申报》1948年12月24日第5版《冬至话旧》一文引用。
⑥ 原文字迹模糊,难以辨认。

上,若演戏然。①

从上引这两段文字来看,外国人在上海过"外国冬至"的热闹情景与中国冬至确实有许多相似之处。

按照中国人对冬至日的理解,这一天寒气已极,是阴阳易气之时,阳气开始上升,所以应该庆贺,故冬至这一天,商旅不行,官民一律停业庆贺,朝廷则有正规的朝贺典礼。《申报》对官府的冬至朝贺仪式也非常重视,1874年冬至这一天(农历十一月十四日)《申报》有如下一则新闻:

> 今日节届冬至,凡在京文武各大官俱朝服入贺,故本埠自道宪以次亦俱赴西门内万寿宫行礼,其英法两租界之会审衙门,所有日常案件俱暂停一日,以昭敬谨之意云。②

此后,《申报》几乎每年都报道冬至朝贺并停公的消息。③ 从历年的新闻报道中可知,上海道、县各属官员一般在冬至清晨五鼓齐诣西门内万寿宫④举行朝贺礼,先期有牌示,同时知照租界当局停止公审会廨谳案一日。《申报》每年报道耶稣诞辰节,也必细述西国机构(如领事衙门、银行)以及海关、会审公廨的休息日安排,从放假来看,"外国冬至"与中国冬至是一样的。《申报》每年报道冬至消息大多用《令节停公》《令节停讯》之类的小标题⑤,与报道耶稣诞辰节最常见的新闻标题《西节停公》《西节停讯》几乎一样,有的年份,中国冬至节与耶稣诞辰节的停公消息在同一版面上前后并列,更可见两节的紧密关系。⑥ 下面这段话的总结是十分准确的:

> 中国冬至节在圣诞节前二日或三日,年年如此。它的外表节目有许多与圣诞节相同,就是冬尽春回冬至一阳生等等,一部分意义和习

---

① 《西节志盛》,《申报》,1891年12月25日,第3版。这里所说的"福利"即上海著名的福利公司,也就是第一章中所提到的Messrs.Hall and Holtz.

② 《公堂停讯》,《申报》,1874年12月22日,第2版。

③ 辛亥革命那年仍报道了公廨停公的消息,只是因上海已被革命军占领,没有朝贺礼仪,因此也没有相关消息。

④ 上海的万寿宫在1889年冬至前重新修建落成,"美轮美奂,气象崇闳。"见《庆贺令节》,《申报》,1889年12月21日,第3版。万寿宫是清代各地方政府举行朝贺礼的地方,每逢元旦、冬至以及皇帝、太后、皇后的生日等特殊日子,地方官员都要聚齐在万寿宫向阙行跪拜礼。

⑤ 《令节停公》这个标题有时也用于报道耶稣诞辰。冬至日及后一日的相关新闻也用《令节朝贺》《令节庆贺》《庆贺令节》《节期停讯》之类的标题。

⑥ 如《令节庆贺》(1882年12月21日第3版)报道冬至消息,紧接着的一条关于耶稣诞辰的新闻《令节停公》。1888年两节的报道也分别以《庆贺令节》(长至令节)与《停公庆贺》(耶稣诞辰)并列于同一版面(1888年12月22日第3版)。1883年则把中国冬至节和"外国冬至"的停讯消息合写在同一篇新闻中。见《节期停讯》,《申报》,1883年12月22日,第2版。

俗也有相同之点。所以圣诞节一传到中国，就被称为"外国冬至"了。①

一中一外两个"冬至"，在清末尚处于"你过你的节，我过我的节"的状态。进入民国以后，尤其是 20 年代以后，在像上海这样的大都市里，"外国冬至"越来越得到中国人的欢迎，相形之下，中国冬至则日趋式微，以至于出现了"你过你的节，我也过你的节"情况。与此同时，"外国冬至"这个词也逐渐被"圣诞节"代替，名词的转换也在一定程度上表明中国的冬至逐渐失去了文化主体地位，这当然与冬至在中国的遭遇有一定的关系。

民国肇始改从阳历，阴历年节不被官方重视，政府甚至有不准民间过旧历年的举措。大概由于政府不再庆贺旧历冬至节的缘故，1912 年和 1913 年的冬至，《申报》没有与冬至节相关消息。

自 1914 年起，由于袁世凯日趋尊孔复古，北京政府正式定农历元旦、端午、中秋、冬至为四节，并在这一年冬至举行了民国第一次祭天礼。1915 年冬至前，袁世凯的帝制活动也接近高潮，有人建议袁世凯在冬至节这一天举行登基大典，这一建议虽然因时间仓促而没有被采纳②，但是冬至却与袁世凯称帝扯上了关系。

冬至在古代确实是与帝王直接相关的一个日子，"冬至阳气起，君道长，故贺"③，历代帝王大多在冬至这一天在南郊祀天，就朝廷而言，这个节日与尊君有关。到了明清两代，冬至天子祀天和群臣朝贺天子更是国家三大盛典之一，而朝廷的冬至庆典活动与民间的冬至节俗并无关系。④ 虽然官、民同过冬至节，但是，这个节日对官方而言实际上就是向皇帝（清末还有慈禧太后）朝贺的日子。⑤ 冬至这天，天子祭天，官员向皇帝行礼，百姓祭祀自己的祖先并宴饮欢乐，中国冬至节事实上分为官、民两种过节方式。也因为这样，官方的冬至节仪会随着政权的更迭发生变化，比如清朝的冬至朝贺礼，在袁世凯称帝前变成了全国性的官方祭天礼，洪宪帝制破产，延续了千年的官方冬至祭礼也随之告终。

---

① 汤亦可编：《圣诞丛谈》，第 141 页。
② 见《登极礼之所闻》，《申报》，1915 年 12 月 20 日，第 6 版。
③ ［宋］陈元靓：《岁时广记》（三），第 411 页。
④ 参见王尔敏：《近代文化生态及其变迁》，百花洲文艺出版社，2002 年，第 89 页。
⑤ 据《岁时广记》记载，冬至这一日皇帝受朝贺，百官须朝服进贺，如大祭礼。历朝历代大多有冬至朝贺礼。

虽然冬至曾被北洋政府正式命名为"中华民国冬至节"[①],准予放假以示庆贺[②],但是国民党掌权之后,很快便扫除一切旧节俗,民间冬至礼俗虽然保留下来,但是缺少了官方提供的仪式感,甚至在官方不许过旧节的禁令下,报刊对冬至的报道也就淡化了。[③] 从1927年开始,《申报》再也没有专门报道冬至的新闻,虽然副刊中仍有关于冬至的文章。

耶诞庆贺渐入华人社会

同治末年和光绪初年的外国冬至节庆活动主要局限在旅沪西人社区中,《申报》的例常报道大多关注放假日期,对旅沪西人如何过节仅有"悠游数日"、"相与燕饮为乐"、门插冬青、柏树枝、悬旗等简单的介绍。1880年代以后,《申报》对西人过节的报道开始详细起来。

1883年外国冬至时,《申报》对上海大马路(即南京路)上著名的福利公司进行了报道,对这家商店的节日货品有细致的描写:

> 本埠各西人行铺,每至年终均须添配新货,以备各人采买。本月初九日为西历冬节,各行铺张扬厉,尤极繁富。昨至大马路福利公司游观,见门外有华字招纸,殊甚别致。其招纸上之字,从外望之若在深井中,而字迹仍极显明。复有贺冬西字,亦作此式,足见独出心裁,引人入胜。入其门,则奇巧玩物罗列两旁,如入山阴道上,令人目不暇接。其中所装之猴、犬等物,皆目动口哆,跃跳如生。有一西人倚于桌边,头戴花帽,口含吕宋烟,笑容可掬,余以为活人也,及见其不言不动,屡遇之皆如此,而后知其为像生之制,诚巧夺天工矣。所尤大者,正中一八音柜,高丈余,八音奇奏,纯如皎如。其罗列物品,美不胜收,指不及偻。后面则皆系食物,尝之美且旨。登其楼,则坐具桌儿,无一

---

① 《冬节停止办公》,《申报》,1919年12月22日,第11版。这则新闻中说:"明日(二十三号星期二,阴历十一月初一)系冬至节,经中央定为中华民国冬至节,本埠各机关均循例停办公务。"冬至节也简称"冬节"。

② 从1914年冬至到1926年冬至,《申报》也例有关于冬至节停止办公的消息。

③ 1929年冬至前,上海先施公司在一则广告中说"外国冬至转瞬即届,本年政府实行阳历,尤为应时令节"。《申报》,1929年12月16日,第11版。当时的政府废除一切旧节,强行推广阳历新年,要求各地隆重庆祝阳历"元旦"。这则广告透露的消息值得重视,它表明,由于中国冬至不被官方重视,外国冬至便成了"应时令节"。

不备,其内间则绸绒锦绣,光怪陆离,目迷五色,洵洋洋乎大观也哉。①

《北华捷报》1883年也报道了福利公司的圣诞商品,从该报的英文报道中可知,《申报》所说的"贺冬西字"是"Welcome,A Right Merrie Christmas",店内的"像生西人"就是圣诞老爹(Father Christmas)。② 以我所见,这是《申报》第一次提及圣诞老爹,虽然报道者并不知道如何称呼这个笑容可掬的老人。可注意的是,福利公司的门口有中文招贴,显然是希望中国人入内购物。

西人庆贺耶稣诞节的社会活动详情首见于1884年对"令节跑纸"的报道:

> 今日系外国冬至,寓沪各西人无所事事,思有以遣此良辰,于是又有跑纸之举。自午后三点半钟在徐家汇后面虹桥跑起,至西人赛船处马路为止,其意兴谅必不浅矣。③

> 昨日,寓沪各西商因令节停公,复举跑纸之戏。午后三点钟后由徐家汇镇后跑起,奔驰四十余里,至新闸相近止,计马四十余匹,散纸者为协隆行西人非伦。既而夕阳影里,喝彩声喧,则旗昌行西人运特己锦标夺得矣。闻明日礼拜六仍须跑赛,由前获胜之新担文讼师首先散纸云。④

新闻中特别指出这是寓沪西人的遣兴之举,这说明至少到十九世纪八十年代中期,西人过节仍与中国人无涉,中国人至多也只是西人跑马活动的看客,当然也是"外国冬至"的旁观者。

耶稣诞辰既是宗教性节日,教堂弥撒自然也很重要,《申报》对此也有记述:

> 昨为耶稣诞辰,教堂中行弥撒礼。本埠新北门外若瑟教堂早已铺设一新,两旁悬红呢长幡,嵌以金线,另有四条盘金洒绣十分鲜艳,有神厨居中高耸,是为彼教中圣母像,并有手抱小孩者供台,名恩台,台中陈设各样花卉,杂以洋烛,两旁亦设洋烛灯台十数盏。堂中悬主灯一盏,列洋烛数十枝,奇葩异卉,灿烂缤纷,甚可观也。至九点半钟时,西国男女络绎而至,约有二百余人,以次列坐。少顷,钟声忽鸣,主教、神甫穿戴祭衣大帽,后有两人执烛随行,至台前。行礼毕,取圣书安放盘内,覆以大红缎盘金洒绣之袱。安放毕,神甫转入台后,执烛人将洋

---

① 《备物且旨》,《申报》,1883年12月23日,第3版。

② *Christmas Preparations*,North China Herald,1883.12.12.这篇新闻里还提及在 Messrs. Mustard & Co.里也有木制的圣诞老人(Santa Claus)像。

③ 《西人跑纸》,《申报》,1884年12月25日,第3版。

④ 《令节跑纸》,《申报》,1884年12月26日,第3版。

烛尽行燃点,时已十点余钟矣。恩台对面楼上琴声悠扬,主教偕两神
甫各穿大服,后随执烛者四人,相公八人,从台后转出,诣恩台前行弥
撒礼。执烛人等分列两旁,对楼唱经,有众学生随声附和。如是者数
次,主教上乳香,复讼经礼始毕。外间钟声有鸣,西人纷纷散归。①

　　从新闻的描述来看,教堂里的活动庄严肃穆,场面壮观,只是这一宗教庆贺
方式与中国人过冬至节的节俗相当疏远。由"西国男女络绎而至""西人纷纷散
归"也可知,到教堂参加耶稣诞辰弥撒的都是西人,人数不多,只二百余人而已。

　　当然,既然是华洋杂处,中国人受到西人过节气氛的感染,也可能在一定程
度上参与过节,至少会去游观一下外国人的商店。上文所引介绍福利公司过节
商品的那则新闻的作者就是中国人,很可能就是报馆的主笔或访员②,他写此
文意在向华人介绍西人过节所备之物,有好奇的中国人前去一逛也是可以想见
的。大概从光绪中叶以后,华人参与"外国冬至"的情况逐渐增多,如1892年耶
稣诞日适逢礼拜日,"是以租界中益热闹非常,凡执业于各洋行者莫不采烈兴
高,一骋其车水马龙之乐。"比中国新年更显繁盛。③　租界的大部分人口为华
民,租界过节如过中国新年般热闹,显然是华人"执业于各洋行者"以及一般居
民受到节日气氛感染因而有所表示之故。教堂弥撒礼也有越来越多的中国信
徒参与,"教中人""入教者""中西教友""中外男妇"之类的称呼屡见于新闻之
中。1896年耶稣诞日,南市董家渡天主教堂的弥撒礼吸引了附近入教者数千
人之多④,大部分是华人教徒,也即新闻中所说的"入教者",这个教堂位于华
界,华人教徒自然是其主要的服务对象。新北门外大天主堂也是"中西教友"麇
集,教堂门前车水马龙,络绎不绝。⑤　1898年耶诞日,到虹口南浔路天主堂瞻礼
的教中士女多至三千余人,"不可谓非一时之盛事也。"⑥而在十年以前,教堂的
弥撒礼还主要是西人参加,到会人数不过数百。十年以后,一个教堂一次能吸

　　①　《教礼志盛》,《申报》,1888年12月26日,第3版。
　　②　该店有专人为他导游,临别又赠以"西果"。如果是一般顾客,洋人的商店不大可能对一个中国
人如此殷勤周到。
　　③　《西人佳节》,《申报》,1892年12月25日,第3版。
　　④　《弥撒志盛》,《申报》,1896年12月25日,第3版。
　　⑤　《弥撒盛仪》,《申报》,1896年12月26日,第3版。
　　⑥　《弥撒志盛》,《申报》,1898年12月25日,第3版。

引三千人参加,华人教友占相当数量是毫无疑问的。①

"初十日为中国冬至,马车络绎前赴张园者不知凡几。昨日为西国冬至,马车络绎前赴张园者又不知凡几。中国人真不肯辜负良辰佳节哉!"②这是1909年的情况,可见在清末的上海,外国冬至由于放假的缘故,至少在公共游乐场所也像中国冬至一样热闹了。

进入民国以后,庆贺耶稣诞辰的热闹气氛逐渐弥漫至一般社会生活中,"外国冬至"这个缺乏宗教意味的中国俗称,却逐渐变为宗教味极浓的"圣诞"或"圣诞节"。

"圣诞"一词用于耶稣诞辰不知起于何时,《申报》从光绪中叶起就已有此称呼。③ 民国初年,《申报》的国际新闻中多有"圣诞节"之称④,《申报》在国内新闻和副刊文章中也多见"圣诞"称谓。1918年耶稣诞日,青年会总干事余日章特撰《耶稣圣诞节》一文刊于《申报》,迳称"今日为圣诞节,即耶稣基督诞生之日也"。⑤ 算是正式对圣诞节一词作了界定,此后,"圣诞节"逐渐成为《申报》提及耶稣诞辰时最常用的称谓。1919年12月25日,《申报》第一次以"增刊"(申报耶稣诞日增刊)的形式专题介绍了耶稣圣诞,此后到1923年,《申报》连续五年出圣诞增刊或圣诞特刊,1920年和1922、1923年,副刊"自由谈"还另出圣诞特刊。这些增刊或特刊上的文章大多由教中人士供稿,也许是教会机构与《申报》编者之间达成的默契⑥,教会机构意在通过《申报》向中国社会扩大圣诞节的影

---

① 据前引《教礼志盛》(1888年12月26日第3版)报道,教堂于耶诞日举行弥撒礼时,"西国男女络绎而至,约有二百余人。"由此可见,到十九世纪末时,动辄数千人参加的教堂弥撒活动,中国人应该居多,因为直到1900年,租界(公共租界和法租界)内的外国人总共只有7396人,1895年只有5114人。参见邹依仁:《旧上海人口变迁的研究》,"表46:上海外国人人数统计(1843 - 1949年)",上海人民出版社,1980年,第141页。

② 东吴:"通俗谈"(栏目),《申报》,1909年12月26日,第3版。

③ 《中西书院新定章程》(《申报》,1886年12月20日,第4版)中关于放假的规定中有"耶稣圣诞"放假一日的说法;《西节停公》(《申报》,1890年12月21日,第3版)写道:"本月十四日为西国耶稣圣诞";1896年、1897年以及1899年、1900年的教堂弥撒或节期停公等新闻中也用"耶稣圣诞",此后至清亡,也偶有"圣诞"之称(如1905年耶稣诞辰前后两次提及)。不清楚是教会机构主动使用"圣诞",还是报章自作主张称耶稣诞辰为圣诞,抑或社会上有此称呼。

④ 大多见于耶诞前后的"译电"新闻栏目中,如1912年12月20日就有关于伦敦《泰晤士报》和《每日电(讯)报》在"圣诞节"停刊一日的新闻,之所以报道这则新闻,是因为这两家报纸自有报以来还是第一次在圣诞日停刊。

⑤ 余日章:《耶稣圣诞节》,《申报》,1918年12月25日,第3版。

⑥ 《申报》总编陈冷以及"自由谈"主编周瘦鹃对圣诞都有好感,从下文所引他们的文章中可以看出。另外,1921年的"耶稣圣诞增刊"刊出圣约翰大学校长卜舫济的英文文章 CHRISTMAS,由他的学生汪英宾翻译成中文,而汪英宾当时已在《申报》工作。可见教会机构与《申报》的关系确实很密切。

响面。从这些文章中可知两点：①不管"圣诞"、"圣诞节"的称呼最初是否来自教会机构，教会机构已经正式认可这两个词为耶稣诞辰的中文节名；②教会机构使用"圣诞""圣诞节"称谓，也可视作耶诞这个外来宗教节日在中国社会世俗化的一种表现。因为"圣诞"和"圣诞节"这两个词自古以来就是中国各路神、仙生日的尊号，如西王母、佛祖、观音、文昌帝君、张道陵乃至武圣人关公等等，中国人对这些宗教、半宗教的教主、神人的圣诞最为熟悉，"圣诞"或"圣诞节"用之于称呼耶稣诞辰，对中国人而言自然比"外国冬至"多了一分文化上的亲近感，容易被中国民众接受。当然，教会人士也试图区分他们的"圣诞"与"佛诞"、"仙诞"不同[①]，这也表明他们认识到一般中国人可能会把基督耶稣的诞辰与那些"圣诞"混淆在一起。

教会机构的世俗化努力

耶稣诞辰纪念的世俗化，与教会机构自身的社会化努力分不开。众所周知，耶教在近代中国的传播有一个突出的特点，就是借举办各种社会事业来辅助传教，教会机构的社会化活动在庚子以后更为明显，尤以教育、医疗、慈善等事业为著，青年会则更把发展的重点放在城市，对城市各项改革都十分热心，其宗教意味并不表现得十分明显。圣诞节在西方国家原本就有博爱、慈善的主题，利用节日气氛关怀社会无疑是教会机构表现基督教慈善、博爱宗旨的好时机。

上海的尚贤堂向来以面向社会举办各种活动而著称。1903 年耶诞日晚上，李佳白借上海格致书院举办庆祝会，除了学生之外还邀请社会上的许多中国人参加。从当时与会者的记述来看，活动像一个茶话会：啜茗、闲谈、弹琴、演泰西戏剧、分送礼物、演讲。[②] 进入民国以后，尚贤堂更像是一个社交性的俱乐

---

① 《耶稣圣诞之感念》，《申报》，1919 年 12 月 25 日，"申报耶稣诞日增刊"，第 2 版。这篇文章在谈及"圣诞的原因"时强调，如果不明白基督为何来到人间，就与世俗之视"佛诞""仙诞"无异，"故吾正告之曰：'基督为释放人类，改造世界而诞生，吾人共祝此圣诞亦惟以博爱、公义、和平为目标，改革昔人之人生观而已。'"

② 《尚贤堂款宾记》，《申报》，1903 年 12 月 27 日，第 3 版。

部①,除了平日里经常举行演说之外,耶诞日前后也组织各种慈善活动。②

伦敦会主办的麦伦书院庆祝圣诞节的主要方式是通过文艺演出筹集善款,用以资助孤儿院、盲童学校等。目的是慈善,过节的庆贺方式则多以社会娱乐为主(当然也有唱诗、祷告等),往往冠以"同乐会"之名,有新剧演出、唱歌、趣味游戏③,有口琴、提琴演奏等西洋乐器的演奏,也有中国乐器演奏,甚至有拳术、技击表演④,有的年份还有音乐幻术表演⑤,还曾把活动办成"游艺会"形式,让盲童学校的学生和本校童子军都参加庆贺活动。⑥

1917年圣诞节前,上海北四川路一带的中华基督教会、长老会、浸会、怀恩堂、广东浸礼会、中华圣公会救主堂五分会联合发起组织了"友邻会",以"同乐会"的形式为贫困儿童筹资购备食物、玩具、用品。⑦ 次年,"友邻会"的圣诞同乐会分别在两个场所举行,为临近地区的人力车夫和乞丐、儿童筹集所需物品。⑧ 每次举办这样的同乐会都有近千名贫穷儿童和劳工参加。

除了以献爱心的方式过节之外,教堂和教会机构组织的圣诞庆祝活动也多以宗教内容夹杂娱乐演出的方式举行,有的场合甚至没有任何宗教内容而只有娱乐。

清末上海较大规模的圣诞活动一般都在教堂举行,以弥撒为主,从《申报》的报道看,整个过程庄严肃穆,没有欢愉嬉笑的痕迹。民国以后的教堂庆贺有了新的变化,除了弥撒之外,一般还会组织各种形式的娱乐性庆祝活动。1913年圣诞节,上海慕尔堂开欢祝耶稣降生大会,虽然以《圣经》朗诵与唱赞美诗为主,但是已经添加了钢琴独奏、双人小提琴合奏,牧师演说寓言一则,竟然有"滑稽可喜,合座为之粲然"的效果。⑨ 天安堂在1915年12月24日一早举行"圣诞节同乐会",除了宗教演说之外,还安排了幻术和滑稽表演,另有茶点供应。⑩慕

① 比如1913年6月,尚贤堂举办星期音乐欣赏会,每逢周日均有演出,各界人士都可以自由前去欣赏,以至于人们视之为俱乐部。见《尚贤堂之中外俱乐部》,《申报》,1913年6月19日,第10版。

② 1914和1915年耶诞节期间,尚贤堂所设中外女士联合会举行特别欣赏会,除了演出、演讲之外,来宾把自带的玩具、食品等物赠给孤儿院等处的儿童。《尚贤堂之特别欣赏会》,《申报》,1914年12月26日,第10版;《尚贤堂之中外女士会》,《申报》,1915年12月28日,第10版。

③ 《麦伦书院协助孤儿院》,《申报》,1915年12月31日,第10版。

④ 《麦伦书院之同乐会》,《申报》,1916年12月23日,第11版。

⑤ 《耶稣诞辰之庆祝》,《申报》,1918年12月25日,第10版。

⑥ 《麦伦书院开庆祝耶诞游艺会》,《申报》,1919年12月25日,第11版。

⑦ 《友邻会开同乐会纪事》,1918年3月24日,第11版。

⑧ 《耶稣诞辰之庆祝》,《申报》,1918年12月25日,第10版。

⑨ 《慕尔堂欢祝大会记》,《申报》,1913年12月26日,第10版。

⑩ 《耶稣降生之纪念》,《申报》,1915年12月23日,第10版。

尔堂在 20 年代初还专门举办过童子庆祝圣诞大会,以慕尔堂自己主办的童子养成团为主,并邀请三马路(即汉口路)附近各小学的学生一起参加,演出剧目包括唱诗、故事、演讲、双簧、短剧,并有圣诞老翁到场给小朋友分送礼物。① 怀恩堂在 1923 年圣诞节举行的庆祝会到会者八百余人,其中有幼儿园孩子的歌唱表演、十岁左右小学女生表演短剧,场面极为热闹。②

在上海,中华基督教青年会(简称"青年会")的世俗化努力规模大,社会影响力极大③,它所举办的耶稣诞辰纪念活动一般较少有宗教意味。1913 年圣诞前夜,青年会邀请费吴生演说热度之升降,并当场用各种电机做试验,演示给大家看。④ 1915 年耶诞前两晚,青年会在四川路总部连续上演文明新剧《基督与世界万国之关系》,内容与宗教有关,而形式则是世俗的新式戏剧。⑤ 1917 年 12 月 23 日,青年会夜校的圣诞庆祝会与冬季学生同乐会合并在一起举行,来宾多达七百余人,会场十分拥挤。同乐会邀请《进步杂志》主笔胡玉峰演说,强调耶稣圣诞为世界最快乐之日,所以今晚开会也有无穷之乐。为了体现这样的快乐,青年会请"均天乐丝竹会"演奏丝竹国乐,又有演滑稽新剧,演出现场还来了一位"圣诞老人"与校长一起给大家分发礼物。⑥ 1919 年圣诞夜,青年会的同乐会节目有四音合唱、钢琴独奏、西国胡琴、中国音乐、活动影戏、演说。演出的场所扎以青松翠柏,还树起了一棵圣诞树,会场布置极为华丽。⑦ 1922 年平安夜,青年会的演出单中有新旧戏剧、音乐、滩簧以及各种游艺,而且活动也移到了城内的九亩地新舞台,这已经很像是普通单位的迎新游艺会了。⑧

教会学校是庆祝圣诞节的主力军,由于学生众多,影响面广,影响力也非常持久,二三十年代圣诞节在部分大城市的流行与这个群体有很大的关系。

早在书院时代,上海圣约翰大学每逢圣诞节、复活节、受难节等宗教节日都会放假庆祝,以过圣诞节最为隆重。1899 年圣诞节照例表演节目,有学生上台用英语演绎外国故事,穿中式服装的学生演出了话剧《官场丑史》,讲述的是一

① 《耶诞新讯》,《申报》,1923 年 12 月 24 日,第 18 版。
② 《耶诞新讯》,《申报》,1923 年 12 月 24 日,第 18 版。
③ 从《青年会小史》(《申报》,1918 年 6 月 17 日,第 11 版)一文来看,该会举办的社会事业范围很广,许多资金都是在中国筹集的,这也可见其社会影响力。
④ 《青年会演说预告》,《申报》,1913 年 12 月 24 日,第 10 版。
⑤ 《耶稣降生之纪念》,《申报》,1915 年 12 月 23 日,第 10 版。
⑥ 《青年会夜校开会记》,《申报》,1917 年 12 月 25 日,第 10 版。
⑦ 《耶稣诞日之庆贺》,《申报》,1919 年 12 月 24 日,第 10 版。
⑧ 《青年会祀典预纪》,《申报》,1922 年 12 月 23 日,第 11 版。

个乡下土财主纳粮捐官,后因昏庸无能最终被革职的故事,这台话剧被认为是近代中国"新剧"之始。① 到 20 世纪 20 年代中期,圣约翰大学每到圣诞节时,校园里到处都有柏枝、彩灯等装饰,学生们兴高采烈,暂时忘记期末大考来临的烦恼。1925 年圣诞节,学生吃过大餐之后纷纷参加活动,礼拜堂里圣诞树光明灿烂,齐唱颂歌之后便是校长演说,然后就是学生的节目,如演说、音乐、喜剧、话剧等等,到子夜时分学生才陆续散去。②

1917 年圣诞节前,上海各教会学校如约翰、沪江、麦伦、青年、清心、惠中、东吴、中西、明强、昌世等学校,都购置物品,装饰会场,预备举行庆祝活动。③次年圣诞节,青年普益社所办学校的圣诞同乐会有三百余人参加,各种演出丰富多彩,最后以学生干部扮演圣诞老人分发礼品而告结束。④ 1918 年圣诞,中西公学开庆祝同乐大会,上演趣剧《兄弟争饭》、警世剧《教育鉴尚》、武剧《妹复兄仇》等戏,此外还有拳术、双簧、大鼓书、滑稽表演项目。⑤1919 年圣诞节,中西公学所开的庆祝圣诞同乐会,到场嘉宾五六百人,有演说、拳术、口琴、幻术、丝竹演奏、双簧等游艺节目,最后演出趣剧《窃中窃》,晚会直到午夜方散。⑥ 女校也同样加入庆贺圣诞的行列,1918 年圣诞节,法租界进德女学校及幼稚园所有学生举行庆祝会。⑦ 到 1921 年,上海的几所著名女校都在举办各种各样的圣诞庆祝活动。⑧

可能是受到教会学校的影响,并不属于教会的南洋公学和复旦学校的学生,竟然也在 1920 年圣诞节时自行举办圣诞庆祝活动,这被认为是破天荒之举。⑨ 1923 年圣诞日,上海中国学校青年会联合会假座四川路青年会举行大型游艺会,演出节目有军乐、国乐、西乐、圣诞歌舞、两音合唱、双双簧、檀香山琵琶、双双火棍、滑稽四音合唱、国技及幻术、独唱、三簧等等,参加演出的学生来

---

① 熊月之、周武主编:《圣约翰大学史》,上海人民出版社,2006 年,第 292 页。
② 《约翰年刊》(1925 年),参见熊月之、周武主编:《圣约翰大学史》,第 280 - 281 页。
③ 《教徒庆祝耶稣诞辰预志》,《申报》,1917 年 12 月 21 日,第 10 版。
④ 《青年普益社之庆祝同乐会》,《申报》,1918 年 12 月 28 日,第 11 版。
⑤ 《耶稣诞辰之庆祝》,《申报》,1918 年 12 月 25 日,第 10 版。
⑥ 《耶稣诞日余闻》,《申报》,1919 年 12 月 27 日,第 11 版。
⑦ 《耶稣诞辰之礼节》,《申报》,1918 年 12 月 26 日,第 10 版。
⑧ 《耶诞节女校表演记》(一)(二),1921 年 12 月 24 日,第 15 版,12 月 25 日,第 14 版。
⑨ 吉尔达:《今年上海之耶稣圣诞节》,《申报》,1920 年 12 月 19 日,"申报星期增刊·圣诞号"(无版次)。

自全市十余所大学和中学。[①]

　　青年学生最容易接受新鲜事物,学生时代欢度这样娱乐化的圣诞节,必然对他们日后参与真正社会化的圣诞节有重要的影响。事实上,20世纪20年代以后热衷过圣诞节的最大群体就是学生和受过现代教育的年轻人,这也是20年代以学生为主体的"非基督教运动"之所以选择在圣诞节前后发动"反基督周"的原因之一。(详见第四章)

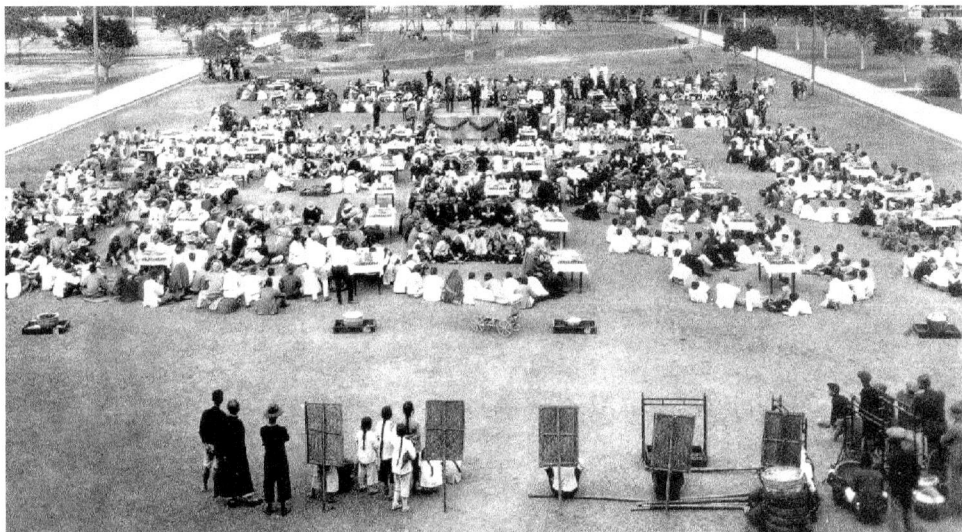

图 2-1 岭南大学 1925 年举行的圣诞同乐会

(来源:浙江大学图书馆数据资料库)

　　上文所述大致可以表明,耶稣诞辰的社会化和游艺化庆祝方式是教会机构积极主动的行为,这种做法不仅扩大了这个宗教节日的社会知名度,也大大增强了它的吸引力,尤其是青年学生的大量参与,为圣诞节日后的兴盛奠定了基础。特别要指出的是,所有这些圣诞庆祝活动不仅教徒广泛参与,其中也有很多非教徒,如受益于慈善活动的弱势人群。那些虽未直接参与圣诞活动的其他社会人士,也可能通过人际关系或媒体报道获知这些活动的情况,从而在一定程度上扩大教会机构圣诞庆祝活动的社会影响力。

---

① 《耶诞丛讯·各校青年联合庆祝游艺会之节目已定》,《申报》,1923年12月20日,第18版;《耶教学生界之游艺会》,《申报》,1923年12月27日,第18版。

圣诞节的社会化

青年会的干事吉尔达在 1920 年圣诞节期间写的一篇文章中指出：圣诞老人"往昔只临泰西各地，近乃欣然与中华人士相接，其所得之待遇，日形隆盛而新奇"。[①] 吉尔达之所以借用"圣诞老人"来形容中国人与圣诞节越来越热的关系，是因为他的形象更多地体现了西方圣诞节世俗化的一面，与圣诞节的宗教性质比起来，圣诞老人所体现的节日快乐的特质很容易被另一种文化中的人们体会到，也容易为人接受。

在教会机构努力使耶稣诞辰庆贺世俗化的过程中，西方庆祝耶诞的一些民俗也渐渐传到东方来了，比如圣诞礼盒（Christmas Box）、圣诞树（Christmas Tree）、圣诞叟（Santa Claus）和圣诞片（Christmas Card）等等。[②] 这四种圣诞元素除了第一种之外，其他三种在中国社会中越来越常见，许多圣诞庆贺活动都少不了青松翠柏和圣诞树的装饰，Santa Claus 和 Christmas Card 更是受到中国人的欢迎。

关于 Santa Claus 以我所查阅的情况来看，《申报》第一次提及"圣诞老人"是 1917 年 12 月 25 日《青年会夜校开会记》一文，此后也有"圣诞老翁""圣诞翁""圣诞叟""圣诞老""散克特老师""圣诞老公公""耶诞老人""北极老人"等称呼，20 年代末以后，除了"圣诞老公公"偶尔一见，基本上都叫做"圣诞老人"。

关于圣诞老人，《申报》早在 1919 年就有短文介绍了他的来历：

> 日月跳丸，圣诞节又瞬息而至。西人对于是日甚为珍贵，其前一夜俨若吾国之除夕焉。一般小儿女缘窗闲语，群希望所谓圣诞老人者从烟囱中赐以心中所欲之物。及至翌晨，每于枕畔得无数珍品，皆素所喜者，盖孩之父母为之，欲令其子女生欢欣也。顾圣诞老人之历史，类俱莫能言之。按老人名 Santa Claus，为美国之浑称，生于耶稣纪元三百年，为玛那（Myra）、那亚（Lyoiu）、小亚细亚（Asia Minor）等地之著名主教，于希腊教会中尤极显著。其庆祝节，在十二月六日举行，至其所以如此阐扬者，乃出于一故事。渠尝馈金于人，其事至今人多乐

---

① 上海青年会吉尔达先生（J.H.Goldart）原著：《今年上海之耶稣圣诞节》，《申报》，1920 年 12 月 19 日，"申报星期增刊·圣诞号"，第 2 版。

② 诚静怡博士：《耶稣圣诞——解放·表彰·世界的福音》，《申报》，1920 年 12 月 19 日，"申报耶稣圣诞增刊·圣诞号"，第 3 版。

道之:有一人甚贫苦,家中三女貌均丽,但乏资为奁费,不得已而欲令
彼等为娼,操卖笑之生涯。圣诞老人夜过其地,三赠以金,其家赖以保
全。后人知其事,多于其节前一日置食物于儿童之鞋内,谓为老人所
赐。后辗转推延,移至二十四日之夜,与圣诞节相近云。①

圣诞老人在教会机构举办的活动中经常出现,他是一个受人欢迎的送礼者
的形象,这与他在西方国家的角色是一样的。《申报·自由谈》的主编周瘦鹃曾
参加上海晏摩氏女校的圣诞同乐会,他描述了圣诞老人在活动中的表现:

　　……俄而圣诞老人负巨裹跰□而出,饰者姚启明女士,女中曼倩
也,一言一动有突梯滑稽之致。继出裹中物,呼诸师长名而分赠之。
每授一物,必佐以雅谑,群为解颐。赠礼物讫,则有校役荷巨筐,中有
小裹累累,仍由圣诞老人分贻于生,如是倾数巨筐。予亦得一裹,视
之,果饵也,归以贻小鹃,食之甚甘,乃深感圣诞老人之厚意焉。②

头戴长帽、一把大胡子、身材矮胖、笑眯眯的圣诞老人形象也被画图绘影印
于报端。1920 年的"申报星期增刊·圣诞号"就以圣诞老人的形象作为刊头画
(图 2-2 左),同年的"申报自由谈圣诞特刊"也用圣诞老人背负大礼包的形象
作为刊头(图 2-2 中),这是《申报》栏目首次采用圣诞老人形象。1922 年的
"申报耶稣圣诞增刊"刊头右首也是圣诞老人形象(图 2-2 右),这个形象和
1920 年"自由谈"刊头形象成了此后《申报》广告中所有圣诞老人形象的模板。

图 2-2

① 君豪:《圣诞老人谭》,《申报》,1919 年 12 月 24 日,第 14 版。
② 周瘦鹃:《纪颂圣同乐之会》,《申报》,1923 年 12 月 25 日,第 8 版。圣诞老人在教会学校过圣诞
节时比较常见,《约翰年刊》(1925 年)也有圣诞老人的记述:"(董君选青)所饰之圣诞老人,传神为真,惟
妙惟肖。老人伛偻其背,龙钟其貌,音纡徐而步行。扶杖援梯而上,以礼物分赠学生团体,各领袖略致勉
词,杂以滑稽,诙谐百出,意趣横生。"熊月之、周武主编:《圣约翰大学史》,第 281 页。

圣诞老人也逐渐成了各种冬令商品的"形象代言人",大量的冬节和圣诞礼品用他的形象来做广告(详见第三章"圣诞广告和圣诞老人商业化"一节)。

圣诞老人和蔼可亲,中国人对他充满了好感。有人把他想象成缔结良缘的月老[1],也有人把他视为解决中国诸多问题的施恩者,他给中国社会各色人等送上的圣诞礼物上分别写着:"裁兵筑路,勿杀同胞"(军人),"发表民意,勿偏党派"(政客),"牺牲名利,提倡教育"(教育家),"振兴实业"(实业家),"捐助公立学校,栽培贫寒子弟"(富翁),"提倡推销国货"(商贾),"发扬祖国文化,提倡美术教育"(文学家)。[2] 自称反对帝国主义的革命同志,对这个基督教文化中的人物也不反感,反而借用他的形象来宣传孙中山开创的共和制度。1928年圣诞节,在《申报》"自由谈"的一篇短小说里,作者虚构了一场"圣诞老人和中国民众欢叙大会",现场的民众和小朋友满心希望圣诞老人能他们带来礼物,圣诞老人确实带来了礼物:

> 可爱的小朋友,不要喧哗,你们看,这是三民花、革命果,是专程给你们的。这三民花永远这样的鲜丽,不会萎谢;这革命果永远这样的碧绿,不会腐烂。你们带回去,时常地看着玩着,那么将来的三民花就会普遍,革命果就会长存!

只见圣诞老人手一扬,现场的小朋友已是左手三民花,右手革命果了。革命化的圣诞老人充满着革命乐观主义精神,他继续给现场的一般知识幼稚的人(文盲阶级)、一般青年、一般妇女和农工阶级分发各种"精神礼物":智慧囊、努力片、奋斗球、胜利旗。当所有礼物分发完毕,现场一片欢腾,圣诞老人和华丽的礼堂一瞬间都消失无影,只见空中飘扬着鲜明的国徽。[3] 在这篇寓言小说里,圣诞老人来到中国仿佛就是为了见证中国由专制而共和、由共和而军阀专横、由军阀专横而国民革命军起,最后进入一个"自由平等"的统一时期,这个时期就如圣诞老人所代表的欢乐的圣诞节一样,受到中国民众的热烈欢迎。

Christmas Card 从当时的记述来看,中国人互赠圣诞卡大约始于1920年前后,当时有人如此评价这种时髦:

> 普天同庆,原是佳兆,然吾有议者。赠送之人,往往不问与受者之情谊属于何等,不审卡中之措辞如何,而但选其卡色之悦目、花纹之美丽者,即贸贸然寄其敬爱之人。于是每每有情人而受寻常套语式的祝

---

① 无愁:《圣诞老人缔姻记》,《申报》,1920年12月25日,第14版。

② 毅华:《圣诞节之大礼物》,《申报》,1922年12月25日,"自由谈耶稣圣诞增刊",第1版。

③ 柯定庵:《圣诞》,《申报》,1928年12月25日,第18版。

词者,有谊属浅交而收到情话类之恩挚语者,又或男女不分,张冠李戴。受者不唯不感,且厌恶之矣。甚愿送圣诞卡者之量情度分,善自为之也。①

语虽含有讥刺,但是也从一个侧面表明,有些中国人确实已接受西方互赠贺卡的节俗,在友朋之间用圣诞卡来表示节日的问候。

贺卡在当时的都市人群中非常流行,或用于圣诞节,或用于阳历新年,或于圣诞、阳历新年二节中并用,商务印书馆、中华书局、永安公司、先施公司等处均有各种花色的卡片出售,许多贺卡还是进口的。② 由于贺卡广为国人接受,有人还告诫人们要注意节约,注意称谓,特别提醒"如不奉耶教者,切勿加入'恭祝圣诞'等字"。③ 受圣诞贺卡的启发,中国人过旧历年也时兴用贺卡:

> 贺年之用名刺,习俗相延,由来已久。民国以后,易梅衢之红片而为舶来品之卡片,形式虽较玲珑,而所费较前加倍。乃近十年来,贺年卡片日益考究,争妍斗丽,立异矜奇,盖为西人圣诞贺片所化,故虽多所耗费,曾不少惜。④

中国人过年历来有投刺("刺"即名片,也即上引文字中所提及的"梅衢之红片")拜节的习俗,但是这种方式受到圣诞卡的影响,已经变成了互送西式的贺年片了。西方化的贺年片每年都成为上海各大商场的冬季畅销品。⑤ 演艺明星的照片也往往被制作成贺年片出售,到 20 世纪三四十年代,贺年片的销售被视为节日的一个标志,有人视之为"迎接 X'mas 底一个前哨……贺年片催生这冬节的来临。"⑥

圣诞老人和圣诞卡、贺年卡源自 19 世纪英美的社会习俗,这两个圣诞元素在 20 世纪 20 年代前后开始流行于中国,表明圣诞节在中国的世俗化又进了一步。同时,圣诞庆贺活动也不再由教会机构专擅,一些与教会机构有关系,但是已经相当社会化的组织一般都独立举行圣诞活动,如沪东公社自 1917 年成立后,每年圣诞节都会举办娱乐和慈善合一的活动。⑦《字林西报》从 20 年代初

---

① 爱菊少年:《圣诞谈屑》,《申报》,1922 年 12 月 25 日,"自由谈耶稣圣诞特刊",第 3 版。
② 《冬季贺片之调查种种》,《申报》,1922 年 12 月 6 日,第 17 版。
③ 冰姿:《对于贺年片之研究》,《申报》,1923 年 12 月 25 日,"申报常识",第 1 版。
④ 诘夫:《贺年改良之我见》,《申报》,1925 年 12 月 28 日,第 13 版。
⑤ 《申报》大多在 12 月初的"商场消息""各商店消息"等市场报道中介绍贺年片供货情况。
⑥ 慈云:《贺年片》,《申报》,1938 年 11 月 23 日,第 13 版。
⑦ 《耶稣诞日余闻》,《申报》,1919 年 12 月 27 日,第 11 版。杨树浦沪东公社是沪江大学美国籍教师葛学溥(Daniel H.Kulp)发起成立的一个社会服务机构,得到沪江大学(教会大学)的支持。

开始就配合上海人力车夫会（即"车夫福音会"）筹集善款善物,在圣诞前后分发给穷苦车夫,人力车夫会也时常会以圣诞游乐会的方式招待穷苦的车夫。① 由上海各教会学校教师学生组成的全沪西乐社,也常在圣诞节期间面向社会举办商业性演出。② 青年会的外围组织如浦东青年会职工部、先施公司职员青年会等也曾在圣诞节时举办演艺活动,参加者都是工厂和商店的青年职工。③

有些教会学校的毕业生在走上社会之后,往往选择在圣诞节时开同学会,一方面联络感情,一方面也是欢度节日。④ 上海圣约翰大学同学会自 20 年代初以后,几乎每年都有圣诞庆祝会,参加者还包括同学的家属和孩子,孩子们还表演活动以增加趣味,有孩子参加的场合,自然少不了圣诞老人给大家分发礼物。⑤ 这些毕业生与他们的家人有可能是教徒,也有可能不是教徒,不管如何,他们过圣诞节是完全脱离教会学校的自发行为。

社会上的教徒确实可能会在私人场合按照西方的圣诞节俗过节,有一位作者就记述了他和同学参加的一个家庭圣诞聚会,圣诞夜的宴会和舞会完全是"力仿欧风"。⑥ 对非教徒来说,圣诞节放假该如何度过?为不辜负这一外来的"令节",有人以聚餐的方式尽一日之欢⑦,也有人作异地之游,一般以沪宁、沪杭两路为多⑧,其中到杭州以及德清莫干山游玩是二十年代初上海中西人士的常项,沪杭、沪宁两个铁路局一般会发售特别来回票以方便游客。⑨ 利用圣诞

---

① 《上海车夫会消息》,《申报》,1920 年 12 月 24 日,第 10 版;一片福音:《人力车夫之报告》,《申报》,1922 年 12 月 16 日,第 17 版;《车夫会圣诞节之第一日》,《申报》,1925 年 12 月 23 日,第 14 版;《耶诞日之车夫会》,《申报》,1925 年 12 月 27 日,第 15 版;《字林报耶诞节赒济车夫捐》,《申报》,1926 年 12 月 15 日,第 11 版。上海车夫会由美国传教士麦西桑(或写作麦思逊,也即第一章中所提到的玛达生)发起成立于 1913。

② 《全沪西乐社定期举行音乐大会》,《申报》,1924 年 12 月 21 日,第 14 版。

③ 《耶诞新讯·浦东职工青年会开庆祝会》,《申报》,1923 年 12 月 23 日,第 18 版;《先施职员青年会之集会》,《申报》,1923 年 12 月 28 日,第 15 版。

④ 《承天同门会第一次聚餐会预志》,《申报》,1921 年 12 月 21 日,第 15 版。

⑤ 《圣约翰大学同学会恳亲会纪》,《申报》,1920 年 12 月 28 日,第 11 版;《约翰大学消息》,《申报》,1921 年 12 月 18 日,第 10 版;《约翰同学会之庆祝耶诞会》,《申报》,1923 年 12 月 27 日,第 18 版;《筹祝圣诞·约翰同学会》,《申报》,1932 年 12 月 2 日,第 12 版。

⑥ 锡之:《欢宴追记》,《申报》,1928 年 1 月 4 日,第 17 版。

⑦ 一亩居:《歌声余韵》,《申报》,1923 年 12 月 27 日,第 8 版。

⑧ 《佳节市况之调查种种·旅游》,《申报》,1922 年 12 月 26 日,第 17 日。

⑨ 《耶诞节之莫干山旅馆 正在预备招待游客》,《申报》,1921 年 12 月 12 日,第 15 版;《西节中之火车来回票》,《申报》,1921 年 12 月 21 日,第 15 版;《两路将售联运票》,《申报》,1923 年 12 月 14 日,第 14 版;《路局发售莫干山来回票》,《申报》,1923 年 12 月 23 日,第 15 版。到杭州、莫干山的圣诞旅游因江浙战争和随后的北伐战争而大受影响。

假期出游在三、四十年代仍是上海人过圣诞节的一个选择。①

受教会在圣诞节搞慈善活动的影响,有些中国人也愿意选择在圣诞节做自己的慈善活动。1923年圣诞节,粤商陈雪佳的夫人约集亲朋好友集资采购冬令用品,专程到沪西安盘路盲童学校分派给失明的孩子们,陈雪佳本人也和亲友到学校慰问盲童,盲童则表演节目以表示感谢。② 中华麻风救济会自1926年成立之后,每逢圣诞节都将大批礼物赠送给全国各地的麻风医院,1930年的圣诞赠礼活动遍及广东、福建、山东、湖北、浙江、江西、云南、甘肃及上海本地。③

1926年,作家陈学昭因圣诞节临近而想念《京报副刊》的孙伏园、魏建功等友人,上海热闹的圣诞气氛与她寂寞的心情恰成对比:

> 这几天,半殖民地似的上海,各公司,各店家,红红绿绿,无处不在赶这"外国冬至"的热闹! 我走过大马路,在先施、永安两处的玻璃框真闪得我眼花了,那个红袍红帽子的圣诞老公公迷花眼笑地在对着每一个行人,然而哪里会消去我心里的寂寞!④

陈学昭强调,她不是教徒,之所以想起圣诞节是个人经验上的爱好。很显然,她对上海的圣诞节氛围有很深的感受,因而在这个日子里想起了远方的好朋友。她的朋友也回忆起上一年在北京的圣诞情景,相比上海,孙伏园等人在北京过的圣诞节可谓寒碜。北京的街头毫无气氛,他们这些文学编辑在编好报纸版面之后想起要去教堂观看圣诞瞻礼,于是在夜里十一点到小沙园的新教教堂,但是教堂没有动静,里面也没有灯光,他们又到宣武门的天主教堂,总算有宗教仪式在里面举行,但是警察戒备森严,盘问许久才允许他们进去。⑤

从陈学昭的这篇文章来看,20世纪20年代中叶的上海,圣诞节已经在社会生活中无处不在了,商业场所的热闹正是它的表征。正如另一位作者所说的,"耶稣圣诞节到了,不论信教的和非信教的,都是送礼的送礼,庆贺的庆贺,不要说国外,就是我们上海,也闹得极盛了。"⑥到20年代末30年代初,圣诞节

---

① 《耶诞佳节 远足郊外风趣盎然》,《申报》,1934年12月25日,第11版;《现代旅行社举办圣诞节旅行杭州》,《申报》,1936年12月22日,第12版;《耶诞游西湖 加开来回车》,《申报》,1945年12月19日,第5版。

② 《耶诞新音·陈雪佳夫人馈赠盲童》,《申报》,1923年12月25日,第18版。

③ 《麻风会嘉惠病人》,《申报》,1930年12月25日,第16版。

④ 学昭:《圣诞节的回忆》,《北新》(周刊),第20期(1927年1月1日出版),第48-49页。

⑤ 松烟:《礼物》,《北新》(周刊),第20期(1927年1月1日出版),第51-58页。

⑥ 颏唐生:《说圣诞老人》,《申报》,1925年12月25日,第11版。

在某些上海人眼中已然是一个"令节"①,也就是基本上脱离了宗教意味的社会性节庆。有人观察到,圣诞节已经成为与中国人间接地、直接地都有关系的欢乐日子,而上海由于处于欧美资本主义的范围,"已完全直接地发生了密切的关系",这表现在圣诞节前热闹的商业气氛上:为了促销而大搞减价活动、橱窗里装饰着圣诞老人、圣诞商品的广告到处可见、花店门口的圣诞树一丛丛像森林,圣诞之夜的跳舞场尤其热闹,人们陶醉在这纸醉金迷的不夜之城。到了圣诞日那天,大家都放假,就连南京路上的三大公司②和电影公司也都关门歇业,上海人处于"普天同庆"圣诞节的气氛中!③ 当圣诞节来临之际,"喜悦的微笑,浮现在每一个时髦上海人的脸上,谁都计划着怎样度过这可爱的狂欢之夜!"在圣诞夜之夜参与享乐的各色人等不仅有时髦人士,也包括了小学教员、工友、种田的阿大等等,总之,圣诞夜的上海街头充满了节日气氛:

> 南京路上的细雨蒙蒙,正像圣诞老人赐给人们无限幸福的甘露仙水,南京路上寒风微拂,正是叫狂欢的人们以整齐而有秩序的开始,三大公司的电炬通明,圣诞节礼物堆积如山,外国货的糖果、玩具、贺年片、圣诞树、葡萄酒……布置之精巧美艳,在在予人们一个陶醉的暗示。④

有人描写了先施公司圣诞节商品的布置,从中可见 30 年代初商场内部的节日景象:"在那些 'X'mas Candies' 'X'mas Candles' 'X'mas Crackers' 'X'mas Stocking' 'Decoration, X'mas Tress' 'A Merry X'mas' 等满写着外国字的横匾和红色圣诞彩纸下面,[从]满搁着金丝银丝的外国酒的花篮的中间过去,乘电梯上了五楼。"五楼是"儿童乐园",入口处有一个"圣诞老人"张开双手欢迎小朋友。乐园里面是各种玩具,还有迷你火车轨道,各个角落都有一个主题区,"动物园"旁边是"圣诞之夜","这一幕'圣诞之夜',古典派的建筑,渲染着抒情诗的白雪,点缀着狂欢节的人们,这是一幅含有诗意的写实画。"⑤

就上海全市范围而言,因为外国机关放假,中国人也因云南起义纪念日放

---

① 开煦:《圣诞前之一夕》,《申报》,1929 年 12 月 28 日,第 17 版。在这篇文章中,作者写道:"上海习尚,颇向欧西,举凡三公司各大商店皆于窗棂中装饰圣诞老人,以及各种冬节各种礼物。当然,圣诞节之在沪上亦为一令节。是夕各跳舞场之彻夜欢娱,尤多足纪者。"文中描写了作者与友人在圣诞夜跳舞场中的所见所闻。

② "三大公司"指的是上海最著名的先施、永安、新新三家百货公司。

③ 木:《圣诞节在上海》,《申报》,1934 年 1 月 1 日,"本埠增刊",第 2 版。

④ 家豹:《圣诞前后 X'mas Eve》,《上海周报》,第 1 卷第 6 期(1933 年)。

⑤ 逸子:《圣诞节的前夜》,《新人周刊》,第 1 卷第 15 期(1934 年)。

假一天,所以到处都洋溢着欢乐的气氛:一般人都拍电报庆贺节日;舞厅在圣诞夜和圣诞日都是通宵营业;游戏场、电影院、大剧院等处游者拥挤不堪,餐馆生意兴隆;商店利用圣诞老人招徕顾客,大减价的诱惑使得营业倍增。① 事实上,到了 30 年代中期,在上海已经形成了教会、西侨和华人共同庆祝圣诞节的热闹景象,西侨除了在家里过节之外大多也到教堂参加弥撒,而华人则流连于影戏院、跳舞厅、酒吧间和商场、饭店,真可谓"舞榭笙歌通宵不辍"。②

在西方国家,圣诞节的中心是家庭,而孩子又是家庭过节的中心,圣诞老人和圣诞树的主要作用是给孩子们带来礼物,因此,孩子在节日里的地位在很大程度上体现了圣诞节的世俗化一面。同样,中国人过圣诞节是否重视孩子,也可视为这个节日在中国世俗化程度的一个标志。

从前文所述教会机构的圣诞活动中,已能看到孩子们也是活动的重要参与者,在有些活动中,孩子还是主要的参与者。③ 在许多活动中,向儿童赠送玩具等礼物成为惯例,所以到 20 年代初,玩具已成了上海人过圣诞节的大宗商品④,《申报》一般在 12 月初就开始陆续介绍各商店准备圣诞礼物、玩具的情况。⑤ 1922 年圣诞节前,上海各大商店生意异常忙碌,"盖在此期间采办耶稣圣诞礼品玩具者纷如也"。⑥ 先施公司玩具部运到两只长达一丈二尺的冬袜袋,每只售价高达 55 元,圣诞节前分别被两位中国顾客买走。⑦ 这两只大袜袋明显是拿来给孩子们装圣诞礼物用的。可以想见,圣诞礼品和玩具如此畅销,光靠西侨家庭是做不到的,显然如新闻报道所言,是中国人效仿西人圣诞节送玩具给孩子的习俗所致,以至于一些商店"因欲迎合国人心理"而定购大量玩具。⑧ 许多商店每到圣诞节前都准备大量玩具,销售也很旺,这种情况到 20 年

① 《耶诞声中庆祝电报多——舞场通宵达旦舞客激增》,《申报》,1934 年 12 月 26 日,第 12 版。
② 《雨丝风片中——西侨欢祝耶节——满街圣诞节景舞场狂欢达旦 教堂钟声大鸣西侨群趋瞻礼》,《申报》,1935 年 12 月 26 日,第 10 版;《银花火树——西侨圣诞欢腾——满街圣诞节景歌舞达旦 教堂钟声齐鸣群趋瞻礼》,《申报》,1936 年 12 月 26 日,第 11 版。
③ 比如,上海女青年会组织的 1923 年圣诞活动,儿童就占多数。见《耶诞新讯·女青年会昨日开庆祝会》,《申报》,1923 年 12 月 21 日,第 18 版。
④ 《冬季耶诞玩具之调查种种》,《申报》,1922 年 12 月 12 日,第 17 版。这则新闻中介绍了上海多家商店为孩子们准备的圣诞节玩具和礼物。另见《耶诞礼物玩具之调查种种》,《申报》,1922 年 12 月 25 日,第 17 版。
⑤ 二十世纪二十年代中期以后,此类消息多见于"商场消息"栏目。
⑥ 《佳节市况之调查种种·商店》,《申报》,1922 年 12 月 26 日,第 17 版。
⑦ 《先施营业之昨闻》,《申报》,1922 年 12 月 22 日,第 17 版。
⑧ 《耶诞礼品中之玩具》,《申报》,1923 年 12 月 3 日,第 17 版。

代末 30 年代初也是如此。① 上海滩著名的外资百货公司如惠罗公司、福利公司等，每到圣诞节前后都在《申报》上大登广告，有时甚至是半版或整版的广告，他们是在向中国顾客推销各种圣诞商品，其中玩具总是占据着重要的份额。

上海的影剧院也往往利用圣诞节的机会吸引孩子前来观看。1928 年圣诞节期间，上海的卡尔登、光陆、上海、北京等四大影戏院特备大批玩具送给前来观影的儿童。② 1935 年圣诞节，金城大戏院上映《王先生到农村》，广告中称"小朋友看了本片，比得着认可贵重的圣诞礼品都要快乐！"；丽都大戏院在圣诞日上午安排了耶诞儿童电影专场，上演的大多具有教育意义和娱乐性的短片，如《奇怪的眼镜》《老莱哈台二乘二》《时辰鸟》《科学者魔术家》《挪威风光》《机脚车奇术》。③

一年一度的圣诞节，孩子们是最快乐的，"你们的爸爸妈妈买了许多好吃好玩的东西，而你们的亲戚更送来了最美丽最心爱的礼物给你们。"④这个节日在中国如同在西方一样，是属于儿童的：

> 我们中国，每年到了耶诞，俗称"外国冬至"，每一个做父母的人，也都买了些玩具、糖果，做些新衣服给孩子们。而这几天，街市上面所陈列的商品，儿童的恩物也就占了大半。新新公司，先施公司，更新开了"儿童乐园""儿童世界"，陈列了许多儿童的恩物，每天有不少儿童前去游玩或选购玩具、糖果。⑤

每当圣诞节来临之时，"上海各大公司、商店的橱窗内，都布置着耶诞老人所赐给幸福的人们的礼物，鲜艳夺目，令人百看不厌。"做父母的面对大量的礼物和玩具，真的要学会如何给孩子们挑选。⑥ 孩子们自然会被圣诞礼物和玩具迷住，快乐得手舞足蹈。有人特别提醒小朋友们不要忘记，12 月 25 日也是我们的云南起义纪念日。⑦

到 1930 年代初，"外国冬至"已经以圣诞节的名称正式在像上海这样的大

---

① 《惠罗廉售玩具》，《申报》，1923 年 12 月 19 日，第 17 版；《商场消息·汇司公司礼券畅销》《商场消息·福利公司玩具世界》，《申报》，1927 年 12 月 19 日，"本埠增刊"，第 1 版；先施公司的一则广告称"圣诞老人说：我行踪所至，认为小朋友们最快乐的场所，惟有'儿童世界'"。《申报》，1933 年 12 月 24 日，"本埠增刊"，第 1 版。

② 《四大影戏院今日欢迎幼童》，《申报》，1928 年 12 月 25 日，第 16 版。

③ 见这两家戏院的广告。《申报》，1935 年 12 月 24 日，"本埠增刊"，第 6 版。

④ 哀黎：《耶诞节》，《申报》，1938 年 12 月 25 日，第 15 版。

⑤ 影呆：《耶诞与儿童》，《申报》，1938 年 12 月 25 日，第 15 版。

⑥ 朱颂光：《谈谈选择儿童的玩具》，《申报》，1938 年 12 月 25 日，第 15 版。

⑦ 宛文：《耶诞节勿忘云南起义》，《申报》，1939 年 12 月 24 日，第 17 版。

都市落下了根,成为部分中国人熟悉的一个世俗化的洋节。这时距第一批西方人到上海来生活已有近九十年之久。一旦它被接纳,这个节日在中国人中间很快就变得非常商业化,进而成为一个嘉年华式的狂欢节。

第三章　圣诞节的商业化和狂欢化

　　我们现在所熟悉的圣诞节是维多利亚时期的英国和美国创造出来的新传统,它的一个明显的标志就是商业化。维多利亚后期英国商店每到圣诞节便是商品如海,人潮如涌,繁荣的圣诞商业景象是那个时期现代性的一个特征。[①] 20世纪初的美国媒体(主要是报刊)受益于圣诞节所提供的商业机会,而媒体的圣诞报道和圣诞广告反过来又以各种方式不断强化社会对节日的重视程度。[②] 在近代中国的大城市里情况也是如此,在上海尤其明显。一个节日得到商业的关注,说明它值得利用,而值得利用的理由自然是有许多人以各种方式消费这个节日,因此,我们也可以从节日的商业化程度来考察它在社会上的流行程度。对圣诞节而言,它在近代上海的商业化可以从广告和实际消费行为两个方面来观察。

圣诞节广告和圣诞老人的商业化

　　圣诞节广告可分为商店装饰性的广告和报刊广告。关于前者,我们知道上海租界的商店也和英、美两国一样,每到圣诞季节来临之际店内店外都会有一番布置,从光绪中期开始就这样,《申报》也有报道。[③]《北华捷报》也常在十二

---

　　① J.M.Golby and A.W.Purdue(1986),p13.另见 Neil Armstrong(2010),p145.

　　② J.M.Golby and A.W.Purdue(1986),p89.

　　③ 《申报》的报道曾提及商号店铺的节日装饰,如"昨系西历冬至令节,西商号住宅门前均插冬青、柏子"。《西节悬旗》,《申报》,1881年12月26日,第2版。"各店铺更踵事增华,铺张场面,而尤以福利为耳目一新,入其中觉十色五光,陆离璀璨。"《西节志盛》,《申报》,1891年12月25日,第3版。福利公司是民国时期《申报》重要的广告客户之一,其圣诞广告常见于该报。又如"大马路一带,各西人所设之肆,先期皆罗陈妇女香奁中物及小孩玩具,陆离光怪"。《西人佳节》,《申报》,1892年12月25日,第3版。

月初、中旬介绍商店的陈设。① 20 世纪 20 年代,上海商店橱窗的圣诞节陈列已经与西方相差无几,有一篇文章写道:"沿街的一家玩具店的橱窗里,将棉絮装成了一片白雪世界,雪里站着几个红帽白发笑容可掬的圣诞老人,旁边陈列着不少的袜袋,一个个都装满了糖果玩具。"②民国时期上海各大商店几乎都是如此,尤其是南京路、四川路和霞飞路上的商店和百货公司,圣诞老人和雪景、玩具、礼物都是装饰橱窗必备的。③ 正如一位作者所描写的那样:"日历上的数字刚踏进十二月,百货公司、糖果铺子的橱窗里已经发现了白发红袍的圣诞老人的足迹,那棉花摆设的背景又是多么洁净,再加上'幸福袋'中的名贵礼品。"④1989 年圣诞节时,有一位 30 年代供职于上海一家广告公司的韩先生,还清晰地记得当年忙碌地布置商店橱窗圣诞广告的情景,他所在的公司每到圣诞节时生意都特别好。⑤

　　圣诞节主题的商店橱窗广告能营造出身历其境的街头节日气氛,报纸上有关圣诞商品和活动的广告则可在更大的虚拟空间里强化这种气氛,广告与相关的新闻报道和文章一起共同编织出都市生活中具有外国情调的"外国冬至"的节日景象。

　　《申报》从何时开始刊登有关"外国冬至"的广告? 这个问题其实并不十分重要⑥,重要的是围绕这个节日的广告何时以较为密集的程度出现于报端,只有密集的广告形成了常态,才能表明圣诞节已经在中国人中间较为普及,节日本身也有了可充分利用的商业价值。

---

① 参见第一章有关内容。

② 瑟瑟:《圣诞节·店门以外》,《国闻周报》,第 2 卷第 49 期(1925 年 12 月 20 日),第 30 页。

③ 可参见木:《圣诞节在上海》,《申报》,1934 年 1 月 1 日,"本埠增刊",第 2 版;《耶诞声中庆祝电报多——舞场通宵达旦舞客激增》,《申报》,1934 年 12 月 26 日,第 12 版;《西侨圣诞腾欢》,《申报》,1936 年 12 月 26 日,第 11 版;慈云:《贺年片》,《申报》,1938 年 11 月 23 日,第 13 版;韦格:《孤岛耶诞浮雕》,《申报》,1941 年 12 月 25 日,第 4 版。

④ 韦亚君:《耶诞之夜》,《申报》,1940 年 12 月 25 日,第 7 版。

⑤ 韩尚义:《圣诞老人的印象》,《新民晚报》,1989 年 12 月 24 日,第 6 版。

⑥ 在早期《申报》上很难看到"外国冬至"的广告。1888 年有过"出卖火鸡"的广告,其中提到公一马房出售的火鸡"二十多年中西驰名"。《申报》,1888 年 12 月 23 日,第 8 版。这家店的广告 1892 年冬至时也出现过。1901 年冬至,一家经营绸缎的"庆昌号"在广告中说"每逢外国冬至"都会特别注意礼品装潢,以供官绅送礼之用。见《申报》,1901 年 12 月 23 日,第 8 版。1909 年耶诞,"同安居"打出广告,表示承接官商客户在外国冬至期间送"白帽蛋糕"的业务。参见《申报》,1909 年 12 月 25 日,第 23 版。《申报》上的这些广告偶尔一见,也从一个侧面表明这个节日在中国社会中尚未成气候。之所以这么说,是因为《申报》在近代中国的地位较为独特,它连续出版时间最长,对社会变迁的记录最为详细,其商业化程度在近代中国报业中也属于最高一级。一般来说,如果《申报》并未关注到某一社会现象,这一社会现象可能确实没有多大的现实意义,反之,《申报》上展示较多的社会现象必有相当的现实存在。

民国初年一如清末,每当"外国冬至"来临《申报》也只有零星的广告,比如一家名为"时和金银首饰号"的商店在1913年耶诞日做过"洋冬送礼最宜之品"的广告①,这一年也只有这一家商号利用"洋冬至"促销自己的商品。从清末民初零星的广告来看,"外国冬至"礼品多为官绅送礼所需,送礼对象可能以外人居多。② 间有针对一般中国顾客的促销广告。③ 用于"洋冬"送礼的物品大多为首饰、洋酒、糖果、玩具以及俗称为"白帽蛋糕"的圣诞蛋糕。民国最初的八九年中,利用耶诞之名所做的广告在《申报》一直处于较低的水平,有的年份冬至、耶诞前后只有两三则,多的年份也不过五六则。④ 1919年是《申报》第一次出版耶稣圣诞增刊,但是这一年圣诞前后与节日直接相关的广告也不多。⑤ 1920年和1921年的情况也差不多,这两年也都是有圣诞增刊的。我们不能从《申报》圣诞增刊上与圣诞相关的广告不多,来简单判断1919、1920和1921这三年的圣诞节尚未在上海形成热闹的商业气氛,这些增刊上的广告还是很多的,只是没有借圣诞节之名而已。

从《申报》的情况来观察,1922年对上海的圣诞节和圣诞商业来说似乎是一个特别的年份。《申报》在这一年圣诞节前连续报道了有关圣诞商品的新闻,如《冬季贺片之调查种种》《冬季耶诞礼物之调查种种》《耶诞礼品玩具之调查种种》(分四天刊出)、《惠罗公司新讯》《美记华珍公司之新讯》《佳节市况之调查种种》等等,可以看出这一年上海的圣诞节市况非常兴旺,如一则新闻所说:"前昨二日来,市街似较往日为热闹,车马之来往亦似见多,大都为休假之故,而以南京路为最热闹。游戏场人亦较平日为众,剧场亦加演日戏,卖座颇不恶云。"⑥

① 《申报》,1913年12月25日,第6版。"时和"此后一般以"洋冬第一礼品"之类的广告词每年在《申报》上刊登广告。
② 比如1914年的一则广告中说:本号经营金银首饰以及各种洋酒,"最宜于华人送外国冬至的节礼,而洋人等无不欢迎。"《申报》,1914年12月20日,第7版;另见"冬至礼品"广告,《申报》,1915年12月19日,第7版。
③ 1910年,中法大药房利用中国冬至和外国冬至节期,推出购物有奖的活动,奖品有钟表、首饰、香水、香皂,甚至有马车、脚踏车和钢丝车。这是较早的利用节日推销与节日没有直接联系的商品的例子。见《申报》,1910年12月23日,"申报第一张",第5版。
④ 我所查阅的广告从12月初到耶诞日后,20世纪20年代以后,少数广告从11月底就开始出现。许多广告不止刊登一次,也按一则计算。需要说明的是,即使有些广告出现的时间更早(比如11月或10月,这种情况非常少见),一般也会再次出现在冬至、圣诞前后几日。
⑤ 1919年12月21日有惠罗公司、福利公司和"时和"的"圣诞"或"洋冬"广告,而12月25日的圣诞增刊四个版面中虽有三个整版广告,但是用"圣诞"之名或"外国冬至"的广告一个也没有,所推销的产品(药品、香烟、牙膏粉、汽车等)也不是传统上的圣诞商品。
⑥ 《佳节市况之调查种种·市街》,《申报》,1922年12月26日,第17版。

报纸上的圣诞主题广告数量也一改往年稀疏的状况,仅出版"耶稣圣诞增刊"的12月11日就多达二十三个广告,所占版面也较大,其中半版一个,四分之一版十个,头版也有一则。"耶稣圣诞增刊"附有一则中、英文启事,英文启事特别感谢了广告主对1922年该报圣诞增刊的支持,中文启事更可以看出这一年圣诞节的商业性:

> 曩年,本报耶稣圣诞增刊均于十二月二十五日圣诞节日刊行,今岁因应各商家之要求,故特提前两星期,俾读报诸君于冬节酬赠礼物可预得充分之参考而便问津也。①

这则启事透露出一个信息,即上海的商家和《申报》都已注意到圣诞节是一个值得利用的促销时机,所以提前两周出版圣诞节增刊,以便商家早做广告来促销中、外两个冬至的节日商品,同时也方便消费者提前了解各种圣诞商品,便于购买送人的圣诞礼品。《申报》从1919年开始出版圣诞增刊的初衷是什么我们不得而知,也许是教会机构的努力,也许是编辑部某些人的偏好,也许从一开始就有吸引广告客户的意图,但是从1922年的情况来看,商业因素是最主要的。

从前文所述我们大致可以得出这样的观感,即圣诞节已经从原来专属于教会机构和西侨的节日而转变为整个租界社会生活中的一大节日景观,商业已成为节日不可或缺的一个组成部分,也是这个节日最突出的表征。当时的一位研究者在谈及商业问题时曾指出:

> 国内之通商口岸,华洋杂居之区,每逢耶稣诞期(俗名外国冬至),一般商店无不利市百倍,其中尤以洋货店为尤盛。以风气而论,上海地方亦颇与西洋之大商埠相埒,即以先施、永安二大公司而言,每至阳历十二月中旬,人山人海,店中行人络绎不绝,各部陈列货物大抵于先二三月早经备置齐全,于是广告特登,陈列独异。②

这段文字所描述的圣诞节商业繁荣的景象肯定已经形成多年了,文中特别提到"广告特登"是商家在节日期间大力促销的一个举措。作为商业性的报纸,《申报》不可能不考虑这个节日的广告利用价值。实际上,《申报》在中国冬至节前也有为数不少的"冬节"广告,由于"中国冬至"和"外国冬至"紧挨在一起,两节的广告在很大程度上是相通的,当租界里的圣诞庆贺活动超越西人社区成为一般性的社会节日时,《申报》通过出版增刊的形式以便吸引广告主的做法也就

---

① "本刊启事一",《申报》,1922年12月11日,"耶稣圣诞增刊",第9版。
② 吴东初:《商业问题之研究(续)——零购学(五十六)节期》,《申报》,1922年7月28日,第21版。

顺理成章了。① 而商家借"圣诞"或"外国冬至"之名促销冬节商品也就可以理解了,所以,报上许多广告往往标明"冬至汛"字样,"冬至汛大减价"成了隆冬时分最常见的广告用词。

由于冬天有冬至节、圣诞节以及外国新年——也是民国时期尤其是南京政府时期法定的新年,随后又是中国旧历年,冬季的节日消费在上海持续的时间很长。规模较大的公司一般都会针对不同的节日调整所售商品和广告词,比如福利公司、惠罗公司以及先施公司、永安公司这些广告大户,平时就在报纸上刊登很多广告,到冬天来临之时更是频繁刊登冬至、圣诞和年节商品促销广告。专门针对圣诞节的商品广告有的 12 月初就开始在《申报》上投放广告(极少数从 11 月底就出现了),许多广告连续到刊登到圣诞节后。像前文所提到的"时和""冠生园"等,几乎每年都在 12 月份刊登圣诞促销广告,"冠生园"的广告即使在抗战期间也没有停止过。百货公司的"冬至汛"广告大多以减价为促销口号,在 12 月上、中旬到冬至和圣诞节期间屡见于报端,这些广告不时提醒人们准备过节的礼物。

为了便于人们在圣诞节送礼,有的商店从 20 年代初开始就发行一种礼券。② 这种礼券主要考虑到收礼者可能不喜欢得到的礼物,送礼券则可以解决这个问题,受礼者可以自己拿礼券去商店挑选礼物。③ 有的人来不及购买礼物亲自送上门,只好在圣诞节前寄送礼券,以便收礼者随时前去商店挑选心爱的东西。④ 有的广告更利用了男女恋人之间送礼的主题,如福利公司的一则广告虚构了一对恋人因在圣诞节购买了该公司的礼物互赠而结成美满婚姻。⑤ 泰兴公司的一则广告用喊话的口气写道:"喂……圣诞到了,喂……要送礼了!"然后是一段文字:"圣诞节是联络异性朋友的好机会,但是送些不甚高明的礼品总觉得没有多大的好感,劝你利用这个时机,赶快到泰兴来选择,保你自己十分满意,人家也是一场欢喜,他或她的交情可以一天高上一天。"⑥也有的广告直接引用《圣经》章节或故事来为自己的产品吹嘘,上海劝业蜂场的一则广告用施洗

---

① 事实上,《申报》在 1924 年也开辟了"冬至七日刊",从 12 月 16 日起每天刊出一个有关冬至的主题,吸引了大量的冬节广告。此后至 1939 年,该报也曾出版过数次"冬至号"特刊。

② 《耶诞礼券新发行》,《申报》,1923 年 12 月 13 日,第 17 版。新闻报道了惠罗公司为便于大家过圣诞节而发行礼券一事。

③ 见惠罗公司的广告。《申报》,1926 年 12 月 19 日,第 17 版。

④ 见福利公司广告。《申报》,1928 年 12 月 23 日,"本埠增刊",第 2 版。

⑤ 《申报》,1928 年 12 月 8 日,"本埠增刊",第 3 版。

⑥ 《申报》,1928 年 12 月 8 日,"本埠增刊",第 3 版。

者约翰在旷野传道时吃蝗虫野蜜的事迹,提出要一改年年庆祝圣诞吃糕饼、火鸡的乏味习惯,改用他们生产的蜂蜜,称这是"救主降生时的一点纪念,为圣诞节换点新气象"。[1] 鹤鸣鞋帽商店向顾客恭祝圣诞并贺年禧的时候,强调自己的薄利和公平,并引旧约箴言十一章的一节文字自诩道:"诡诈的天平为耶和华所憎恶,公平的砝码为他们所喜欢。"广告中还特意画了一架天平秤。[2]

《申报》所刊圣诞广告大致可分为商店促销、产品推广和节日娱乐消费三类,也有为数不多的企业、店家的贺节广告。娱乐消费广告与节日的狂欢化有关,容待下文再叙,此处先就前两类广告与圣诞老人的商业化利用略作介绍。

20世纪20年代初以后,由于圣诞节在上海逐渐成为中西人士都参与的一个社会性节日,西方圣诞节的社会性元素为商业利用也不可避免,比如圣诞老人就因其送礼者的形象,很快便被商家用作促销员,成为商店橱窗里不可少的装饰,也是报纸圣诞广告中的主角。

圣诞老人何时出现在商店橱窗不得而知,在《申报》广告中出现则有报可稽。以我所阅,圣诞老人形象第一次见于报端是在1919年12月21日的惠罗公司冬节玩具广告中[3](图3-1左),在这则广告的上方,圣诞老人坐在驯鹿拉着的车子中,显然是在运送礼物的途中。同年12月初,上海马玉山公司刊于上海《民国日报》的广告中也有一个圣诞老人,只不过形象不那么直接。[4] 1920年12月初开始,马玉山公司在《民国日报》上刊登的"阳冬礼品"广告又使用了圣诞老人图像,这个形象比较准确。[5](图3-1右)

1920年和1922年《申报》圣诞增刊刊头采用了圣诞老人形象之后,他的形象便越来越多地被商家利用。1922年圣诞节,上海冠生园就在广告中使用了经典的圣诞老人形象:圣诞老人身背大礼物袋,一手伸出给一个孩子分发礼物。[6](图3-2左)广告中的图像虽然很小,但是形象表达准确。同一日所载的一则汽车广告中的圣诞老人形象更为清晰,这则广告上端的圣诞老人背着大礼物袋,手中拿着一辆汽车模型,白胡须挂到胸口,满脸笑容。[7](图3-2右)汽车这种奢侈品即使在当时的西方国家也绝不是圣诞节必备的物品,借圣诞节之名

---

① 《申报》,1928年12月20日,第14版。
② 《申报》,1947年12月25日,第3版。
③ 《申报》,1919年12月21日,"星期增刊",第7版。
④ 《民国日报》(上海),1919年12月10日,第2版。
⑤ 这则广告从12月3日起每日刊出,至圣诞节止,有时候在头版,有时候在内页。
⑥ 《申报》,1922年12月23日,第2版。
⑦ 《申报》,1922年12月23日,"汽车增刊",第3版。

推销(广告词曰:"曷不购一韦列司那托汽车点缀今年圣诞令节"),上海圣诞节气氛之浓烈于此可见一斑。

图 3-1

图 3-2

至于原本属于圣诞节礼物的儿童玩具等物,自然更应该利用圣诞老人。中德商店在一则广告中解释了"冬至礼品须购玩具馈送亲友儿童之原因":"耶稣圣诞俗称外国冬至,此日之前一夜,为父母者例须以购办之玩具,盛诸袜袋中,悬在子女床前。待其次日醒起时自能发见,意盖谓此种玩具,系圣诞老翁所畀之礼品。此习虽谓拘礼,但亦兴发儿童好奇心之一法,藉此可使子女发生坚韧之信仰心,于社会、于国家胥有裨益。近年我国人士,取此习者亦日见增多。"[1]该店在同年圣诞前的广告中一连用了六个"快"字催促大家购买玩具,敦促者就是一个笑眯眯的圣诞老人。[2](图 3 - 3 左)也许是圣诞老人深入人心之故,1926 年圣诞节前,德国戏剧研究社在一则演出广告中的署名竟然是"圣诞老人启"。[3]

图 3 - 3

20 世纪 20 年代末以后,圣诞老人在广告中出现的越来越多,刺绣、纺织品、鞋帽、药品、牙膏牙刷、书籍、文具、酒、香烟等商品也都纷纷借圣诞老人之名促销。上海虎标永安堂在一则广告中使用圣诞老人像的同时还用了一段看起来不合逻辑的话:"圣诞老人:西方故事,谓圣诞之夜,有一老人分送糖果玩具与诸儿。国人习惯,谓无论新起久患之病症,均以虎标主治内外百病,功效如神。"[4]前后两句话完全不搭,真是硬拉圣诞老人来做广告。可能是圣诞老人影响太大了,著名的"艾罗补脑汁"也用圣诞老人背袋形象来宣传自己。[5]有一种"老人牌"白葡萄干,大概因为是"老人"的缘故,也与圣诞老人扯上了关系。广告中,圣诞老人被一群孩子围着,而包装盒上"老人牌"三个字下面居然也是圣诞老人形象,且与广告中的形象一模一样。[6](图 3 - 3 中)我们不知道包装盒上的圣诞老人是否是注册过的商标形象,后来确有一种产品通过律师公告正式使

---

[1] 《申报》,1923 年 12 月 3 日,第 18 版。
[2] 《申报》,1923 年 12 月 22 日,第 18 版。
[3] 《申报》,1926 年 12 月 19 日,"本埠增刊",第 10 版。
[4] 《申报》,1929 年 12 月 25 日,第 15 版。
[5] 《申报》,1936 年 12 月 20 日,第 12 版。
[6] 《申报》,1929 年 12 月 21 日,第 10 版。

用"圣诞牌"商标,而商标形象就是一个圣诞老人。① (图 3-3 右)

烟草公司财大气粗,他们的广告一般占据较大的版面,有时甚至买下整个头版,如 1930 年 12 月 21 日(图 3-4)和 12 月 24 日(图 3-5),1931 年 12 月 20 日(图 3-6),在这些大幅的广告中,圣诞老人是香烟的使者。有时候,圣诞老人竟然和孩子一起出现在香烟广告中②,甚至有圣诞老人抽烟的形象。③ (图 3-7)大部分广告使用的圣诞老人形象都是白须红帽的胖老头,如果是半身或全身,一般还都会背着鼓鼓囊囊的礼物袋,如图 3-8 左的圣诞老人形象就是标准的美国式样圣诞老人。④ 偶尔也有为了适合自己产品而改变圣诞老人装扮的情况,比如正泰信记橡胶厂出品的"回力牌"鞋子,因为英文名为 WARRIOR,所以在广告中的圣诞老人就被改造成军人模样,当然是一个如美国大兵那样的戎装圣诞老人。⑤ (图 3-8 右)

图 3-4

图 3-5

---

① 《申报》,1940 年 12 月 24 日,第 7 版。这则广告称:"扬滋荣律师代表大陆织造厂声明使用'圣诞牌''开惠牌'商标公告。"

② 《申报》,1934 年 12 月 24 日,第 11 版。在这则南洋兄弟烟草公司的广告中,圣诞老人与三个孩子在一起,圣诞老人一手拿烟罐,一手举着一盒烟,广告词是"请吸白金龙香烟"。

③ 《申报》,1940 年 12 月 25 日,第 2 版。

④ 《申报》,1935 年 12 月 23 日,第 8 版。

⑤ 见《申报》,1947 年 12 月 24 日,第 4 版。

图 3 - 6

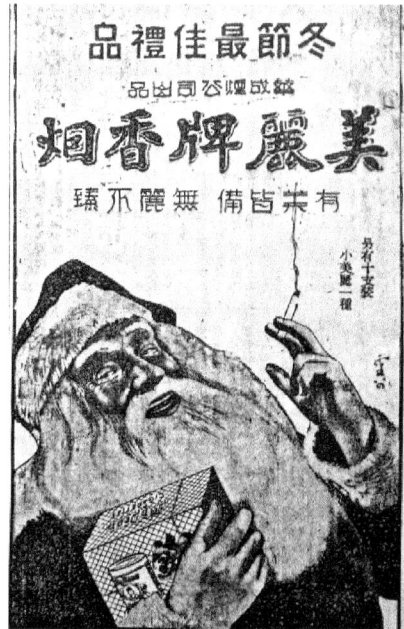

图 3 - 7

图 3 - 8

有一位作者这样写道：

> 每年的岁尾时候，就会使人不期而然地想起耶诞节来。的确，单以上海来说，不论在沿马路各大商店的橱窗里，或者在报章上的各处地方，都可以看到一个红衣白须的老人，背了个装得满满的包裹，驾着一辆鹿橇，这就是人们最喜欢的"耶诞老人"呀！①

作为礼物使者(gift giver)的圣诞老人，他在中国被商业化利用的方式与美国、英国等西方国家没有太大的差别，圣诞老人分送礼物的角色在各种文化中都很容易使他成为促销员，商店利用他在圣诞季促销商品是很自然的。美国报纸的圣诞广告季节虽然比中国要长许多，但是广告最多也是在 12 月份，广告中使用的圣诞标志多为圣诞老人和他的驯鹿雪橇，这与《申报》一样。② 另外，在美国，各种商品都与圣诞节联系起来，只有性和浪漫爱情主体的商品不在圣诞促销之列③，至少从《申报》的广告来看，中国也是如此。从简单的对比中可见，20 世纪 20 年代以后上海的圣诞商业氛围在许多方面与同时期美国的情况类似，虽然在程度上不能相比。

圣诞大菜和火鸡

西餐被称为"大菜"或"大餐"是因为西餐与雅致精美的东西联系在一起，而中国菜与日常生活联系在一起，只能称为"小菜"，用词的不同也体现了中国人的崇洋心理。④ 上海社会风气中的商业化和崇洋心态使得许多人以吃西餐为时髦。从 19 世纪六七十年代起，上海就有了外国人所开的西餐馆，主要服务于外国大班和买办职员。后来，中国人也学样开西餐馆，主顾大多是中国人，西餐馆生意颇为兴隆。⑤ 据说到光绪中叶时，到上海游玩的内地人有两件必做的事情：吃大菜和坐马车。⑥

---

① 殷红：《耶诞节的衣食住行》，《申报》，1939 年 12 月 25 日，第 3 版。
② 当然，由于美国人过圣诞节以家庭为主，广告使用的圣诞元素还有圣诞树、冬青树、槲寄生、绿树枝、蜡烛、铃铛、星星等，这些在《申报》的广告中很少见，因为中国人过圣诞节很少使用这些东西。
③ James H.Barnett(1976)，pp85 - 86.
④ 卢汉超：《霓虹灯外——20 世纪初日常生活中的上海》，锻炼、吴敏、子羽译，上海古籍出版社，2004 年，第 243 页。
⑤ 参见邹振环：《西餐引入与近代上海城市文化空间的开拓》，《史林》，2007 年第 4 期。
⑥ 包天笑：《钏影楼回忆录》，山西古籍出版社、山西教育出版社，1999 年，第 38 页。

到 20 世纪二三十年代,吃西餐已经是上海人习以为常的事情。[①] 西餐当然有高低之分,正宗的西菜馆一般人是光顾不起的,于是许多中国人开的餐馆业经营西菜,用中西合璧的方式做西菜,价格相对比较便宜。上海比较有名的西菜馆很多,如一枝香、一品香、一家春、大中华、大西洋、大加利、太平洋、大观楼、中央、亨生、青年会西餐部、南洋好朋友、家庭饭店、晋隆、益利、雪园、新利查、福禄寿、福尔摩斯等。有几家大规模的旅社也都附有西菜部。像杏花楼、岭南楼、醉和春、大堤春等有名的中餐馆也兼售西菜,这些餐馆、饭店的西菜价格远低于高档西菜馆。又有一种叫做"公司菜"[②]的普及西菜,因为价格在一元之内,使得久思一嗜西菜的人趋之若鹜。[③] 而中、西菜混搭的所谓"和菜",自清末以后就极为流行。[④]

喜欢吃西餐的上海人在过圣诞节的时候自然也不会错过圣诞大菜。关于圣诞大菜或耶诞大菜的消息和广告在 20 世纪 20 年代后期开始屡见于《申报》,有时候这种大菜也被称为"贵族式大菜",当然需要预订。[⑤] 上海雪园西餐社自 1927 年开业之后,几乎每年都在《申报》做圣诞大菜的广告。1927 年圣诞节是雪园西餐社第一次推出圣诞大菜,价格只比平时贵五角,每客大菜是二元,此外还有圣诞节礼品可送,还可免费参加音乐舞会。[⑥] 青年会西餐部也在 20 年代中期以后开始提供圣诞大菜,和"雪园"一样,几乎每年都有广告,两家的广告大多靠在一起(如图 3 - 9 所示)。青年会的圣诞大菜价格低于"雪园",即使到 30 年代中期,每客也不过一元六角,而菜肴多至二十道左右,被誉为"沪上唯一之经济食堂",中外人士咸乐趋之。他们所提供的圣诞节食品如白帽蛋糕也十分出名。[⑦] 由于价格低廉,每年到青年会西餐部去吃圣诞大菜和新年大菜的人拥挤不堪,有时候不得不增加座位以满足需要。[⑧] 与青年会相比,上海有些高档

---

① 可参见唐艳香、褚晓琦:《近代上海饭店与菜场》,第 120 页,以及第 125 - 126 页。

② 所谓"公司菜"就是便宜的套菜,省去了顾客点菜的麻烦。

③ 王定九编:《上海的门径》,上海中央书店,1936 年,"吃的门径",第 2 - 4 页。

④ Frank Dikötter(2006),p229.

⑤ 《商场消息·快活林贵族大菜之预订》,《申报》,1927 年 12 月 21 日,第 17 版;《快活林发售冬至礼品》,《申报》,1928 年 12 月 19 日,第 16 版。

⑥ 《商场消息·耶稣节雪园大赠品》,《申报》,1927 年 12 月 22 日,"本埠增刊",第 1 版。另见同一版面上"雪园"的广告。

⑦ 《四川路青年会西餐部特别大菜》,《申报》,1934 年 12 月 15 日,第 14 版;另见《四川路青年会隆重节菜》,《申报》,1936 年 12 月 24 日,第 16 版。从二十年代末到抗战前,《申报》每年都有关于青年会西餐部圣诞菜的报道。

⑧ 《北青年会西餐部年菜增座》,《申报》,1935 年 12 月 30 日,第 11 版。

消费场所的圣诞大菜的价格高出十几倍，十五元一客大菜已算豪华，更有高达三四十元和五六十元的超豪华大菜，真令人有“当家一席酒，穷汉半年粮”之慨，而到这些地方吃大餐的绝大多数是中国人。[①] 当然，这些超高价格的消费场所毕竟属于少数，一般高级消费场所的大圣诞菜价格，在 30 年代中期前后大多在十元以下。[②] 这个价格，在当时的上海也绝对是高消费。据上海市社会局的调查资料，1935 年 5 月份，上海工人的月工资一般在十元到十五元，最低只有七元。[③] 所以，一般工人和底层贫民肯定是吃不起圣诞大菜的。到 30 年代末，一份圣诞大菜的价格已涨至十五元。[④] 1940 年圣诞节大约在二十元至二十五元。[⑤] 太平洋战争爆发的那个圣诞节，百乐门的圣诞大菜已涨到了五十元一客。[⑥] 高消费的节奏延续到抗战胜利以后，由于货币贬值，物价飞涨，当局不得不强行限制娱乐消费场所的价格。1947 年圣诞节前，上海市规定西餐每客不得超过十二万元（当时的法币币值），而圣诞大菜的定价竟然高达四五十万，社会局局长为此召集酒菜业主商定价格[⑦]，结果是政府强行维持每客十二万元的规定。[⑧]

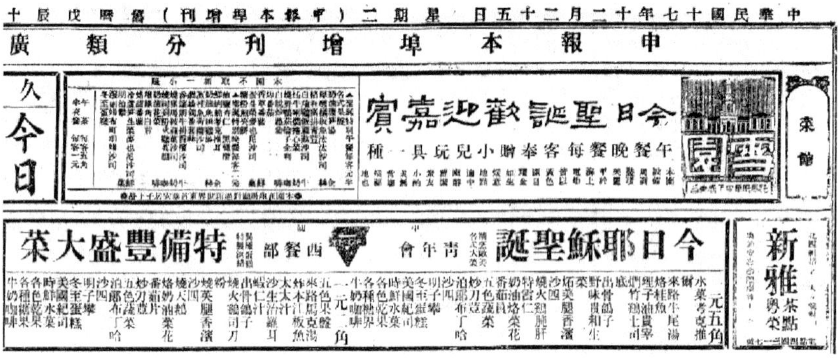
中華民國十七年十二月二十五日 星期二 （申報本埠增刊） 舊曆戊辰十

申報本埠增刊分類廣告

久

今日

今日聖誕歡迎嘉賓

午餐晚餐每客奉贈小兒玩具一種

菜館

今日耶穌聖誕

青年會

西餐部

特備豐盛大菜

新雅

茶點

图 3－9

① 吹：《十五元一客大菜》，《申报》，1934 年 12 月 27 日，“本埠增刊”，第 1 版。

② 像维也纳跳舞厅、邓摩托饭店、福尔跳舞厅等，1933 年的圣诞夜大菜大多在三元、四元。见《申报》，1933 年 12 月 24 日，“本埠增刊”，第 1 版，第 5 版，以及 12 月 25 日，“本埠增刊”，第 4 版的相关广告。礼查饭店跳舞厅门票加大菜价格八元，免餐二元。见该店广告，《申报》，1934 年 12 月 16 日，第 12 版；著名的国际大饭店也不过十元，见该店广告，《申报》，1934 年 12 月 23 日，“本埠增刊”，第 2 版。百乐门大饭店圣诞舞会加大菜也只有八元，见该店广告，《申报》，1936 年 12 月 14 日，第 13 版。

③ 《沪市工人工资最低每月七元》，《中国实业》，第 1 卷第 8 期（1935 年），第 1582 页。

④ 见百乐门和仙乐舞厅广告，《申报》，1939 年 12 月 24 日，第 10 版。

⑤ 见伊文泰舞厅、仙乐舞厅和百乐门的广告，《申报》，1940 年 12 月 24 日，第 11 版，13 版，16 版。

⑥ 百乐门广告，《申报》，1941 年 12 月 22 日，第 5 版。

⑦ 《耶诞新年娱乐营业不准逾时——舞厅酒菜馆价格社局定今日重订》，《申报》，1947 年 12 月 24 日，第 4 版。

⑧ 《社局召三业谈话——菜馆舞厅决维原价》，《申报》，1947 年 12 月 25 日，第 4 版。

　　上海人吃西餐一般在西餐馆和舞厅,舞厅跳舞因西餐的缘故,分为"餐舞"和"茶舞"两种。在圣诞节和阳历元旦等节日里,提供大菜的那场舞会的价格远高于茶舞。[①] 一般来说,圣诞夜参加舞会的人都要吃圣诞大菜,所以有的舞厅干脆停办茶舞,以满足餐舞的需求。[②]

　　由于圣诞大菜利市百倍,一些中餐馆也推出中式"圣诞大菜"应市。以国货为标榜的中国国货公司礼品展览会,其餐饮部在 1933 年圣诞节供应圣诞大菜,价格与青年会西餐部差不多。[③] 当时人称上海粤菜的权威三大酒店——新华酒家、红棉酒家、京华酒家——也在 1940 年推出了"圣诞粤菜"。[④] 上海华人总会也在圣诞节用大菜招徕顾客。[⑤] 其他如花园酒楼、宁波味圃、南国酒家、南华酒家也都推出过圣诞大菜。[⑥] 萝蔓老正兴酒家在抗战胜利后第一个圣诞节不仅提供圣诞大餐,还邀请著名滑稽戏演员周柏春、姚慕双等人到餐厅来演出,为客人助兴。[⑦]

　　英美人传统的圣诞大餐必有火鸡,火鸡也就成了圣诞晚宴的标志。上海也是如此,"只要一踏入了圣诞节,霞飞路上的各伙食店中,早已将一只只美丽悦目的火鸡悬挂起来了"。[⑧] 火鸡是上海人圣诞大菜中不可少的一味菜,如果没有从美国进口的,也必用舟山所产火鸡。上海有一家名为"家庭饭店"的本土酒家以火鸡这道菜而闻名,喜欢西餐的上海人吃火鸡以这一家为正宗,它的主人何兆裕是定海人,该店的火鸡均来自舟山,包括火鸡在内的圣诞大菜售价仅为一元五角,可谓价廉物美。[⑨]

---

　　① 如 1934 年圣诞节,国际大饭店的餐舞价格是十元(含门票),茶舞只要一元五角。《国际大饭店年景盛况》,《申报》,1934 年 12 月 26 日,第 10 版。到 1940 年,有些高档的舞厅圣诞大菜价格三十元,门票四五元,而一般小型舞场门票免除,茶舞价四元。见蘋子:《辜负了"耶诞节"》,《社会日报》,1940 年 12 月 28 日,孟兆臣主编:《中国近代小报汇刊——社会日报》二十七册,北京出版社,2009 年,第 144 页。该书所收《社会日报》有时无原报版次,所以我在引用时只能用书页码,下同。

　　② 1933 年圣诞前夜,百乐门在其广告中特别告示顾客:今日圣诞宴舞拥挤,茶舞暂停。《申报》,1933 年 12 月 24 日,"本埠增刊",第 5 版。

　　③ 见该公司广告,《申报》,1933 年 12 月 24 日,"本埠增刊",第 2 版。

　　④ 见这三个酒楼的广告,《申报》,1940 年 12 月 22 日,第 11 版。

　　⑤ 见该会广告,《申报》,1940 年 12 月 23 日,第 6 版。

　　⑥ 见各店广告,《申报》,1944 年 12 月 23 日,第 2 版,12 月 24 日,第 2 版;1945 年 12 月 23 日,第 2 版。

　　⑦ 见该店广告,《申报》,1945 年 12 月 23 日,第 2 版。

　　⑧ 新亮:《圣诞节种种》,《申报》,1939 年 12 月 17 日,第 15 版。

　　⑨ 小雁:《圣诞鸡》,《申报》,1931 年 12 月 20 日,第 15 版;《家庭饭店之圣诞菜》,《申报》,1931 年 12 月 24 日,第 15 版。

舟山火鸡据称是鸦片战争时英军带来的,当地农民见这种鸡体态瑰丽,肉丰味美,于是便繁殖推广,遂成该岛一大副业,每年圣诞前运销上海达三万只以上,所以许多上海人习惯上把火鸡叫做舟山鸡。[①] 光绪中叶上海已有专门出售火鸡的商家,所售火鸡很可能就是舟山火鸡。[②] 20 世纪 30 年代,定海的火鸡养殖户组织火鸡合作社,有组织地运销上海,以应上海人过圣诞节之需。抗战初期,舟山火鸡每磅四角左右,比起十余元一磅的美国进口火鸡自然有很大的价格优势。[③] 由于日军控制华东地区以后采取全面的货物管制措施,舟山人不得不辗转海上,绕道至沪,在圣诞节前把火鸡运到上海销售。物以稀为贵,又由于外汇的关系,火鸡贩户获利倍蓰。[④] 由此可见,许多上海人即使在民不聊生的战争之中,也不忘美味的圣诞火鸡。有人这样描述孤岛时期上海的摩登士女过圣诞节的情景:

> 在吃的方面,如:耶诞大菜,耶诞果子,白帽蛋糕等;而名菜中的火鸡一味,在聚餐席上是不可少的。可是现在的物价高涨,外国火鸡,内外汇紧缩,价格大贵,而本国的舟山火鸡,又因运输困难,出口被阻,价亦奇昂,将成为最贵的珍馐,是可想而知了。[⑤]

抗战胜利以后,上海人所享受的圣诞火鸡仍然主要来自舟山,由于进口受限,导致火鸡价格奇昂,每磅法币十二万[⑥],与官方限定的圣诞大菜每客的价格一样,亦可见火鸡在上海人过圣诞节时的地位。

有一则"抗战外史"也可说明火鸡在过节时的重要性。1937 年圣诞节,蒋介石坐镇武汉,宋美龄为圣诞晚宴没有火鸡而发愁,遂命新生活运动总会干事黄仁霖设法购买。偌大的武汉三镇竟不见火鸡片羽,黄干事只好派人到乡下寻觅。巧的是,出城不久即在一农舍旁发现一只火鸡,火鸡主人却说火鸡是拿来做种的,任何价格都不卖。办事人只好说这是为了给蒋总裁吃的,这才说动,花了廿五元的高价买下。[⑦] 相比之下,上海的火鸡可谓多矣,可见上海的洋派圣

---

① 他攻:《耶诞节的盛馔——火鸡》,《大陆》,第 1 卷第 4 期(1940 年)。

② 笔者在 1888 年和 1892 年的《申报》上看到两则"出卖火鸡"的广告,其中提到这种火鸡"二十多年中西驰名","鸡栈"在三马路北福宁里内,这种火鸡无疑产自国内,来自舟山的可能性最大。见《申报》,1888 年 12 月 23 日,第 8 版,1892 年 12 月 23 日,第 6 版。

③ 《圣诞节将届——火鸡应市——昨由定海运到价格每磅四角》,《申报》,1938 年 12 月 9 日,第 11 版。

④ 《日方统制火鸡》,《申报》,1939 年 12 月 20 日,第 9 版。

⑤ 秋郎:《请节省耶诞费用救济难胞》,《申报》,1940 年 12 月 23 日,第 13 版。

⑥ 《圣诞节近商店萧条——火鸡身价百万哀鸿到处啼》,《申报》,1947 年 12 月 22 日,第 4 版。

⑦ 《蒋夫人请委员长吃火鸡》,《申报》,1939 年 12 月 17 日,第 15 版。

诞节毕竟不一般。

圣诞舞会

有人断言，"音乐和女人，是大都会中不可少的点缀品，跳舞是音乐和女人的综合物，在上海的娱乐圈内，占着很大势力。"① 舞会是纯粹西方的社交娱乐形式，充分体现了都市生活的现代性，对上海这样的大都市来说确实是不可少的点缀。不过，由于男女混杂群舞，有些中国人不能接受这种社交形式。②

上海第一场由中国人举行的社交舞会出自上海道署。光绪二十三年十月十日晚九时，上海道台蔡钧在沪北洋务局为庆祝慈禧万寿，宴请各国领事和商人并大开舞会，"各西人跳舞欢忭，共祝慈龄。盖当此寿寓宏开，仁恻同隶，宜乎薄海陈欢，鸾歌凤舞也。"③《时务报》在转载外报报道此事的新闻之后在编者按语中指出，跳舞会也是外交联络的重要方式，因为西人"以此为交情亲密之据"。④ 这场舞会被认为是中国官场以跳舞会招待外宾的第一次，为"上海破天荒的跳舞会，实开风气之先"。⑤

清末民初上海的舞会主要仍是西方侨民的娱乐形式，外白渡桥旁的礼查饭店和跑马厅畔的卡尔登，每逢星期六和星期日晚上举行交际茶舞，但是华人参与不多。1923 年，一品香旅社效仿西人开办交际茶舞，据称是上海最早的华人跳舞场。⑥ 20 年代中期，上海已有不少华人热衷于跳舞⑦，以至于出现了专门教授跳舞的营业性机构。有位名叫杰克近的洋人原在天津教人跳舞，到上海后

---

① 《话舞迎新年》，《申报》，1946 年 12 月 30 日，第 6 版。

② 到 20 世纪 20 年代中期，还有人对舞会抱有文化偏见，如刘豁公在其竹枝词中写道："士女如云蕊舞场，钢琴声里舞双双。娇娃肯就迥身抱，如此文明亦可伤。"作者自注中描述了舞场景象："西藏路某大菜馆近辟广厅作舞场，任客自由加入，每小时跳舞一次，舞必有一男一女，此男女不必素识，但得一人介绍，即可携手登场一显身手。舞时互相拥抱，其间相去不能以寸，文明则文明矣，其如不衷吾国礼法何。"刘豁公：《上海竹枝词》，雕龙出版社，1925 年，第 22 页。

③ 《普天同庆》，《申报》，1897 年 11 月 5 日，第 3 版。

④ 《上海道台跳舞会记》，《时务报》第四十册。

⑤ 《五十年前旧话　上海道署跳舞会中国官场第一遭》，《申报》，1946 年 12 月 30 日，第 6 版。

⑥ 《上海舞场回顾》，《申报》，1946 年 12 月 30 日，第 6 版。

⑦ 心佛：《游戏事业》，《申报》，1926 年 1 月 14 日，"本埠增刊"，第 2 版。该文认为包括跳舞在内的诸多娱乐事业都是正当的，其中提到"跳舞场本为外国人之娱乐地，华人绝少涉足，唯近年来华人亦渐渐习之，甚有乐此不疲者"。这是当时人的观察，应有一定的可信度。

开设了一间跳舞学堂①,1926 年圣诞节特别举行圣诞舞会以招待新旧学生。②
这一年圣诞节前,百乐学社也刊出广告教人新式跳舞,称"跳舞为交际社会中不
可缺少之应酬,本社为适应需要起见,特请欧美名师教授新式跳舞",并增设免
费跳舞班。③ 冬季寒冷,在室内跳舞是应时的活动,所以每到冬季便是学习跳
舞的好时机,凯尔氏舞蹈传习所在每年圣诞节及年节前夕,都会带领学生奔赴
各跳舞场作长夜之乐,由此也带动更多的人前来学习跳舞。④

　　大约在北伐战争前后,上海、天津等处的跳舞之风已极为盛行,有些官绅对
此极为忧虑,1927 年到 1928 年之间有禁止跳舞的呼声和举措。⑤ 成立不久的
上海特别市政府曾特发政府令取缔舞场,该政府训令指出,"本埠舞风甚盛,触
目皆是,如跳舞学校及月宫饭店等处,服饰丑怪,几无人格,每每引诱青年同志
踕迹其间,形同妓馆。"在政府看来,上海的舞场简直就是藏污纳垢之地。⑥ 在
文件中被点名批评的月宫饭店 1927 年底刚刚开业,饭店为了赶上圣诞节娱乐
潮,特意将舞厅、酒排间和旅社大菜间安排在圣诞夜正式开始营业。⑦ 同样在
1927 年圣诞节前开始营业的还有上海滩著名的巴黎饭店跳舞厅——"黑猫舞
厅",开业那天有数百名舞客到场,拥挤得几无隙地,即使如此,舞客们仍通宵狂
舞。⑧ 这家舞厅从圣诞日开始在《申报》上连登广告,直到 1928 元旦,广告词中
明确提到"布置格外精致,适应圣诞佳节"。⑨(见图 3 - 10 左)1928 年 5 月 1
日,黑猫舞厅正式开始彻夜营业,并在广告中自豪地声称:"人家称我们是舞潮
中的'中流砥柱',我们自然应该做到'受之无愧'! 好舞的朋友们,高尚的,正式
的,革新的,整理后的巴黎饭店跳舞厅才值得你们的欣赏、留恋、陶醉啊!"⑩(图
3 - 10 右)这则广告几次用"舞潮"一词,可见当时跳舞之风确实有点疯狂。

---

① 《各团体消息·跳舞学堂扩充后之内容》,《申报》,1926 年 12 月 12 日,"本埠增刊",第 1 版。
② 《各团体消息·圣诞节之舞会》,《申报》,1926 年 12 月 25 日,"本埠增刊",第 1 版。
③ 《申报》,1926 年 12 月 16 日,"本埠增刊",第 2 版。
④ 《年内习舞之良机》,《申报》,1929 年 12 月 24 日,第 16 版。
⑤ 天津的禁舞情况可参见左玉河:《跳舞与礼教:1927 年天津禁舞风波》,《河北学刊》,2005 年第 5
期。
⑥ 《上海特别市市政府训令第一六四二号》,《上海特别市市政府公报》第 13 期(1928 年 8 月),第
35 页。
⑦ 《商场消息·月宫饭店开幕盛况》,《申报》,1927 年 12 月 25 日,"本埠增刊",第 1 版。
⑧ 中广:《巴黎饭店跳舞厅开幕盛况》,《申报》,1927 年 12 月 23 日,"本埠增刊",第 2 版。
⑨ 巴黎饭店跳舞厅广告,《申报》,1927 年 12 月 25 日,"本埠增刊",第 2 版。
⑩ 巴黎饭店跳舞厅广告,《申报》,1928 年 4 月 29 日,第 2 版。

图 3 - 10

　　1927 年 12 月 1 日,蒋介石和宋美龄在上海大华饭店举行盛大的婚礼,其中有一项仪式就是在舞厅招待来宾,由美国乐队演奏了美国流行歌曲 *I'll Be Loving You Always* 和 *A Love Nest for Two*。大概是巧合,这年 12 月到 1928 年春天,上海出现了前所未有的"舞疯"(Dance Madness),当时上海报刊出现了许多描述这股跳舞热潮的词,如"跳舞风"、"跳舞热"、"舞狂",上海出现了一大批所谓的"舞癖者",大多为年轻人。① 20 世纪 20 年代后期到 30 年代,上海的舞业进入了第一个黄金时机。② 上海市政府的禁舞措施并不成功,舞业越来越繁荣,跳舞与看戏、看电影、游艺等娱乐项目构成了上海人夜生活不可少的内容。据说上海的跳舞继电影潮而兴,到 30 年代初呈现"风起云涌,不可抑制"的景象,摩登男女都以一跳为幸,一舞为荣。社会人士对跳舞既有这般的狂热,舞场的开设也便如雨后春笋了。③ 当时的舞场有专供外国人的高档舞场,也有针对国人的各档次的舞场,因为生意兴隆,有些投机者也开了许多小型舞场,票价低廉,吸引中低阶层,由此也导致一些高级舞厅不得不降价以应付激烈的竞争。④

----

　　① Adrew David Field, *Shanghai's Dancing World: Cabaret Culture and Urban Politics*, 1919 - 1954.The Chinese University Press,2010,pp61 - 63.据作者叙述,1928 年春上海出现了第一次新建舞厅热潮,到 1932 年至 1934 年间又有第二波舞厅建设潮。参见该书 pp78 - 79;p122.

　　② 高福进:《"洋娱乐的流入"——近代上海的文化娱乐业》,上海人民出版社,2003 年,第 83 页。

　　③ 王定九编:《上海的门径》,"玩的门径",第 9 - 10 页。

　　④ 中国图书编译馆:《上海春秋》(下),香港南天书业公司,1968 年,第 56 页。

北四川路被认为是上海最神秘的两条街道之一,因为在这条街上有的是电影院、按摩院、跳舞场、咖啡馆、酒排间、俄罗斯东洋妓院和广东人开的摩登菜室,在北四川路上来往的是摩登女郎、时代少爷、外国水手、广东咸水妹、大学生、艺术家、罗曼蒂克诗人和各式各样无奇不有的男人和女人:

> 到了黄昏那种辉煌的灯光,灿烂的布置把这条热闹的街头照得像天堂一样,那跳舞场和电影院里溢扬出来的波底波底的音乐声和一阵阵带着醉醺醺的恋歌,仿佛是人们走进天堂的进行曲,一声声的在波动着人们的灵魂![①]

东北沦亡、热河失陷以及"一二八"淞沪抗战都没有影响上海的跳舞热:

> 日落西山,华灯初上,上海的跳舞场,开始在黑暗中活跃起来,蠢蠢而动,慢慢而行,搂着香的肉,获着白的银,此情此景,看不到社会经济的不景气,听不到日帝国主义在华北进攻我们的炮声![②]

每年到圣诞节前,《申报》上的舞厅广告就会集中发布,从这些广告来看,20世纪三四十年代的圣诞舞会大多是通宵进行的,"通宵达旦""通宵营业"是广告中常见的字眼,即使在孤岛时期和日据时期也是如此。[③] 抗战胜利以后,国民党政府曾下令禁止舞厅在圣诞节通宵营业,舞场业同业公会几次向政府请愿要求准许通宵舞会,虽然政府没有同意[④],但是有些舞厅在午夜以后仍让舞客继续狂欢。[⑤] 舞场从业者之所以力争圣诞节开通宵舞会的权利,是因为从 20 年代后期开始,每年圣诞季是一年中舞厅生意最旺的时候。有记者曾在 1929 圣诞前夜与友人逛了上海八个主要的舞场,并记录了所见所闻,每个舞场都是人满为患,热闹非凡,其中以大华饭店最为热闹:

> 大厅与冬园(Winter Garden),莫不满座,华人占期大半。布置颇为简单,音乐台上用电灯装西文之"共祝圣诞"数字,舞台中央之圣诞树高悬空中,可望不可即。是晚名件中人(按,江浙沪一带方言中有"名件"一词,意为有名气、有名的物品或人物,也可作形容词用,有出

---

① 蓓蕾女士:《上海冬天的两条神秘之路》,《上海周报》,第 1 卷第 7 期(1933 年),第 134 页。另一条神秘之路是法租界的霞飞路。

② 春申君:《上海的跳舞场》,《上海周报》,第 1 卷第 19 期(1933 年),第 375 页。

③ 只有在 1941 年太平洋战争爆发后的那个圣诞节是例外,租界当局临时采取措施,规定舞厅必须在凌晨两点结束。韦格:《孤岛耶诞浮雕》,《申报》,1941 年 12 月 25 日,第 4 版。

④ 参见《今年耶诞大除夕舞场不准跳通宵》,《申报》,1946 年 12 月 20 日,第 6 版;《耶诞前夕　不准通宵跳舞再遭拒绝》,《申报》,1946 年 12 月 24 日,第 5 版。

⑤ 《圣诞前夕素描》,《申报》,1946 年 12 月 25 日,第 5 版。

风头之意。），漂亮闺秀，时髦分子与交际家等均相聚一堂……是晚该
店备有各种赠品，如纸炮、帽纸条等。所备之节目，以"军操"最受人欢
迎。夜深矣而宾客犹无归意。①

30 年代的圣诞舞会更是兴盛，一到圣诞节前报刊都有舞会广告，强调舞会
的特别布景、特别音乐、特别美餐、特别赠品、特聘著名舞女，引诱人们到跳舞场
去度此良宵。但看圣诞舞会之舞场之内：

　　布景别开生面，汽球纸花布满全场，那音乐台上的圣诞树五彩电
灯尤其辉煌美丽，舞女今夜修妆，特别卖力，夜礼服上还添几朵花儿，
令人一踱进去，真个是有如走入美女如云的王宫。音乐一奏扬，绅士
小姐们都下场，公子哥儿搂抱舞女跳呀跳呀，世界只有跳舞场大，情人
们表现热爱就在今夜。化妆的表演者参加啦，有小丑、有古装美人、有
穿红衣服戴白胡子的圣诞老人，还有人放下纸炸弹，舞着舞着脚下哗
哗拍拍地响，有趣呵！纸醉金迷，不夜之城，说是在庆祝圣诞，其实是
在醉生梦死的呵！送赠品的来啦，一桌一桌的送一张领取卡片，不一
刻舞客们的头上纸帽添上啦，有黑色带穗子儿的博生帽，有白色的海
军帽，有小丑的小红帽，五光十色地在舞场发现，就好像魔鬼们光临到
了人间。玩具也领到啦，小笛子到处在吱吱地叫着，就好像深夜里荒
坵的魔鬼在哀鸣。穿红衣服戴白胡子的圣诞老人到处赠送礼物，小姐
太太们都得到一瓶雪花膏，公子哥儿向前抢啦，大家欢乐地大笑，把圣
诞老人吓跑了。②

在报纸上有关圣诞节的文章中，许多作者都把这个节日与舞场与跳舞联系
在一起，似乎圣诞节就在跳舞中度过的。有一篇新闻确实说到，圣诞节前后的
两天两夜许多上海人就是在舞场里消磨过去的，狂欢的圣诞节——

　　尤其使人觉得异乎平日的，全上海的跳舞厅，都是通宵营业。从
二十四日的下午三点钟起，到二十五日的上午七点钟止，完全沉醉在
粉红色的酒醉中，在二十五日的下午，又开始陶醉，一直到二十六日的
清晨，这两天两夜，上海的享乐人民，不管是有钱的，无钱的，都得一过
舞厅。

在这位作者的描写里，各个舞厅都高挂"客满"的招牌，但仍阻挡不住潮涌

① 琳琅:《狂欢漫舞之圣诞夜》,《中国摄影学会画报》,第五集(1929 年),第 158 页。
② 木:《圣诞节在上海》,《申报》,1934 年 1 月 1 日,"本埠增刊",第 2 版。

般的舞客,于是:

> 舞厅里,连墙角也坐满了人,舞池里,一对对搂抱的男女们,挤得黑压压地,倘若在里面跳舞,碰来碰去都是屁股。①

上引这篇新闻的主标题为"圣诞夜的狂欢周游上海各舞场",下有三个副标题:"一个个女人的屁股在舞场里旋转;一对对青年的舞侣在热情中沉醉;一家家舞厅的老板在胜利的骄笑",多么形象生动的描绘!

即便在抗战爆发的1937年,在"八·一三事变"和首都南京陷落之后,上海人也照样在圣诞节涌入舞场,热闹程度比战前有过之而无不及,这一年的圣诞前夜是这样的:

> 每一个舞场,无论三跳的也好,五跳的也好,以至于十跳的也好,都挤得像插针不下似得,尤其是九点至两点这五个钟头最为拥挤。在舞池里的人们已经失却自由,不要说跳花样的步法是不可能,就算跳"两步一拼"的简易步法也不容易给你"通过",大有"步履维艰"之苦!丽都、大华、大新因为舞池比较宽大,所以除了舞池的外圈座满外,舞池里的三分之一,甚至于一半,也容纳了不少的客人……乐队经过长时间之演奏后,忽然大部的停止了,只剩下一个打锣手轻轻地敲了十二下,这就是告诉我们现在已经是午夜了,也就是圣诞佳节之来临。接着,音乐导师站在扩音机前说了几句庆祝圣诞的话之后,兴奋的"快狐步"音乐,随着Merry Christmas的声浪之后,又重奏起来,舞人们又在狂舞了。这就是庆祝圣诞节在舞场中指最高峰!舞而复舞,不知东方之既白。圣诞前夕,上海的一部分人,就在爵士乐声,年(霓)红灯下,脂香酒醉中度过了。②

我们今天读到上引的这段文字,联想到南京大屠杀,对这些狂欢的舞者也要鄙视一下,并表示不理解,他们的良心可安否?

---

① 《圣诞夜的狂欢周游上海各舞场》,《社会日报》,1935年12月27日,第4版。

② 善虞:《圣诞节前夕上海舞市杂写》,《上海人》,创刊号(1938年1月1日出版),第10页。附注:所谓三跳、五跳、十跳,指的是一元钱可跳的次数,可跳次数越少舞厅越高级。

图 3 - 11

图 3 - 11 左图所示为大华舞厅（圣诞大菜和舞会）广告（《上海生活》，1940 年冬至号）；右图所示为百乐门跳舞场（《建筑月刊》，1934 年第 4 期）。

　　孤岛时期的上海，因为江浙一带避难于租界的富人和穷人纷至沓来，造成上海人口膨胀，市面畸形繁荣。[①] 战事稍息，有钱有闲的人便充斥在酒排间、饭店、剧院、舞厅等娱乐场所，商场的营业迅速回升。[②] 上海滩的血腥味没有了，代替的却是脂粉香，圣诞节也不减往日的繁荣景象。[③] 孤岛舞市如痴如狂[④]，圣诞舞市也仍是一年中最热闹的：

　　　　从圣诞节起至新年的期间中，是跳舞场生意最好的季节。无论上
　　　　中下级的舞场，到了这个短短的十几天中，没有不红男绿女，座客常满
　　　　的。怪不得关门的舞场都重新开门，以赶生意赚钱。平时场地太大的
　　　　舞场，这时却恨场地太小，不足以多容贵客。上海的二房东们也都恨
　　　　没有宽阔的大厅空着，否则也可以弄班乐队来吹吹打打，也发他一笔

────────────

　　①　宋军：《申报的兴衰》，上海社会科学院出版社，1996 年，第 201 页。
　　②　Wen-hsin Yeh. *Shanghai Splendor：Economic Sentiments and the Making of Modern China*，1843 - 1949.University of California Press，2007.p156.
　　③　玉成：《圣诞节的感慨》，《申报》，1938 年 12 月 22 日，第 17 版。
　　④　《上海舞场回顾》，《申报》，1946 年 12 月 30 日，第 6 版。孤岛时期与舞场有关的杂志也格外兴盛，也可见舞风之"疯"，主要的杂志有《舞之花》（1936 - 1937）、《舞与影》（1938）、《舞风》（1937）、《舞声》（1938）、《舞国》（1937）、《舞场特写》（1938）、《舞讯》（1939）、《舞影》（1940），另外还有一份《跳舞日报》（1940 - 1942）。参见 Adrew David Field（2010），p184.

小财呢。①

由于上海每到圣诞节便跳舞成瘾,生意为一年之冠,所以舞场一般"视圣诞节为财神日,故有金圣诞银新年之称"。② 由于圣诞舞会聚集大量人群,五洲大药房曾在圣诞夜向仙乐、百乐门、丽都、大都会、大华、大新、大东、国泰、云裳等舞厅的舞客免费赠送绿宝香皂,大搞圣诞促销。③ 上海的圣诞节真有"商战"如"战场"之势,沉浸在商业气氛和舞场中的人们哪里还会想起"救国"?灯红酒绿的舞场足以供他们迷醉了。这种状况在孤岛彻底沦陷以后变得更加狂迷④,就连日本人控制下的《申报》编者也看不下去了。1943 年圣诞节,该报不仅发表评论对上海人载歌载舞欢度圣诞节予以谴责⑤,更以记者观察的形式罗列圣诞夜的种种奢靡表现,其中圣诞大菜和圣诞舞会是被抨击的主要对象。从报道来看,各家舞厅无不"满坑满谷","舞客似沙丁鱼而尚意得志满",第一流舞场如百乐门、丽都、大都会、新仙林、仙乐斯等,平均每家容纳二千人,全市娱乐场所一夜的消费估计超过五千万元。⑥

这里补叙一件事,以见圣诞节和圣诞舞会在上海人中的地位。1936 年"西安事变"得到最后解决时恰逢圣诞节,12 月 25 日下午六时以前,虽然跳舞场的广告上渲染着圣诞气氛,圣诞老人在橱窗里吸引着人们的目光,可是人们依然打不起精神。六点钟,好消息传到上海,于是,"狂欢之夜的气象,真实地充满了每个跳舞场,不,每个电影院,每个游戏场,每一条马路上,每一家屋子里,每一个人的心之深处。似乎圣诞老人在橱窗里,在雪堆中也露出了强度的笑容。"一簇簇青年拥进了跳舞场,跳舞场的老板的心理越发地快活了,百乐门舞厅里,骤然添了一大批军政的人员,丽都的舞厅里突然响起了国歌。⑦ 作者的描写似乎很自然,因为每年的圣诞节,上海人都习惯于在舞厅等娱乐场度过,"西安事变"的和平解决只是给了人们一个更加欢乐的理由。有意思的是,因为蒋介石重获自由,12 月 25 日被国民党政府定为"民族复兴节",官方每年都要纪念这个"复

---

① 舞客:《耶诞节期中上海舞场的新阵容——寄语舞客:救国不应跳舞 跳舞勿忘救国》,《申报》,1938 年 12 月 24 日,第 15 版。

② 花玉:《舞场落寞之耶诞节》,《社会日报》,1940 年 12 月 27 日,孟兆臣主编《中国近代小报汇刊——社会日报》二十七册,142 页。

③ 见该药房广告,《申报》,1939 年 12 月 24 日,第 10 版。

④ 中国图书编译馆:《上海春秋》(下),第 56 页。

⑤ 《如此战时生活》,《申报》,1943 年 12 月 25 日,第 3 版。

⑥ 《豪华之夜的清算——一个事实供大家讨论》,《申报》,1943 年 12 月 25 日,第 3 版。

⑦ 白痴:《狂欢之夜在上海——庆祝蒋委员长脱险》,《新人》,第 3 卷第 20 期(1937 年新年号),第 394 页。

兴节"，但一般人乐过的却仍是圣诞节，以至于抗战胜利后，有人竟然这样写道："今年的圣诞节算是要比往年热闹了，因为人们都相信'和平'的世界里，圣诞老人必定能到地上来，赐予人们以幸福。我们也但愿这样，使我们苦了八年的老百姓们宽松地伸一下懒腰。或者政府定圣诞节为我们的民族复兴节，用意就在此吧！"①这位作者似乎忘记了这个所谓的"民族复兴节"与"西安事变"的关系，硬是要把外国的宗教节日拿来当作中国民族的复兴征象。

抗战胜利以后，上海人过圣诞节的热情依然如旧，圣诞舞会和圣诞大菜也仍是过节最应景的节目，但比起30年代中后期毕竟差了许多，《申报》编者感叹道："十年前的盛况，一时不能复活了。"②

圣诞节的欢乐化和狂欢化

圣诞节庆祝活动世俗化、社会化的一个明显后果，就是庆祝活动越来越"欢乐化"。20世纪20年代以后，圣诞节在中国已经成为一个以欢乐为主题的节日，教会机构以"同乐会"之名举行的各种圣诞庆祝活动从民国初年一直延续到三四十年代。一个宗教节日何以能如此欢乐？美国圣公会汉口主教吴德施认为，基督的福音可使尘世间的悲苦、困难顿归烟消云散，"而心灵中欢欣愉快之情，将油然而生，勃然以发。是耶稣诞日虽逢诸今日，而欢乐庆贺，自不将因之泯灭而末由泄露也。"③上海圣约翰大学校长卜舫济认为，圣诞的精神就是"对人类表示美好意愿以及和平"，"使能一年来日日有圣诞节，则此世界可称快乐世界矣。"④

中国人把圣诞节解释为和平与快乐的节日，也许与第一次世界大战有关。在《申报》总编辑陈冷眼中，耶稣是一个和平使者，他的降生是和平的纪念日，自然是"亲爱而和乐"。⑤ 八年之后，陈冷再次撰文论圣诞节快乐之原因，仍然认为这是由于耶教"和平而快乐"的精神所致，所以每到圣诞节来临之际——

---

① 乐群：《圣诞节和圣诞老人》，《申报》，1945年12月25日，第6版。

② 本报资料室：《一夜狂欢话圣诞》，《申报》，1946年12月2日，第9版。

③ 美国圣公会主驻汉主教吴德施 Rt.R.ev.L.H. Roots 原著：《耶稣圣诞日之感想》，《申报》，1920年12月19日，"申报星期增刊·圣诞号"，第2版。

④ E.L.Hawks Pott（卜舫济）：*CHRISTMAS*《申报》刊发的是英文原文，附汪英宾译文《耶稣圣诞》），《申报》，1921年12月25日，"耶稣圣诞增刊"，第1版。

⑤ 冷：《纪念日》，《申报》，1914年12月25日，第2版。

男女儿童,莫不欣喜;亲朋戚友,莫不酬赠;家家有花树,处处闻笑谈;工商辍业以出游,学子休息以寻乐。苟入耶教之国,无一不如是;苟信耶稣之人,无一不如是。即在大战之中,亦且于沟垒之间,互相欢赠而乐宴,是诚所谓和平与快乐之大表示也。盖惟快乐而后能和平,亦惟和平而后快乐。①

民初以后的中国一直处于动荡之中,圣诞则如此和平而快乐,与圣诞节的快乐气氛相比,国人因屡遭动荡政局而"日据愁城,无快乐之境遇,更无庆祝之闲情"。遇此西国佳节,难免要感叹"同居一球,何苦乐之不同,竟若是哉!"②《申报》之所以特意出版圣诞特刊或增刊,或许与当时的民众厌恶战乱并向往和平与快乐的心理有关。《申报》"自由谈"主编周瘦鹃在谈及为何刊发"耶稣圣诞特刊"时曾特别指出:

五年间的欧洲大战,十年来的中国内乱,民生凋敝,血和泪差不多已流作河、汇成海了。东西两半球,全被战神搅乱得不成样子。千千万万血枯泪尽的苦众生,正撑着那一双双枯涸的眼睛,向天盼望着一线和平的曙光。耶稣基督是主张和平的,是主张博爱的。要使世界以后免去战乱,达于大同之域,惟有借重耶稣基督的主张,群策群力的向着"和平""博爱"四个字上去做。③

周瘦鹃强调自己并非基督徒,因为信仰耶稣"和平""博爱"的精神才特地出这耶稣圣诞特刊。"博爱""和平"是耶稣基督的精神,至少耶教徒是这么认为的,"快乐"则是西方圣诞节民俗的主题,这与中国冬至既有祭天、祭祖的肃穆,也有走亲访友、相聚欢宴一样。尽管《申报》编者刊发过许多有关圣诞节的文章,主要是倡导基督的博爱与和平精神,其次才是随着博爱、和平而来的欢乐,但是,圣诞节所带来的快乐,很快便溢出并超越了其宗教精神内涵。周瘦鹃在1923年圣诞节应邀参加了北四川路晏摩氏女校的同乐会,以轻松愉快的笔调记述了他所亲历的快乐:

是夕也,华灯明,雅乐作,小女郎数十百人笑语一堂,如群莺啭春,与乐声相应和。人处其间,弥觉有雍容和乐之气,腾结于明窗素壁间焉。④

---

① 冷:《耶稣圣诞之我见》,《申报》,1922年12月11日,"申报耶稣圣诞增刊",第1版。
② 曹文海:《圣诞节之感言》,《申报》,1923年12月25日,第8版。
③ 周瘦鹃:《耶稣圣诞小言》,《申报》,1922年12月25日,"自由谈耶稣圣诞特刊",第1版。
④ 周瘦鹃:《纪颂圣同乐之会》,《申报》,1923年12月25日,第8版。

　　这一晚的经历,使得周瘦鹃在随后的几天里心坎中有一种说不出的愉快,一切人世俗虑不知不觉地淡忘了,一连三天都不能忘怀,因此又在另一篇文章中再次说到那一晚给他带来的快乐。①

　　中国人并非没有娱乐,但是在一些人看来,中国人的许多娱乐方式非但旷时耗财,而且伤身败德。所以当圣诞节来临时,见西方人那种快乐的样子,难免露出艳羡的心态,认为西方人的娱乐既可以锻炼体魄,又可以陶冶性情,还很合于卫生、心理、教育的原则。②

　　舞会热兴起之后,圣诞节的娱乐消费逐渐向狂欢的方向发展,大概是舞会与音乐、酒和性有关,而舞客又以年轻人为主的缘故。30 年代中期上海圣诞节的舞会呈现出"衣香鬓影、裙展交错、载歌载舞、欲仙欲死"的场景,进入舞场的人都是竟日乘兴,狂欢达旦。③ 有人观察到欧美国家许多新式的跳舞都是在耶诞时节发明的,因为耶诞是一个狂欢的季节,而耶诞之夜最热闹的便是通宵营业的跳舞场。④ 上海的情况似乎正是如此,所以,圣诞节在上海也成为狂欢节了,上海人"只要抓住了可以热情刺激和尽情享乐的机会,便随波逐浪地盲从凑热闹,正不必追问其所以然"。⑤ "狂欢"二字在有关圣诞节的新闻和文章以及圣诞舞会的广告中是最为常见的词,一般人都认为圣诞节是一个狂欢的日子,白相的日子。⑥ 有人在抗战胜利前回忆自己过圣诞节的经历,说自己自弱冠以后,年年都是在狂欢中通宵度过圣诞前夕这个"狂欢之夜"的。⑦

　　30 年代初,圣诞前夜舞场里典型的狂欢场景是这样的:

　　　　……舞兴振奋了全场的客人,开香槟,买彩券,一样样开始演出了高度的兴奋。圣诞老人满头雪白的髭眉,大红的衣服,背了一大袋玩具糖果出来了。狂欢的笑声震动了屋瓦,幸福是应该赐给淫乐的青年男女的,玩具的咭咭声布满了全场空气,秩序在狂欢的空气中打得粉

----

　　① 周瘦鹃:《随便说说》,《申报》,1923 年 12 月 27 日,第 8 版。

　　② 阿□(原报字迹不可辨):《娱乐谈屑》,《申报》,1924 年 12 月 19 日,"本埠增刊",第 5 版。

　　③ 《雨丝风片中——西侨欢祝耶节——满街圣诞节景舞场狂欢达旦 教堂钟声大鸣西侨群趋瞻礼》,《申报》,1935 年 12 月 26 日,第 10 版;《银花火树——西侨圣诞欢腾——满街圣诞节景歌舞达旦 教堂钟声齐鸣群趋瞻礼》,《申报》,1936 年 12 月 26 日,第 11 版。

　　④ 呆:《耶诞与跳舞——新式跳舞都在耶诞节发明》,《申报》,1938 年 12 月 25 日,第 14 版。

　　⑤ 《耶稣再生》,《申报》,1938 年 12 月 24 日,第 12 版。

　　⑥ 《耶稣自由道理》中称"一般人于耶诞节日,只当是吃吃白相相的一日"。见《社会日报》,1938 年 12 月 23 日,第 2 版。《冬至》一文的作者也说"外国冬至是白相日子"。见《社会日报》,1943 年 12 月 26 日,孟兆臣主编:《中国近代小报汇刊——社会日报》三十五册,第 436 页。

　　⑦ 《耶诞忆旧》,《社会日报》,1944 年 12 月 26 日,第 2 版。

碎。忽然一阵乐声起来了,电炬变成红蓝的交合色,一对对舞客又开始踏着 Fox Trot 了。时间到了二点钟,深夜的疲倦之神是给上帝枪毙了,舞兴更见浓厚。空中忽然来了一大堆红绿紫蓝的气球,大家争抢气球——据说抢到手是表示幸福的获得——男的女的发出怪叫声狂笑声,这是多么欣喜有味的事!

紧接着还有舞女狂迷的表演,近乎裸体的躯体在暗淡的紫色灯光中扭动,等到灯光大亮之时,"每一个女子依在男客的肩头或怀里,乱发蓬松,星眼微瞤。她们……他们是陶醉了。"①"狂欢的笑声""狂欢的空气",诚然诚然!

年轻人在舞厅的狂欢中既容易迷失自己,也最能体验到都市生活的刺激,圣诞夜的舞场最能充分地表现出这种狂迷,在下面所记述的这场圣诞化妆舞会中,我们可以看到烂醉的狂欢场景:

> 舞客与舞娘的化妆舞会中,彼此喝得烂醉,每个人的头上戴上奇形的角帽,微红的脸贴着粉颊上的温馨,一声怪叫,女人被男的捏上一把,醉了醉了,男的挟持着女的臂膀踏上车厢,去消度这一个狂欢的夜晚……南京路,彻夜在红绿的灯光里消度,经理望着他的大门拥挤着大量的男女主顾们,他微笑了,烟雾从短髭下喷射出来。圣诞节夜,只有狂欢! 没有悲哀!②

这段文字虽为新闻,但是颇有新感觉派小说的几分韵味。这种场景与舞厅所做的广告较为吻合,在《申报》上的舞厅广告中,"通宵""狂欢"或"通宵狂欢""狂欢通宵"是常见的字眼。(见图 3 - 12)③我们看了上引的两则写实描写,就可以理解新感觉派作家穆时英笔下的上海都市生活之所以多以舞厅为场景的原因了,那是因为舞厅比较适合表现都市人的异化心态④,而异化的一种表现就是在都市声色中的狂欢和迷醉。就像有人在写到圣诞狂欢时所说的那样,

---

① 家豹:《圣诞前后 X'mas Eve》,《上海周报》,第 1 卷第 6 期(1933 年),第 111 页。

② 《大都会之兴奋剂——狂欢圣诞夜》,《展望》,1939 年第 1 期,第 30 页。

③ 例如 1939 年 12 月 24 日第 2 版就有五家饭店、舞厅打出通宵、整夜、狂欢口号;1941 年 12 月 24 日第 6 版则有九家舞厅这么写。

④ 李欧梵:《上海摩登——一种新都市文化在中国 1930 - 1945》,毛尖译,北京大学出版社,2001 年,第 31 页。

"你们听见过袁美云小姐唱的《早行乐》吗？那便是时代的写照。"①

图 3 - 12

　　左图:穆时英小说《黑牡丹》插图中所见舞场景象(万籁鸣作),《良友》画报,第 74 期(1933 年)。

　　右图:《良友》画报,第 112 期(1935 年)。

　　事实上,包括舞厅在内的娱乐场所无不在圣诞节时显露出狂欢的场景,"圣诞节之夜,全沪的跳舞场,酒排间,电影院,充满着另一种欢娱的景象。都变成了世外桃源,花天酒地,兴高采烈,疯狂地举行庆祝。"②可能是在租界的孤岛中的缘故,人们忘记了战火,也忘记了受难的同胞,剩下的只有彻底的及时行乐的心情。1940 年圣诞节的一篇文章这样描写上海人的狂热:

　　　　又是耶诞节了,虽然从来没有唱过"吾主耶稣"的赞美诗,轧闹猛却不肯放过机会,更何况,"孤岛"上的空气这样闷人!……这一晚,仿佛会见久别的情人,也仿佛找到灵魂的寄托之所。电影院映着恭祝佳节的巨片,老莱哈台叫你笑得合不拢嘴,而"迎风户半开"又是多么缠绵悱恻的罗曼史啊!菜馆里:红紫红帔的果盘配着银色的刀叉,香槟

---

　　① 安徒:《输送快乐甜蜜的圣诞老人在哪里?》,《社会日报》,1936 年 12 月 25 日,第 3 版。袁美云是当时上海滩著名的影星,这首《早行乐》亦可增加对当时上海摩登生活的理解,歌词如下:"早行乐,早行乐,人生寿命能几时,莫把光阴闲度却。早行乐,早行乐,今朝有酒今朝醉,明日无钱明日说,天翻地覆君莫管,花坛月夕尽消磨,喝两杯白酒,哼一曲短歌,抽完烟卷跳探戈。早行乐,早行乐,几曾清风扶叶上,但见暴雨催花落,秋来春去时节更,一岁韶华转眼过,黄莺儿藏尽,粉蝶儿深躲,年来年去已无多。早行乐,早行乐,莫把光阴闲度却。"

　　② 《圣诞节与救难运动——希望全沪人士积极推行》,《申报》,1939 年 12 月 17 日,第 15 版。

酒中的泡沫中映着欢笑的面容,而暖室中的空气,不是和春天一样的温馨吗? 舞厅里,高贵的"小姐"们展开着一个像好莱坞电影中所看到的时装展览,爵士乐与夏威夷情歌在话筒中疯狂地旋转着,"不欢更何待?"[1]

圣诞节对上海人而言,就是一个纵情声色的藉口,于是"这个宗教节日之同时亦成为非基督徒的狂欢节,遂成了理所当然"。[2] 上海人的圣诞狂欢也并不因统治者的变化而改变,抗战以前如此,孤岛时期如此,日据时期也是如此,抗战胜利之后也还是如此。抗战胜利之后的第一个圣诞节更多了一个狂欢的理由,"大家似乎比往年加倍的兴奋些,购办礼物,计划宴会,来大大地狂欢一下。"尽管和从前比起来仍将逊色不少。[3] 1948 的圣诞节是近代上海最后一个"狂欢节",虽然前方战事正酣,经济亦复萧条,但是上海人依旧"展开了冬季的狂欢"。[4]

物质庆祝形式包裹了圣诞节

"说来奇怪,自从有了'外国冬至'以后,原有的中国冬至便从此淹没不彰,每一个中国冬至都在不知不觉中过去,而每一个'外国冬至'却没有一个不是狂欢的日子。"这是一个学堂出身的作者的亲身感受。在他的回顾中,高中以前还是过中国冬至的,此后,外国冬至就成了新节目,从上海辗转至香港、桂林、重庆,每到冬至时期看到的都是耶稣圣诞的世界,中国冬至只有"冬至大如年"这句老话尚留在他的记忆之中。[5] 黄濬在 20 世纪 30 年代初曾指出,当时的上海少年对冬至已不甚了了,而每逢圣诞则矍然以喜,藉此纵欢,"冬至之名,将幸托耶稣以存"。[6] 此话并非谰言。银行家陈光甫在 1948 年 12 月 25 日这一天的日记中就赫然写着"今日为冬至节",前一天的日记中有"今日为西国冬至节夜"之语,再往前看几日,却没有关于中国冬至节的片言只语,似乎他是不过中国传统的冬至节的,也没有注意到冬至节的气氛。[7] 12 月 25 日绝不会是中国冬至,陈

① 韦亚君:《耶诞之夜》,《申报》,1940 年 12 月 25 日,第 7 版。
② 之华:《今年的圣诞节》,《申报》,1941 年 12 月 25 日,第 7 版。
③ 迈天:《圣诞节前奏——吁请圣诞老人怜贫恤孤》,《申报》,1945 年 12 月 24 日,第 5 版。
④ 《圣诞侧影》,《申报》,1948 年 12 月 25 日,第 5 版。
⑤ 上官大夫:《冬至当然外国好　葡萄美酒玻璃杯》,《申报》,1946 年 12 月 25 日,第 12 版。
⑥ 黄濬:《冬至今昔谈》,《花随人圣庵摭忆》(上),第 28 页。
⑦ 上海市档案馆编:《陈光甫日记》,上海书店出版社,第 210－211 页。

光甫说的"冬至节"必是"外国冬至",而把圣诞节称为"冬至节",不会是他个人的随意派定,必是社会上也有人这么说。其实,早在民国之初,《申报》上的一些广告就把"冬至"指派给"外国冬至"了。[1]　20 年代以后,冠名为"冬至节礼""冬至礼品""冬节礼品"之类的广告更大量使用圣诞老人形象。[2]　有一则雪茄广告竟然这样写道:"圣诞老人说——最高尚的最经济的——冬至礼品就是——球宝牌、绿树牌"[3],中、外冬至已经不分彼此了。《申报》曾在 1939 年 12 月 17 日出版过"星期增刊·冬节专号",而里面所刊文章全与圣诞节有关,却没有中国冬至节的内容,而"冬节"原本是中国冬至节的简称,清末民初的《申报》新闻中也一直在使用。

中国冬至之外,孔子诞辰、总理诞辰[4]、云南起义纪念日[5]以及"民族复兴节"也是与圣诞节竞争的几个纪念日,这些纪念日由政府确定,官方年年有庆

---

①　比如 1913 年 12 月 20 日第八版有一则屈臣氏药方的广告,上面写着"新到冬至礼品",下面的文字中却只提到"西历冬至";1915 年 12 月 19 日第七版也有一则永昌洋行的"冬至礼品"广告,明白写着"近因西人冬至在即……各界诸君欲送冬至节者请速驾临敝行……"也没有说到中国冬至;1917 年 12 月 19 日第八版有"先施公司冬至货"的广告,内称:"新历年关在迩,耶稣圣诞将逢,本公司特办大帮各种贺冬礼物……"同样也没有提及中国冬至。

②　关于圣诞老人用作商业广告可参见前文。这里再举一例。1939 年 12 与 17 日头版广告全部为冬至和圣诞广告,整个版面上有八个圣诞老人形象(分属四个广告),并有驯鹿马车、圣诞彩铃、圣诞蜡烛等图画,头条广告是"老九章冬至礼品"(专营布匹绸缎),以三个圣诞老人和驯鹿马车为"冬至礼品"促销。

③　《申报》,1939 年 12 月 24 日,第 10 版。

④　《申报》曾有一篇小说《圣诞》(1927 年 12 月 25 日,"自由谈")称总理诞辰为"圣诞"。小说讲到两个小孩在耶稣圣诞节去礼拜堂一事,其中一个是革命家庭的孩子,他刚过完总理的圣诞,但是经不住礼物的诱惑,与信奉耶教家庭的孩子一起"连奔带跳地去真神堂庆祝耶稣圣诞去了"。孙中山的诞辰(11 月 12 日)在南京政府期间一直是法定节日,全国放假一天,并悬"党旗""国旗"以志庆贺。

⑤　耶稣圣诞日这一天也是云南起义纪念日(1916 年由北京政府确立)。

典,都是假日。①但是,除了官方重视这些节日之外,民间并无自觉自愿的大规模庆贺活动,更没有狂欢式的消费行为。对于为什么中国人要过圣诞节,有人引用历史学家吴晗的论断,认为是"利"的缘故。吴晗注意到,民国以来所尚在"革",稍晚近十年来(按,指30年代到40年代)所尚在"利"。这位作者进而提出,"'革'只是少数人的事,而'利'则自清代中叶以来,也已蔚然成风,不可救药了。只是这'利'字还嫌不够具体,因为还可以包括了功利主义 Pragmatism 以及利他精神在内,中国完全是自私自利,与其说是'利',还不如改为'私'字。""利"影响了世风,使得人们追逐这个洋节。②这是颇为犀利的分析,虽然作者对"利"持否定态度。

所谓"革"也就是政治,是少数人的事情,少数人的"革"波及全国民众,影响到每个人的"利"或"私"。另一方面,被卷入政治动荡的民众希求博爱、和平、欢乐乃至狂欢,这不能说就是完全自私自利的表现。正如不能要求每个人都参加革命或政治活动一样,要求每个人不要从博爱、和平、亲情、欢乐中寻求安慰也是不现实的。从《申报》民国以后的报道和文章来看,国人趋利避害、苦中作乐的心理,正是使耶稣诞辰从原本宗教意味极浓的节日,演变为"最快乐"乃至"狂欢"的节日的原因之一。其实,圣诞节在西方也早就不是单纯的宗教节日,"而是基督教文化与欧美民间生活传说相融合的产物。"③圣诞节的世俗生活内容与家庭、儿童、亲情、友爱、消费都有关系,而近代中国人接受的大多就是这些生

---

① 特别是与耶稣诞辰同一天的云南起义纪念日,《申报》也经常提及,且经常对比这两个节日,从这些对比中可知,云南起义纪念日远比不上耶稣圣诞节热闹。比如1927年圣诞节,有人在《圣诞节感言》一文中感叹道:"云南起义的蔡松坡,也是一位救国的豪杰,为什么记着他的,除了少数官厅学校报界,有些点缀外,没有极热烈的举动呢。"《申报》,1927年12月25日,"自由谈"。1939年圣诞节照例十分热闹,在一篇写给小朋友看的文章中,作者告诫小朋友在欢庆耶稣诞辰的时候不要忘记建国日和蔡锷起义的日子,因为这些日子"大多数人是遗忘了的"。宛文:《耶诞节勿忘云南起义》,《申报》,1939年12月24日,第17版。有时甚至要拉上耶稣圣诞节以增强云南起义纪念日的欢乐气氛,如1917年第二个云南起义纪念日,寰球中国学生会学校因两个节日适在同一日,晚上开庆祝会,除了请吴稚晖演讲之外,也以"中西音乐趣谈故事会等以助余兴"。《寰球学生会之庆祝》,《申报》,1917年12月15日,第10版。显然,吴稚晖的演讲是关于蔡锷起义的,后面的文艺演出属于耶稣圣诞庆贺。1938年《申报》报道云南起义纪念日和"民族复兴节",新闻中只说"本市各机关、公园、公司、工厂、商号、住户暨各学校等,今日均悬旗庆祝,银钱业并于星期一补假一天"。但后面说"同时更值耶稣基督圣诞节,全沪市民情绪万分热烈兴奋"。似乎是因为圣诞节的缘故,市民情绪才格外兴奋。参见《庆祝民族复兴节》,《申报》,1938年12月25日,第9版。

② 疢堂:《圣诞与世风》,《申报》,1947年12月25日,第9版。

③ 靖文:《圣诞的憧憬》,《申报》,1947年12月24日,第9版。

活化的内容。①

　　基督教在近代中国一直在政治和文化层面遭遇中国人强烈的抵制,因此耶稣诞辰能在近代中国逐渐成为一个都市中的消费性节日,基于民众消费的物质享受可能是最主要的原因。相对而言,上海人因为租界都市化的原因,不存在文化霸权理论中所说的上层文化对下层文化的控制和影响,正像有学者所说的那样,"上海平民无传统的道德负担,十分乐于接受新鲜事物、西方物质文明。媚外的价值观首先在平民中产生,早于中国知识分子。"②这种由市民趣味影响而形成的所谓"海派文化"包容并蓄的精神特质,是圣诞节即使在国难当头之时仍能为上海人狂欢庆祝的根本原因。③ 诚如唐振常先生所言,在西学东渐的过程中,精神文化与物质文化相携而来,中国人对外来物质文化的认同与接受较诸精神文化来得容易些,上海人对西方物质文化的接受的步骤是"初则惊,继则异,再继则羡,后继则效。"④中国人对于耶稣诞辰这个西国节日的接受正是如此,因为惊、异而名之曰"外国冬至",羡、效之后,则"圣诞节"便成了狂欢节。也就是说,圣诞节的文化和精神内涵被它的物质庆祝形式包裹在内,中国人是把圣诞老人、圣诞树、圣诞舞会、圣诞礼物、火鸡、朱古力、白帽蛋糕等物质庆贺形式当做西方现代生活方式加以接受的,体现的是中国人在日常生活领域内对西方现代性物质层面的追随,所以才会出现在政治上、文化上排击耶教、抗拒耶诞,而同时又有许多人热衷于欢度圣诞节的矛盾局面。

　　也许,耶稣诞辰在近代中国部分城市里的节日化,也显示了中国人对待西方现代性过程中的内在矛盾,即在抵制其政治、文化、精神内涵的同时又欣然接受其物质层面的内容。问题是,任何节日都无法绝对区分为精神、物质,视之为两个毫不相干的层面。节日就是一种文化,虽然中国人可能拒斥了圣诞节的宗教内涵,圣诞节所包含的西方文化因素则在无形中与其物质庆贺形式一起被中国人接受了。

---

　　① 《申报》文学副刊"自由谈"、"春秋"以及"儿童周刊"每逢耶诞节都有此类内容。大量的圣诞广告更可以表明,中国人热衷的就是圣诞所带来的世俗消费和世俗享受。
　　② 叶晓青:《〈点石斋画报〉中的上海平民文化》,汪晖、余国良编:《上海:城市、社会与文化》,中文大学出版社(香港),1998,第146-147页。
　　③ 当然,从当时进步人士的立场看来,许多人在国家多难之际仍肆意享乐,是没有心肝的表现。所以,有许多文人学者把当时的上海视为无道德的淫窝,是一个肉欲横流的堕落的城市。在国难时期的圣诞狂欢并非生活必需,确实有违作为一个中国人的最基本的国家与社会的道德责任感。
　　④ 唐振常:《市民意识与上海社会》(原载《二十一世纪》,总第11期,1992年6月),汪晖、余国良编:《上海:城市、社会与文化》,第93-94页。

　　当然,这里所说的中国人只是指中国的一部分人,大多是受过现代教育的年轻人,生活在像上海这样倾向于崇洋的城市中,他们也许在自觉或不自觉的情况下视西方生活方式为上等、摩登,因而随波逐流地追寻感觉上的满足。可是,同样是年轻人,曾经在 20 世纪 20 年代激烈地反对基督教,反对圣诞节。在近代中国,类似这样在西方化的同时又反西方化的情景是屡见不鲜的。

第四章　非基督教运动与圣诞节

自明末清初以来,儒家知识阶层反基督教的言行成为持久的传统,这反映出中国读书人在感情—心理上对基督教的反感以及理智上的拒斥。饱读儒家诗书的士人认为基督教是非理性的、迷信的,不值得具有正统思想的人关注。[①] 有学者认为在 19 世纪的中国是绅士与农民联合反对基督教,到了 20 世纪 20 年代,反基督教运动则是青年知识分子与新的政治势力——政党联合起来的政治行动。[②] 前者多以教案形式出现,后者采取政治的方式来解决问题,群众运动是最常见的手段。比较而言,前者更多地体现了感情—心理上的反对,后者则注重理智上的排斥。所以,后者反对基督教并不以教案事件为中心,而是以更具有抽象性的意识形态、文化、主权等为主攻方向,也因为这样,这种政治解决方式表现出了极大的自觉性与主动性。不过,任何抽象的攻击都要有具体的攻击目标才可以组织起群众的力量。圣诞节在 20 世纪 20 年代的非基督教运动中就是重要的目标之一。我们要问的是,为什么圣诞节会成为反对基督教运动的一个目标呢?

从非宗教到非基督教

在北洋军阀统治期间,由于各路军阀缺乏政治上的系统观念与纲领,也没有可资利用的中心思想(ideology),所以他们对学术及思想关注得不够,也较少干预文化思想界的思潮与运动,客观上造成了一个思想上相当自由与放任的

---

① Paul A.Cohen.The Anti-Christian Tradition in China.*The Journal of Asian Studies* ,Vol.20, No.2(Feb.,1961).p179.

② Jessie G.Lutz.Chinese nationalism and the Anti-Christian Campaigns of the 1920s. *Modern Asian Studies* ,Vol.10.No.3,p396.

时代,这有利于新文化运动的产生,相对而言宗教也比较自由。^① 在这一时期,社会上对待基督教的态度较为平和,相比之下,围绕孔子之教是否属于宗教以及孔教入宪的问题却引起了极大的争议,由此引发的宗教问题大讨论也是新文化运动时期的一个重要主题。

为了反对孔教的宗教化和宪法化,以陈独秀为代表的新青年知识群体提出"以科学代宗教"的观点。此时虽有针对基督教的一些抨击性言论,知识界的基本观点还是支持宗教信仰自由的,对外来的基督教并不十分排斥。中国的基督徒也加入了宗教问题的大讨论,他们从自身利益出发争取信教自由的权利。^②最终的结果是,孔教入宪运动遭到了失败,而基督教仍然保持了自庚子以后良好的发展势头,这段时期也是所谓的教会自立运动时期^③,是公认的基督教在华事业的黄金时期,教会机构组织的各种庆祝耶稣诞辰的活动也正是在这个时期逐渐在社会上发了生影响。1917 年圣诞节时,北洋政府代理总统冯国璋甚至专门致书《字林西报》庆祝耶诞节。冯国璋认为各国节日和风俗的形式虽然各异,但精神是一致的,耶诞日代表着和平,这也为中国人所看重,所以,为着国际交谊进步和世界和平,中国人也愿意参与这个"万国佳节"。^④

在非基督教运动发生之前,知识界对基督教的一般态度较为友好。陈独秀、李大钊、瞿秋白以及后来在非基督教运动中激烈反对基督教的恽代英,都曾对基督教表示好感。陈独秀发表《基督教与中国人》一文,对耶稣精神极为推崇,胡适称这一时期的陈独秀差不多成了一个耶稣的信徒。^⑤ 陈独秀认为基督教是爱的宗教,只要承认它是爱的宗教,就不能认为它会崩溃。而中国的文化源泉里缺少爱,也缺少美德,他希望"要把耶稣崇高的、伟大的人格,和热烈的、深厚的情感,培养在我们的血液里;将我们从堕落在冷酷、黑 、污浊、坑中救起。"^⑥在陈独秀看来,耶稣的人格和情感就是基督教的基本教义,即使是科学也无法破坏它。后来成为非基督教运动主要舆论阵地的上海《民国日报》在此

---

① 查士杰:《民国初年基督教会的发展(一九一七——一九二二)》,《中国现代史专题研究报告》第十一辑,第 227 页。

② 关于基督徒反对孔教入宪,可参见刘义:《基督徒与民初宪法上的信教自由——以定孔教为国教之争为中心(1912 - 1917)》,《东岳论丛》,2005 年第 1 期,141 - 146 页。

③ 参见段琦:《中国基督教的本色化》,《中国社会科学院报》,2003 - 3 - 18(3)。

④ 《冯总统庆祝耶稣诞日》,《申报》,1917 年 12 月 25 日,第 6 版。

⑤ 陶飞亚:《共产国际代表与中国非基督教运动》,《近代史研究》,2003 年第 5 期,第 116 页。

⑥ 陈独秀:《基督教与中国人》,《新青年》,第 7 卷第 3 号(1920 年 2 月 1 日出版),第 17 页。这篇文章曾被转载于 1922 年 12 月 11 日《申报》的"申报耶稣圣诞增刊"。

期间对基督教也表示出友善的姿态,该报在 1919 耶诞日这一天的头版下半部刊出了《圣诞的原因》、《圣诞的关系》、《圣诞的感想》三文,并刊印一幅耶稣像。《圣诞的原因》指出圣诞之所以感动人心,是因为耶稣是博爱、公义、和平之教主,在中国推进共和建设,改造社会之际,针对专制黑幕和强权等人道之蟊贼、文化进步之障碍,中国人必须利用耶稣基督来解放并改造。[①] 在圣诞节之际,人们应该想想在这个相侵、相夺、相砍、相残的世界里,如何才能有解救的办法,基督徒在中国四万万困苦同胞之中,又应该有什么感想。[②] 从措辞来看,这三篇文章似乎出自教会人士之手。1920 年和 1921 年圣诞节,《民国日报》也以比较客观的态度报道了教会机构的庆祝活动。[③] 当然,在此期间也有激进的反对基督教的文章出现在该报上,如朱执信的名文《耶稣是什么东西》[④]对日后的反基督教运动有很大的影响。但是,直到 1920 年少年中国学社在巴黎挑起宗教问题讨论时,全国知识界对基督教的批判还基本上停留在理论的层面,也就是所谓的"宗教讨论期"[⑤],并没有实际的反对基督教的行动。

到 1922 年,情况发生了急剧的变化,一方面是原来既反孔教又反一切宗教的讨论一变而为专门针对基督教,另一方面是这种反对逐渐演变为实际的运动,尤其是 1924 年到 1925 年,被认为是反对基督教的"直接行动阶段"。[⑥]

1922 年第一波反对基督教运动有具体的目标,这就是这年 4 月份在清华大学举行的世界基督教学生同盟第十一届大会。会议的消息公布以后,立即遭到了爱国青年学生的反对,他们成立了非基督教学生同盟,并发表宣言,以无产阶级的立场对资本主义进行抨击,进而对资本主义经济侵略中国的先锋队——基督教及基督教会——正式宣战。[⑦] 非基督教学生同盟宣称,世界基督教学生同盟"无端集合于我弱国之首都"[⑧],大有敌人兵临城下,不得不予以打击的意

---

① 黄鹿:《圣诞的原因》,《民国日报》,1919 年 12 月 25 日,第 1 版。

② 钱:《圣诞的感想》,《民国日报》,1919 年 12 月 25 日,第 1 版。

③ 《青年会举行耶诞大庆典》《慕尔堂联合交谊会》,《民国日报》,1920 年 12 月 24 日,第 11 版;《耶教团体庆祝圣诞节》,1921 年 12 月 25 日,第 11 版。

④ 此文首刊于《国民日报》1919 年 12 月 25 日"耶稣号,1928 年 12 月 25 日"非基特刊"重载。

⑤ 午光:《中国反基督教运动小史》,《清华周刊》,第 33 卷第 10 期(1930 年),第 93 页。少年中国学会则于 1921 年 2 月在北京等地举办了一系列的宗教问题演讲,使得宗教问题的讨论进入高潮。参见《少年中国》1921 年的宗教专号(第 2 卷第 8 期,第 11 期和第 3 卷第 1 期)。

⑥ Lewis Hodus. The Anti-Christian Movement in China. *The Journal of Religion*, Vol.10, No.4 (Oct.,1930),p487.作者把 1920 年代的反教运动分为酝酿阶段(1919 - 1922)、宣传阶段(1922 - 1924)、直接行动阶段(1924 - 1925)、巩固和扩展阶段(1925)。

⑦ 《非基督教学生同盟宣言》,《先驱》,第 4 期(非基督教学生同盟号),1922 年 3 月 15 日,第 1 页。

⑧ 《非基督教学生同盟通电》,《先驱》,第 4 期(非基督教学生同盟号),1922 年 3 月 15 日,第 1 页。

思。其实这届大会在中国召开早在九年前就已经定了,只是由于第一次世界大战之故才延期至1922年。① 时不凑巧,这时的中国已经历了"五四运动",反帝国主义情绪正在高涨之中,此前的宗教讨论又唤醒了知识界对基督教的警惕,这个大会又是世界基督教学生的会议,中国的青年学生出面反对,真可谓针尖对麦芒,彼既以同盟为名,持非基督教态度的学生也以同盟之名对抗。

非基督教学生同盟向全国各界发出通电之后,北京的知识界也成立了"非宗教大同盟",同时也发出通电,在通电上签名的有李石曾、李大钊等79人。世界基督教学生同盟大会开幕和闭幕时,非宗教大同盟分别发表宣言和开会演讲,表示强烈反对。但是,世界基督教学生同盟大会结束以后,国内的反基督教运动便失去了现实的目标,不久之后各地学校放暑假,学生们纷纷离校回家,运动也就淡化了。② 第一阶段的反基督教运动遂告一段落。

1924年4月,因广州教会学校即圣三一学校开除学生领袖,非基督教运动再度爆发。1924年8月,上海青年学生重组非基督教同盟,以《民国日报·觉悟》为阵地宣传反基督教,各地学生齐而响应,陆续筹备成立非基督教同盟分支机构。国民党则宣布9月7日"辛丑条约"签订日为"国耻日",规定从9月7日开始的一周为"反帝周"。1924年7月,中华教育改进会南京年会通过了"收回教育权案",10月,全国教育联合会十届年会通过"取缔外人在国内办理教育事业案"及"学校内不得传播宗教案",使得向教会学校收回教育权成为全国统一舆论。这是反基督教运动的第二阶段。1925年"五卅运动"后为反基督教运动的第三阶段。1925年11月16日,北京政府制定了"外人捐资设立学校请求认可办法",规定学校不得传播宗教,不得将宗教科目列入必修科,运动目标是要求教会学校向中国政府注册立案并遵守中国法令。③

向教会收回教育主权成为1924年以后非基督教运动的一个主要目标,也是有组织的、持久的运动,得到的支持也更广泛,于是原来属于理论讨论范畴的文化主义被完全政治化为民族主义。④ 这一阶段的民族主义最引人瞩目的就是各色各样的群众运动,不再是停留在口头和书面的理论探讨。

既然收回教育权是反基督教运动的中心,教会学校便很自然地成了攻击的

---

① 杨天宏:《世界基督教学生同盟第十一届大会与中国反基督教运动关系辨析》,《历史研究》,2006年第4期,第175页。
② 杨天宏:《中国非基督教运动(1922-1927)》,《历史研究》,1993年第6期。
③ 杨天宏:《中国非基督教运动(1922-1927)》,《历史研究》,1993年第6期。
④ Jessie G.Lutz.Chinese Nationalism and the Anti-Christian Campaigns of the 1920s,p403.

对象。其实,1922 年的反基督教运动在一定程度上也是由于基督教在华教育事业的显著"业绩"而引发的,截至当年,中国有教会学校 7 382 家,入学人数达 214 254 人,这一年教会又出版了《中华归主》和《中国基督教教育事业》,这在很大程度上激起了知识界对于基督教的警觉意识。①

基督教所办的教会学校对中国教育乃至政治、社会的影响是多方位的,其中教会学校每年举行的圣诞节庆祝活动对青年的影响极大,因此圣诞节就成了非基督教组织抨击基督教的一个好时机,从 1924 年到 1926 年,圣诞节期间的"非基督教周"活动俨然成了非基督教运动最突出的年度事件。

"非基督教周"

收回教育权固然是当时知识界的共识,但是各界人士对何时才能实现这一目标并没有明确的认识,运动也不是很有系统,往往以事件为契机热闹一阵。相对而言,在圣诞节前后集中举行反对基督教的活动则是比较容易做到的,也是一件应景的事情,因为在每年圣诞节来临之时,教会都要举行的重大庆祝活动,这样就为非基督教活动提供了一年之中最为显眼的目标。1924 年 12 月初,非基督教同盟委员会通过的决议规定了三点:

> (一)定耶稣诞生日前后一礼拜,为"非基督教周",鼓励各地同志,在这周中,努力做非基督教工作;(二)印行非基督教小册子传单,在"非基督教周"里散布;(三)通电全国,请国人在"非基督教周"里同起活动。②

这是中国非基督教运动史上第一次提出在圣诞节时集中开展反对基督教的运动,由此引发了此后数年颇为壮观的圣诞节对抗景观。非基督教同盟的负责人之一李春蕃(即柯柏年),随即在《民国日报·觉悟》上发表社评,提出了展开非基督教周活动的具体做法:③

> 非基督教同盟,定耶稣生日前后那一个礼拜为"非基督教周",今年的非基督教周是在十二月廿二号至廿七号(按,似应为"至廿八号")。我们非基督教运动,是一年三百六十日无时无刻不进行的,绝

---

① Jessie G.Lutz.Chinese Nationalism and the Anti-Christian Campaigns of the 1920s,p404.
② 《非基督教同盟消息》,《民国日报·觉悟》,1924 年 12 月 3 日,第 6 版。
③ 李春蕃:《非基督教周》,《民国日报·觉悟》,1924 年 12 月 9 日,第 2 版。

不是在"非基督教周"这七日做此非基督教运动,而在别的日子里就不闻不问! 但是要在这七日中更加努力,更加在民众一方面努力! 各地的同志们! 你们要在这"非基督教周"中努力做这些工作:

(1)集合非基督教运动者和同情于非基督教运动的人,做大规模的示威运动,以引起民众注意。

(2)开公开演讲会,演讲基督教对于中国之危害,和非基督教运动在中国之意义。应想法吸引民众到会。演讲宜通俗,不宜过于专门。

(3)印各种通俗传单,到民众间去散布,以辅助演讲会之不足,使民众人人都明白非基督教运动的意义重要。

(4)努力将总部所印行的小册子,在知识阶级中散布,并想法使他们加入非基督教运动队伍,合力做非基督教运动。

(5)向非基督教运动表同情的人,解释团结之必要,劝他们加入本同盟,以扩大本同盟的实力。

(6)其他方法。

在这篇社评中,李春蕃并没有解释为什么要在圣诞节期间更加努力地做非基督教的工作。中国青年社在呼应非基督教同盟的文章中指出,他们所以要在圣诞节期间开展集中运动,是因为他们注意到圣诞节期间,"布满全中国的教会、青年会、教会学校,一定又将有一番宣传基督教的行动,为他们的基督教增进势力,亦便是为那些利用基督教以侵略中国的增进势力。"很显然,他们的运动主要是为了抵消教会机构在圣诞节期间的宗教宣传。中国青年社与非基督教同盟合作编印宣传小册子,准备在圣诞节期间通过各种方式传播。可能是为了有别于非基督教同盟,他们所定的集中运动时间是十二月二十四日至二十六日这三天。[①]

关于教会机构和教会学校在上海的圣诞庆祝活动,第二章已有介绍。全国其他地方凡有教堂、教会机构和教会学校的地方,每到圣诞节也照例有欢庆活动,各地教会自然是举行圣诞庆贺的主力。[②] 教会学校的活动则更具有社会性和娱乐性,在天津,南开大学和南开中学的青年会几乎每年都在圣诞节时操办

---

① 中国青年社:《反对基督教运动》,《民国日报·觉悟》,1924年12月10日,第2版。
② 关于各地教会的圣诞庆祝活动,可参见教会出版物,如《通问报》《兴华》等。《兴华》杂志的报道较多,非基运动前的情况可参见第14卷第2、3、4、5期(1917年);第15卷第4期(1918年);第16卷第2、3期(1919年);第18卷第2、3期(1921年)。

各种活动。① 天津学生同志会也曾在教会场所举行过全市性的圣诞庆贺会。② 燕京大学的圣诞节活动也是一个传统,每到圣诞节照例非常热闹。③ 并非教会所属的清华大学也有庆祝耶稣诞辰的活动。④ 到 20 年代中期,一般社会人士也观察到圣诞在与教会有关系的领域内已经较为普遍的事实:

> 自基督教及基督教事业大发展以来,圣诞节的举行,已由侨华之外人普遍于教会、教会学校、青年会、与教育有关的一切事业及信教华人之家庭了。自普遍的意义言之,圣诞节的举行,和中国的孔子诞日或旧历新年一般,纪念、休息,弄些玩的、吃的,尤其是小孩,在这一日更其幸福了。教会、教会学校大半均举行讲演会游艺会,映演与基督有关之电影,以宣传基督教教义或坚一般教徒的信仰。这是一年一度都是如此,毫无可说的。虽然有点和中国的风俗不同,但亦不过习惯的互异罢了。⑤

对于教会学校一年一度的圣诞节庆祝活动,非基督教同盟的参与者和组织者是比较熟悉的。在收回教育权过程中,有许多学生从教会学校退学,并加入了反对基督教的行列,教会学校学生退学运动是这一时期比较突出的一个方面。⑥ 而在 1924 年重新组织起来的非基督教同盟中,许多学生都有教会学校的经历,其领导人有许多是被教会学校开除的。⑦ 担任《觉悟》撰述的许多人曾在教会学校念过书⑧,比如,非基督教同盟负者组织和宣传工作的五人中,李春蕃和张秋人就曾经在教会学校学习。⑨ 非基督教同盟之所以提出在圣诞节前

---

　　① 可参见《南开周刊》,第 26 期(1921 年),第 25－26 页;第 52 期(1922 年),第 16 页;第 53 期(1922 年),第 19 页;第 109 期(1924 年),第 8 页。

　　② 《学生同志会庆祝圣诞》,《益世报》,1923 年 12 月 24 日,第 11 版。

　　③ 仲毅:《圣诞节话燕京》,《燕京新闻》,1947 年 12 月 29 日,第 4 版。

　　④ 《校闻·青年会》,《清华周刊》,第 225 期(1921 年),第 29 页;《预祝圣诞》,《清华周刊》,第 300 期(1923 年),第 29 页。清华大学的圣诞活动一般是青年会组织的。在其他许多学校,青年会也是圣诞活动的主要组织者。

　　⑤ 李春波:《今年的圣诞节?》,《大公报》"读者之声"栏目,1926 年 12 月 25 日,第 6 版。

　　⑥ 午光:《中国反基督教运动小史》,《清华周刊》,第 33 卷第 10 期(1930 年),第 97 页。

　　⑦ Tatsuro Yamamoto and Sumiko Yamamoto.The Anti—Christian Movement in China,1922－1927.*The Far Eastern Quarterly*,Vol.12,No.2(Feb.,1953),p140.

　　⑧ 《我对非基督教运动进一言》,《兴华》,第 22 卷第 2 期(1925 年),第 1 页。

　　⑨ 五人为唐公宪、柯柏年、高尔柏、张秋人、徐恒耀。李春蕃曾在家乡的教会学校磐石中学就读,后到上海的沪江大学念过书。参见刘庆和、李珍军:《著名马列原著翻译家柯柏年》,《红广角》,2011 年第 10 期,第 18 页;张秋人曾在绍兴的"越才"和宁波的"崇信"两所教会学校上过学。见徐义君:《我党早期卓越的革命家张秋人》,《浙江学刊》,1982 年第 2 期,第 98 页。

后开展特别运动,很可能与同盟负责人认识到教会学校的圣诞庆贺活动较能吸引学生,有可能因此引发学生对基督教产生好感。

非基督教同盟提出"非基督教周"显然也受到了布尔什维克的影响。从1922年第一阶段的非基督教运动开始,共产国际就对这项运动有过指导。由于沿海城市里的教会学校大部分属于新教,尤其美国的教会势力较大,他们大多重视社会改革,在引入科学和新思想方面的作用很大。① 美国新教活动也使得美国生活方式和社会制度在中国的影响逐渐扩大,一般青年学生倾向于走美国化的发展道路,这对共产国际力图使中国"走俄国人的路"的设想是一个巨大的阻碍,因此,基督教也就成为共产国际领导下的中国共产党在青年学生活动中的对手。另一方面,十月革命之后俄国东正教与俄共之间的冲突日益加剧,俄共在理论上、策略上和实际行动上都对东正教进行了打击,这也影响到了中国的非基督教运动。② 据称,"非基督教周"这个叫法也是从苏俄那里学来的。③苏俄的反圣诞节活动在《申报》上也曾有过报道,如1930年莫斯科的反教游行就进行得非常热烈,参与的成年人达三万,儿童竟然也有一万之多。④关于布尔什维克主义对中国反基督教运动的影响,当时中国教会中人也有认识,罗运炎博士就曾指出这一点,他说:

> 苏俄自厉行布尔什维克主义以来,即反对本国的基督教会,原因是政教未曾分离,教权操于俄皇之手,教会受国家的津贴,教职由教皇任命,教师皆俄旧廷的死党,狼狈为奸,腐败不堪,不推翻教会,不足以除皇党,不足以云革命。假使中国有这种情形,早应起而驱除。我们既是情形不同,何必抄袭人家的旧文?⑤

不管如何,随着运动的深入,左派学生组织对圣诞节也越来越重视。1925年1月底,中国社会主义青年团在上海召开第三次全国代表大会,会议通过了

---

① Ke-Che Yip, *Religion*, *Nationalism*, *and Chinese Students*: *the anti-Christian Movement of 1922-1927*. Center for East Asian Studies, Western Washington University,1980.pp16-18.

② 陶飞亚:《共产国际代表与中国非基督教运动》,《近代史研究》,2003年第5期,第123-124页,130-132页。

③ Lewis Hodous. The Anti-Christian Movement in China, *The Journal of Religion*, Vol.10, No.4 (Oct.,1930),p491.

④ 《俄人反耶运动——圣诞节举行示威》,《申报》,1930年1月12日,第10版。按,俄国东正教的圣诞节是每年的1月7日。俄国也反对西方的圣诞节,不过到三十年代中期左右已有所减弱,可参见《世界各国——庆祝耶稣诞辰》中对莫斯科的报道,《申报》,1934年12月25日,第6版。

⑤ 运炎:《我对非基督教运动进一言》,《青年友》,第5卷第3期(1925年),第21页。同题文(未署名)也见于《兴华》第22卷第2期(1925年),文中也有与引文几乎相同的表述。

十多个决议案，其中有《反对基督教运动决议案》，其第二条即提出：

本团规定耶稣诞日(十二月二十五日)前后一星期为反基督教周。每值此周与每个基督教节日及其他宣传时期，凡有本团组织的地方，应号召群众，作种种反对基督教的运动，散发宣布基督教罪恶的传单与小册子，利用当地刊物登载反基督教的文字，向群众揭破基督教与帝国主义的关系。此外在教会举行传道演讲的时候，团员亦应随时参加，在听众之前，向传教者提出质难，揭穿其荒谬。①

非基督教同盟是社会主义青年团领导下的组织，他们关于“非基督教周”的倡议至此得到了组织上正式的认可，名称上作了小小的改动，“非基督教周”改为“反基督教周”。

1925 年是民族主义情绪特别高涨的时候，“五卅运动”之后，非基督教运动在行动上也更显猛进。全国学生总会于这年七月召开第七届代表大会，通过了《全国学生总会决议案》，决议案规定的几项运动中第一项就是针对耶诞日的，这个决议秉承了非基督教同盟和青年团的基本精神：

本会规定耶稣诞日(每年十二月二十五日)前后一个星期(二十二日至二十八日)为反基督教周。每值此周，于每个基督教征求教徒的时候，各地学联会及学生会应号召群众，作种种反对基督教运动；务使各地反基督教运动，向积极反帝国主义方面前进……并印制反基督教的美术卡片，以代耶稣节各种卡片之用。②

用印制美术卡片的方式反对基督教，说明同盟的组织者观察到圣诞贺卡在当时非常流行，他们是要以其人之道还治其人之身。

1926 年圣诞节时，“非基督教运周”已经进行到第三个年头，上海非基督教大同盟又发布宣言，再次强调圣诞节时要强化非基督教运动。这份宣言把基督教在中国的扩张归咎于教育和教会学校，并认为基督教在中国进行宣传的唯一目的是消灭中国国民的民族精神：

其所用之宣传工具，一曰教育，一曰教会学校。教育布道，为迷人之麻醉剂，固已有人知之矣，而教会学校之流毒，则更有甚于吗啡鸦片者。教会学校之设施，莫不悬基督化以为准则，以外国语文为主业，列

---

① 《反基督教运动决议案》，载中国新民主主义青年团中央委员会办公厅编：《中国青年运动历史资料(1925)》，1957 年 5 月出版(1981 重印)，石油部物探局制图厂印刷，第 58 页。

② 张钦士选辑：《国内近十年来之宗教思潮——燕京华文学校研究科参考材料》，Printed by Commercial Press Works，Peking.1927.4，第 397 页。

祷告读经为课程——因此,教会学校已经成为消灭中国民族精神、奴化青年、侵夺中国教育主权的罪恶渊薮——今当耶稣圣诞之日,正教徒大肆活动之时,藉物质的铺张,作精神之迷障,稍不经意,当受其迷。本同盟职责所在,特揭基督教在中国之罪恶,以昭告全国同胞,望各界人士,趁此时机,群起努力,务使耶稣政策,不再为祸于国民。①

很显然,教会学校课程其宗教内容较容易为人识别,而教会、教会学校组织的圣诞活动则具有相当的迷惑力,正如本书第二章所述,那些圣诞庆贺活动形式多样,确能给与会的人带来许多欢乐。所以,非基督教同盟特别要在圣诞节前后,也就是基督徒以及教会学校学生最快乐的时候予以迎头痛击,以消除圣诞节对国民尤其是青年学生的影响。国民党江苏省党部也在这年圣诞节时发表宣言,称:"耶稣基督之诞日,又在目前,密布全国之牧师教士、善男信女,又将兴高采烈,举行庆祝,我人于此有不能已于言者。"宣言同样认为基督教极有可能消灭中国国民精神,因此希望全国同胞都能团结在非基督教旗帜下面,共同反对基督教。②

社会主义青年团、非基督教同盟、全国学生总会以及国民党组织的忧虑是有根据的,因为基督教在华教会确实想把中国基督化,"中华归主"这一表述就表明了这一宗教理想。在教会刊物《兴华》的一篇社言中,作者并不为圣诞节在中国尚未普及到四万万中国之中而感到遗憾,反而认为这正是一个好时机,可以以基督的纯洁来洗净中国的污秽、以基督的热烈化尽中国的冷酷、以基督的光明照耀中国的黑暗,所以:

我们不能不视圣诞陈陈相因,为历史上的遗传,也不希望他成为年终的休息日、社交的娱乐节。正要一年有一位更新的基督,降生在我们中国,这就在乎我们表现的力量了。今年的圣诞节又临到了,我们的同工,用什么力量表现基督呢?③

正因为教会人士有这样积极的态度,圣诞节在中国不仅局限于教徒中,而且也逐渐向四万万中国人扩散其节日的影响力,非基督教人士予以的猛烈回击其实也是正面迎接这种挑战。

---

① 《上海非基督教大同盟宣言》,《民国日报》,1926年12月25日,第2版。
② 《省党部反对基督教宣言》,《民国日报》,1926年12月25日,第2版。
③ 《中国的圣诞》,《兴华》,第19卷第49期(1922年),第1页。

围绕圣诞节的非基督教运动

　　1924 年 8 月份非基督教同盟成立以后,组织的进展似乎并不顺利,赞成的人不多,反对的人也不多,教会学校的学生虽在收回教育权运动的影响下有所觉悟,但是,即使愿意与同盟合作的学生也不大愿意脱离教会学校。[①] 从该同盟成立时发表的宣言和简章来看,确实没有特别吸引人之处,同盟的工作仅有"一、文字宣传——刊行出版物等;二、口头宣传——举行演讲会等;三、研究——研究基督教及其所办事业之内容。"[②]从组织的角度来看,同盟是比较薄弱的,没有具体的扩展机构的措施,仅有利用《觉悟》出版"非基督教特刊"是确实的举动。[③] 稍后,同盟开始派成员到各地区筹备分支机构,但是规模并不大。[④] 因此,12 月初同盟提出"非基督教周"的倡议,可使运动具体化,对壮大组织也有促进作用。事实上,许多地方的青年学生趁此集中运动的机会,纷纷成立同盟组织机构,使得这一年的"非基督教周"呈现出运动、组织互相促进的局面。由于组织得力,12 月 25 日耶诞日,上海、广州、长沙、南京、安源、济南、青岛、九江、杭州、苏州、宁波、绍兴、太原等重要城市都出现了规模不等的反对基督教运动。据称,各地运动的宣传方法和精神均胜于 1922 年的那次非基督教运动。[⑤]

　　1925 年和 1926 年,各地仍有规模不等的"非基督教周"活动,此后因整个非基督教运动的停顿,"非基督教周"也告式微,未能成为固定的"非基督教运动节"。

1924 年的"非基督教运动节"

　　广州和长沙两地因有教会学校冲突事件,当年的"非基督教周"较为热烈,长沙的运动干脆就叫做"非基督教运动节"。从实际情况来看,各地的"非基督

---

　　① 　瘦石:《教会学校学生对于非基督教同盟之意见》,《民国日报·觉悟》,1924 年 9 月 30 日,第 3 版。

　　② 　《非基督教同盟简章》,《民国日报·觉悟》,1924 年 8 月 19 日,第 6 版。

　　③ 　非基督教同盟正式成立之前,唐公宪、柯柏年、高尔柏、张秋人、徐恒耀组织开了两次委员会会议,第二次会议高尔柏请假缺席,参加会议的只有四人。见《非基督教同盟委员会报告》《非基督教同盟启事》,《民国日报·觉悟》,1924 年 8 月 19 日,第 7 版。

　　④ 　《非基督教同盟这一周的消息》,《民国日报·觉悟》,1924 年 10 月 21 日,第 7 版;《非基督教同盟消息》,《民国日报·觉悟》,1924 年 12 月 3 日,第 6 版。

　　⑤ 　沉痛:《空前的非基督教运动》,《民国日报·觉悟》,1925 年 1 月 8 日,第 2 版。

教周"很少有坚持一周之久的,有的三天,如广州,有的只有两天,有的只有耶诞日那一天。非基督教同盟在总结第一个非基督运动周时也特别注意到 12 月 25 日是各地广泛开展活动的一天,所以认为以后要在这个日子加倍努力,使圣诞节变成非基督教运动节。①

1924 年的收回教育权运动原本由广州圣三一学校风潮肇起,随后又有圣心学校学生因校方禁止学生举行国耻纪念而罢课。当时的广州是革命的大本营,国民党正与俄共、中共合作,是革命青年受布尔什维克主义的影响正浓的时候。教育权之争稍息之后就是非基督教同盟所定的"非基督教周",这给广州的学生提供了一个反对教会的好机会。

1924 年 12 月 23 日,广州反基督运动大同盟开成立会,到会五百余人,其中以中学生居多。会上决定在耶诞日举行集体宣传活动,会员分成六队到教堂和教会机构示威并散发宣传单。传单区分了宣传对象,一为"耶稣诞日谨告国人",一为"耶稣诞日谨告基督教徒",另外还印制了明信片,上书各种反基督教口号。12 月 24 日这一天就已经有会员提前展开了行动。同盟的一个宣传队到达教育会时,光华医校正在此搞圣诞集会,校长怕出乱子,不敢与非基督教同盟对抗,只得任由宣传员散发传单。当宣传员到光孝寺附近某教堂时,数百名信徒正在堂内静默祈祷,宣传员先是悄悄入内坐下,十分钟后忽然掏出传单散发,教徒起而阻止,现场秩序顿时乱如"豕突狼奔",宣传员为之大笑不已。有些教会机构听到风声之后,决定把原定的圣诞日庆祝活动押后至 28 日补办。青年会等机构为了避免与学生发生冲突,不加阻拦地让同盟的会员入内派发传单。25、26 两天,非基督教大同盟请廖仲恺、邹海滨、周恩来、周佛海四人在广东大学大礼堂演讲非基督教主旨,现场并有女子歌诗跳舞等助兴。② 另据报道,广州的非基督教大同盟成立之后,加入者很快便超过千人。24 日的行动中,第二小队在天字码头青年会门口及西濠口等地公开演讲,吸引了上万听众,有教徒试图阻止,结果遭到众人斥责喊打;第四小队在东山一带的活动影响更大,会员在闯入几所教堂内举行反教活动时,也与教徒发生了冲突,学生有过火行为。这次集中行动震撼了广州的教会机构,他们为此惊恐不已。③

广州国民党青年俱乐部也在圣诞节时举行了非基督教运动,他们向省长和

① 沉痛:《空前的非基督教运动》,《民国日报·觉悟》,1925 年 1 月 8 日,第 2 版。
② 《广州非基督教运动》,《民国日报·觉悟》,1925 年 1 月 8 日,第 3 版。
③ 亦镜:《如是我闻之"非基督教周"的反基督教运动》,《真光》,第 24 卷第 1 期(1925 年),第 90 - 93 页。

教育厅请愿,提出要强迫教会学校注册,禁止在校内诵读圣经和举行一切基督教仪式。并提出要彻底收回外人管理学校权,以实际行动制止帝国主义之宣传和文化侵略。[①]

从新闻报道来看,这次广州的"非基督教周"集中在 12 月 24、25、26 日三天时间内,与中国青年社的提议倒是一致的。

1924 年 9 月,湖北武昌私立文华大学足球来到长沙与雅礼大学足球队比赛,遗憾的是双方发生了斗殴事件。雅礼大学一名教师在劝阻过程中打了本校的一名学生,结果引发了雅礼大学声势浩大的学潮,一直延续到次年新学期开学。在此期间,当地的"教育主权维持会"和湖南学生联合会(Hunan Student Union)借雅礼学潮之势,用以鼓动和组织学生在圣诞节期间举行罢课、示威,使学潮运动的方向转到了教会学校对中国的侮辱上,并要求政府教育部门驱除外国人,掌握对教育的专有权。[②] 同时,湖南非基督教大同盟也准备举行万人大游行反对基督教,以呼应学潮。湖南毗邻广东,广东的革命思潮容易波及,湖南赵恒惕政府对当地非基督教大同盟的左翼言行高度关注,闻听该组织要在圣诞节组织游行活动,立即以戒严司令部的名义下令查禁,打击非基督教同盟的圣诞抗议活动,这也是为了抵制广东方面的激进主义:

> 近日省城有发起非基督教大同盟事,预备在圣诞节前游街,及他项动作,以为抵制基督教之计。但基督教怎样,吾人固不得而知,然细察非基督教同盟之团体,纯系过激党假其名义,而暗中播其过激主义,以为可以哄过政府,不加干涉,而彼等得为所欲为,甚至肆行无忌……兹将该同盟之害,略分于后:一煽惑愚民,扰乱治安,破坏秩序,颠覆政府。二牵动外交,无知者假爱国排外之名,阴行仇杀,是拳匪重现于今日,庚子遗恨,永不能除,岂仍欲再演第二次乎! 以此二项看来,该同盟于社会于政府于国家,有害无利,万不能使之成立。[③]

由于湖南军政府的限制,原定的游行只得改为发传单。大同盟组织了 12 个传单队,散发传单多达十一种,其中最重要的传单是《非基督教运动节檄告同胞》,共发出 5 万张,署名极有气势——"湖南非基督教大同盟一万六千八百七

---

① 秋人:《反对基督教运动的怒潮》,载《中国青年运动历史资料(1925)》,第 13 页。

② Jessie Gregory Lutz, *China and the Christian Colleges* 1950 – 1950,Cornell University Press 1971,p243.

③ 《湘政府禁止非教同盟》,《申报》,1924 年 12 月 29 日,第 6 版。另见前引亦镜:《如是我闻之"非基督教周"的反基督教运动》一文。

十五人宣言"。① 长沙的反基督教运动虽然没有真正上演规模宏大的游行示威,但是它的震撼力却极大,上海的《字林西报》和《天津泰晤士报》都针对长沙的反基督运动发表社论,警告中国出现的排外运动。② 据鲁珍晞分析,广州和长沙的反基督教运动对教会而言之所以具有较大的影响,是因为这两个地方的左派势力特别强大,集中代表了中国学生中强烈的民族主义倾向。③

绍兴、宁波、青岛、苏州、九江、太原、济南、南京等地的"非基督教周"规模都不算大,有的地方只有十数人到街头发传单而已。南京一位热心反基督教事业的青年曾写信给李春蕃,认为南京也是基督教势力极盛的城市,希望非基督教同盟特别予以关注,并请李春蕃亲自到南京来指导工作。李春蕃回信表示工作繁忙,不能前往,希望他们自己成立支部展开工作。④ 这年南京的非基督教周活动只有散发传单一项,一方面是力量弱,另一方面也因为军阀齐燮元此时仍占据南京,全城处于戒严状态。⑤ 上海的"非基督教周"活动也很简单,只在 12 月 25 日下午举行了一场演讲会,到者三百余人。⑥ 作为非基督教同盟组织的总部所在地,这样的规模实在不相称。至于陕西这样稍偏的地方,非基督教同盟成立之时已经是 1925 年的 2 月了。⑦

值得一提的倒是江西安源的非基督教活动。安源因有 1922 年的路矿工人大罢工事件,工人阶级积累了一些革命经验,且有工人俱乐部的组织可以利用,活动较容易开展。安源有天主堂一所,福音堂两处,但是安源的"非基督教周"活动有别于他处,非基督教运动组织者不以教会为对象,也没有冲击教堂,而是以工人为主要的宣传对象。安源的非基督教周活动从 12 月 22 日起至 27 日,组织者充分利用了原有的读书处、工人学校、工人俱乐部进行演讲、演出、放幻灯片、游艺等,期间还专门对矿区小学生搞了一次活动。一周之内共开会八次,演讲的题目都是《基督教与中国》《为什么反对基督教》《基督教与无产阶级》《基督教的罪恶》《基督教与小孩子》《基督教与青年工人》,另外还有一出名为《洋教

---

① 《长沙非基督教运动》,《民国日报·觉悟》,1925 年 1 月 8 日,第 2-3 版。

② 《反基督运动与排外运动》,《顺天时报》,1925 年 1 月 11 日,第 2 版。《顺天时报》有日本官方背景,观点固不足取,但是有些新闻报道还是可以利用的,下文也会采用数篇新闻报道。

③ Jessie Gregory Lutz, *China and the Christian Colleges* 1950-1950, p244.

④ "通信",《民国日报·觉悟》,1924 年 12 月 9 日,第 6 版。

⑤ 霁帆:《南京反基督教运动》,《民国日报·觉悟》,1925 年 1 月 7 日,第 3-4 版。

⑥ 《上海非基督教运动》,《民国日报·觉悟》,1925 年 1 月 8 日,第 5 版。

⑦ 《陕西非基督教同盟成立》,《民国日报·觉悟》,1925 年 2 月 20 日,第 7 版。

毒》的戏,公演了几次。[1]

考虑到非基督教同盟发出"非基督教周"倡议已是 12 月初,1924 年的"非基督教周"运动还是很成功的,至少在全国造成了一定的影响。1925 年,社会主义青年团和全国学生总会以及中华民国学生联合总会就先后确定了"反基督教教周",这是对上一年圣诞节期间学生非基运动的政治认可。

1925 年圣诞节的非基运动

爱国青年的第一次圣诞节集中行动在政治气氛和心理上威慑了基督教在华机构和基督徒,有外人所办报刊提出警告,担心运动有演变成"拳乱"的征象,鼓吹派军舰驶入内地保护教会和教士,加强旅华西商与教士的联络,以抵抗非基督教运动。当然,这种论调不能被教会人士接受,他们注意到中国的反教人士正在集中攻击教会机构与帝国主义、资本主义的合谋关系,因此也竭力要撇清与帝国主义、资本主义的关系,所以他们特别反对列强武力干预的建议。[2]

1925 年的"五卅运动"把反帝、反教的情绪又推向了一个新的高点,学生的统一协调能力经过这次运动之后也得到了很大的提升[3],当年的圣诞节反基督教运动也因此比上一年更有力量。

上一年没有什么动静的陕西,本年的反基督教周运动声势颇为可观。延安的"非基大同盟"虽然在这年圣诞节前几天才宣告成立,但是组织较为得力。耶诞日那天,同盟领导了全城民众进行大规模的反对基督教示威运动,四百多人参加游行。队伍到达县署后,群众向县长提出三个条件:①废除从前延安和外人所订的不平等条约(按:此前因杀外国传教士而赔让了东城一带地产);②收回教育权;③禁止延安百姓入教。在这三个条件得到县长应允之后,大受鼓舞的群众立刻前去包围了教堂,逼教徒们搬出,随即封锁了教堂。[4]

三原的"非基同盟"成立于圣诞节前四天,由三原学联会和渭北青年社联合发起,他们组织了临时行动委员会来筹办二十五日的示威运动。当地的教会及教会学校原本要在圣诞节举行游艺大会,听到非基督教运动的消息后,吓得不敢开会,把许多预备好的东西都丢弃了。圣诞日那天,"非基同盟"组织了数千

---

① 加密:《安源工人的反基督教运动》,《民国日报·觉悟》,1925 年 1 月 7 日,第 7 版。
② 《反对外力干涉》,《兴华》,第 22 卷第 2 期(1925 年),第 4 页。
③ 晓霞:《"五卅"以后的中国学生运动》,《中国青年运动历史资料(1925)》,第 487 页。
④ 孙衡:《一九二五年各地"非基周"运动概况》,《中国青年运动历史资料(1926－1927)》,1957 年 5 月(1981 年 4 月重印),第 30－31 页。

人游行示威,教堂如临大敌,不得已请军警前来把守大门。①

陕西省城西安 12 月 13 日开非基督教大同盟成立会,随后即展开了活动。传教士们闻信之后只得闭门隐迹,许多教会学校干脆提前放假,当年的圣诞节变得冷冷清清。教会机构的退缩并未减弱非基督教同盟的斗志。12 月 24 日,西安街头到处是学生在宣传讲演,官方捕去两名学生,次日又释放。25 日上午,学生和群众在西安南院门开"非基运动大会",警察强行闯入,勒令解散。学生和群众遂分成两队,一队上街游行讲演,一队仍坚持开会。25 至 27 日,各大街小巷、学校、教堂等处均有当局防范,但学生讲演队仍冲过封锁,四出宣传。②

南京在这一年的秋季开学时就成立了由二十余个团体参加的"非基大同盟"。他们从 12 月 22 日"非基运动周"开始那天就在各处散发传单,12 月 25 日上午九时,同盟在公共体育场举行了"反基"示威大会,随后是游行。当经过益智、金陵等教会学校的时候,学生和群众高呼口号,声震如雷。这次运动除了分队演讲、散发传单和标语外,东大附中还特意印了许多"非基"贺年片分送给民众,这完全是按照全国学生总会的建议。③

杭州的圣诞节非基督教运动颇有戏剧性。12 月 26 日晚,吴山教堂开新年同乐会,牧师误把"非基同盟"里面的人请去演剧,结果可想而知。演出剧目显然含有反基督教的内容,第一幕刚结束,就把弘道女校的学生气走了一大半,后来虽经牧师与演剧人员沟通,同盟成员不肯停演,台下众人只好眼巴巴看他们演完。12 月 30 日晚上,杭州基督教青年会开职工同乐会,当电影开演的时候,会场突然响起了"打倒基督教"的呼声,随后便见传单飞舞,现场大乱。会场受此冲击,观众一哄而散,电影也只好停映。④

其他如广州、松江、武汉三镇、九江、福州等地都有非基运动示威,广州和福

① 孙衡:《一九二五年各地"非基周"运动概况》,《中国青年运动历史资料(1926 – 1927)》,第 31 页。
② 中国陕西省委党校党史教研室、陕西省社会科学院党史研究室:《新民主主义革命时期陕西大事记述》,陕西人民出版社,1980 年,第 98 – 99 页。
③ 孙衡:《一九二五年各地"非基周"运动概况》,《中国青年运动历史资料(1926 – 1927)》,第 32 页。
④ 孙衡:《一九二五年各地"非基周"运动概况》,《中国青年运动历史资料(1926 – 1927)》,第 34 页。

州甚至造成严重的冲突事件,导致人员受伤,且有人被捕。[①] 福州学联收回教育权委员会主任翁良毓被逮入狱,先是被判一年徒刑,1926 年 9 月竟遭枪决。[②]

　　湖南长沙非基督教大同盟因有上年的经验,除了在城内外到处布置演讲队之外,更在圣诞日派出装束奇异的化装队伍上街活动,由于自朝至晚出没无常,引起全市轰动。24、25 日两晚,同盟派人混入青年会的圣诞庆祝大会,乘电灯熄灭时抛撒传单,全场骚动。青年会无奈,26 日晚的活动特请军队派员到场保护,但是同盟并不畏惧,仍然派人到庆祝会现场散发传单。[③]

　　安徽芜湖在 1925 年的收回教育权斗争中得到地方开明人士的支持,他们专门办了一所新民中学,接纳从各地教会学校退学的学生。耶诞日前,芜湖各校联合成立反对基督教大同盟,决定在耶诞日举行游行,并开市民大会。当局闻讯之后大为恐慌,下令不许游行示威,但是学生态度坚决,表示非游行不可。当局只得妥协,一面派军警看守教堂和外人住宅,一面又在耶诞日派出军警大队跟着游行队伍,以防不测。是日清晨到下午两点,学生到各处游行,沿途张贴、散发宣传单和宣传画,中午时分召开市民大会,到场三千余人,登台演说者中有一位十余岁的小学生,赢得大家热烈的掌声。[④]

　　北京的非基督教同盟原定 12 月 19 日在太平湖民国大学开会,因会前传言学生将焚烧各教会学校校舍,教会学校向警察局请求保护,军警出动阻止了会议。[⑤] 北京的教会组织非常紧张,他们召开紧急会议,决定采取不抵抗主义,圣诞节庆祝活动改期举行,同时请驻京美国公使致函"外交部",请北京政府对教堂和教会学校等机构加以保护。"外交部"随即通知京畿警卫司令及京师警察厅,加派军警保护三校(即协和、燕京、清华三所大学),并严查反基督教大同盟。[⑥] 圣诞前夜,北京的警察一律停止休息,实行特别戒严。警局派出大批人员到外国教堂及教会学校等处,保护教堂和教会学校中牧师神父以及信徒、学

　　① 孙衡:《一九二五年各地"非基周"运动概况》,《中国青年运动历史资料(1926 - 1927)》,第 33 - 34 页。广东潮安的非教活动也比较激烈,非教队伍闯入正在举行圣诞典礼的教堂后,不仅扰乱现场,甚至扔石头、捣毁礼拜厅,教会方面请兵弹压,几乎造成严重事件。参见《圣诞日志非教潮(广东)》,《真光》,25 卷第 1 期(1926 年),第 78 页。

　　② 仲叟:《一年之回顾》,《中国青年运动历史资料(1926 - 1927)》,第 148 页;杨家铭:《民国十五年中国学生运动概况》,《中国青年运动历史资料(1926 - 1927)》,第 338 页。

　　③ 《湘闽皖三省学生反基督运动之举行》,《教育杂志》,第 18 卷第 2 期(1926 年),第 9 页。

　　④ 《芜湖反教运动与市民大会——学生反耶教大游行　市民反对日本出兵满洲》,《申报》,1925 年 12 月 28 日,第 5 - 6 版。

　　⑤ 《昨日非基督教同盟开会未成》,《顺天时报》,1925 年 12 月 20 日,第 7 版。

　　⑥ 《反基督运动声中所闻》,《顺天时报》,1925 年 12 月 21 日,第 7 版。

生的安全。① 北京的反基督教周活动虽然未能顺利进行,但是舆论影响反而更大,教会机构极为恐慌,政府也高度戒备,实在有不战而屈人之兵之效。民国大学校长雷殷在接受记者采访时透露,该校有两百余名从教会大学退学的学生,他们是积极参与此次非基督教大同盟活动的主力,目标是反对西方国家的文化侵略、政治侵略及经济侵略,以及各帝国主义者之压迫,并不是完全是针对基督教。他直言不讳地表达对学生的支持,认同非基督教同盟的主张。② 校方的支持也是同盟原定在该校举行大会的原因之一。

　　山东在上年成立非基督教大同盟之后,仅在圣诞日那天开了大会并散发传单。1925年农历新年期间,济南的非基运动积极分子曾在趵突泉等处与教会人士面对面地进行了宣传争夺战,活动持续了四天,算是把"非基督教周"移置到中国年节了。③ 1925年圣诞节,济南等处的非基督运动因有社会主义青年团的组织领导,活动搞得有声有色。这年12月中旬,济南非基督教大同盟就发布了宣言,称即将到来的耶诞日是"我们和帝国主义者的工具肉搏的日子",因此要在圣诞日前后一周间开展大规模的非基督教运动,作为"我们送给帝国主义者的'圣诞节的敬礼!'"。④ 随后又发布了《济南非基督教大同盟关于耶稣诞日告教会同学书》和《济南非基督教大同盟告各界同胞书》,在扩大社会影响的同时营造舆论攻势。12月19日,同盟得知女青年会提前举行圣诞节庆祝会的消息,由于来不及印刷传单标语,临时手写了许多标语,连同已印好的《济南非基督教大同盟宣言》,由女同学到街上张贴、散发,并到青年会里去发传单。圣诞日那天,同盟把济南分为城市、东关、商埠、南关四个区,分别派出小队散发传单共三千份,标语三种各千分,此外还有《反神圣诗》和《济南学生》"反基特刊"一千份。由于非基督教运动周的冲击,济南教会机构每年举行的游行、讲演、征求会员等活动都消失匿迹,圣诞节庆祝会不是提前就是改为秘密举行。⑤

1926年的"反文化侵略周"

　　1926年的非基运动因有北伐的国民革命军的助力,比上两年更显激烈。

---

　　① 《非基督教示威运动之今日——警察昨晚施行戒严　保护教堂教会学校》,《顺天时报》,1925年12月25日,第7版。
　　② 《反基督教运动之真像》,《顺天时报》,1925年12月24日,第7版。
　　③ 《济南非基运动大胜利》,《民国日报·觉悟》,1925年2月21日,第7版。当年农历新年正月里,西安的非教同盟也曾利用中国年节上街散发非基传单。见《西安非基督教运动》,《民国日报·觉悟》,1925年3月27日,第6版。
　　④ 《济南非基督教大同盟宣言》,济南市档案馆、中共济南市委党史委编:《济南革命历史档案资料选编》,济南出版社,1991年,第250页。
　　⑤ 《团济南地位关于非基督教运动情况的报告》,《济南革命历史档案资料选编》,第276-279页。

当年夏天开始,许多地方已出现了猛烈的反基督教运动,有的地方甚至发生了大规模的暴力事件,教会产业遭到毁坏,许多教堂和教会学校被非基督教运动组织占领。这种情况在长江流域中部地区尤为严重,大量传教士——尤其是新教传教士——被迫从内地撤出,到1927底陆续有3 000多名教士离开了中国。① 到1926年底北伐军彻底进占长江中游地区,民国政府暂时定都武汉之时,湘、鄂两省的教会活动几乎绝迹,教会学校不是被革命军政府接管就是自动关门,“基督教乃帝国主义的工具”一说得到了当地民众的普遍认可。② 可能是革命形势发展的需要,当年的反基督教周也称为“反文化侵略周”,以符合革命派反帝国主义经济侵略、文化侵略的宣传导向,湖南、广东等地也都成立了新的组织——反文化侵略大同盟。

广东的革命基础较好,非基督教运动向来组织有序,高潮不断。1926年革命军北上以后,后方反对基督教的运动也是有条不紊,由各城市、乡镇反基督教团体联合组成的反文化侵略大同盟经常举行反基督教的活动,北伐军后方各级政治部和反文化侵略同盟都发表反基督教的宣传大纲。当年12月25日在中山大学举行了反文化侵略大会,到会四万余人,教会学校学生参加者很多,他们提出的口号有“教会学生是反文化侵略的先锋队”“革命的基督教徒联合起来反抗侵略”,这表明广东的教会学生和许多教徒已经深受非基督教运动的感染,成为革命同志中的一份子了。当天晚上,大同盟在中山大学、宝华戏院、河南戏院等处举行游艺会,用文艺的方式对抗圣诞庆祝会。广州市以外,海丰、陆丰、中山、佛山、江门、惠州、汕头、潮安、梅县、石龙等县,在圣诞节期间均有盛大的群众运动。③

1926年圣诞节时,武汉已成为革命政府的首都,政治环境的改变使得反文化侵略运动进展得非常顺利。湖北省和武汉的各级国民党部、各级学联、各工会以及青年团体,都在圣诞节前着手“反基”运动的筹备工作。反基督教大同盟在12月22日前改组成立,从22日起,武汉各街市即有大量青年分队散发传单,并进入教堂进行宣传。25日的反基督教群众大会分别在武昌、汉口、汉阳三处举行,参加大会的群众均在六千人以上。④ 23、24日两晚,革命学生冲入武汉三镇部分教堂、教会学校,强行举行演讲,并夺走圣经、唱诗曲本等物,教堂和

---

① Tatsuro Yamamoto and Sumiko Yamamoto.*The Anti—Christian Movement in China*,p136.
② 午光:《中国反基督教运动小史》,《清华周刊》,第33卷第10期(1930年),第97页。
③ 昌群:《反文化侵略周工作述评》,《中国青年运动历史资料(1926-1927)》,第431-432页。
④ 昌群:《反文化侵略周工作述评》,《中国青年运动历史资料(1926-1927)》,第431页。

教会学校都不敢继续举行圣诞庆祝活动。① 从新闻报道来看,武汉在圣诞节期间反对基督教的运动因有党军的支持,确实非常猛烈。② 12 月 22 日路透社报道,某盲童学校开游艺会时,反基督教人士闯入散发传单,一教士上前阻止,结果被拖到街上殴打。武汉的排英情绪也十分高涨,这种情形使生活在武汉、九江等地的外国人都觉得大难临头,纷纷开始安排妇孺撤离中国,其他外国人也准备随后逃离是非之地。③

受北伐胜利的鼓舞,湖南全省教职员联合会、学生联合会与国民党省党部、市党部联合成立湖南反文化侵略大同盟,时在 1926 年圣诞前一日。他们宣布圣诞日各学校放假,集体举行反基督教运动。圣诞日上午,长沙各校在校内开演讲会,下午组织宣传队分赴各处演讲,总计大约二百余队。晚六时在省教育会开演讲大会,到五六千人,并表演"帝国主义的文化侵略政策"新剧及其他种种游艺活动,至十一时散。各教会学校深觉惶恐,23 日即宣布放假,原来每逢耶诞日,教会和教学学校必张灯结彩,举行宴会、游艺等活动,本年则一律取消,甚至连礼拜祷告亦未举行。衡州也同时爆发了反对基督教的活动。④

北伐军打到江西以后,当地的反基督教运动迅速升温。南昌于 12 月 25 日举行反基督教大会,到场万余人。会议通过决议,呈请教育当局从速颁布取缔教会学校条例,从教会教育控制中独立出来,改以党化教育支配教会学校。⑤北伐军进驻九江以后,当地学联及其他青年团体发起组织了反文化侵略大同盟。因为九江的教会势力根深势壮,所以九江的反教活动规模比省会南昌更大。非基督教大同盟在圣诞节前后连续做了七天的宣传工作,23 日和 24 日的活动主要是贴标语,以及在教堂和教会学校附近流动演讲;25 日在同文书院(教会学校)举行反文化侵略示威大会,万余人出席,散会后群众与北伐军第七军政治部商洽,请他们转达省政府,命令取缔教会学校,并谋开专门学校以吸纳

---

① 见《武汉反基运动之外讯》,《申报》,1926 年 12 月 28 日,第 6 版;《气势猛烈继以暴力——汉口反基督教运动》,《顺天时报》,1926 年 12 月 25 日,第 2 版;《圣诞节在武汉举行法英国反基督教大会——与会者五千人之多 侵入会堂攫去圣经》(路透电),《顺天时报》,1926 年 12 月 28 日,第 7 版。

② 《圣诞节声中之汉口反耶教运动》,《大公报》,1926 年 12 月 25 日,第 3 版。

③ 《武汉反基运动愈剧烈——市街发见排英揭帖 牯岭外国妇孺将离境》(路透社电讯),《申报》,1926 年 12 月 25 日,第 6 版。

④ 杨家铭:《民国十五年中国学生运动概况》,《中国青年运动历史资料(1926－1927)》,第 339 页;昌群:《反文化侵略周工作述评》,载《中国青年运动历史资料(1926－1927)》,第 433 页。昌群文章所列数字与杨家铭文章有出入,宣传队为三百余队,参加 25 日晚上演讲大会的有万余人。

⑤ 杨家铭:《民国十五年中国学生运动概况》,《中国青年运动历史资料(1926－1927)》,第 340 页。

从教会学校退学的学生。[1]

上海的非基督教大同盟决定在当年仍举行反基督教运动周,他们派人分头与各团体接洽争取支持,很快便得到三十余个团体的赞助。[2] 他们还组织宣传队到各校演讲,号召大家一起参加圣诞节期间的活动,并致函各学校呼吁踊跃加入反基督教运动周。[3] 圣诞节前三天,学生们在闸北南市各街道都贴了彩色标语和传单,各报也刊登了各种反基督教团体的宣言和通电,造成了紧张的气氛。25 日,各教堂、教会学校如临大敌,周围密布包探、巡捕、警察,当日同盟原定的大会因此未能开成,改在次日下午举行综合性的大会,既有演讲也有各种游艺活动。25 日下午,同盟成员闯入教堂散发传单,结果大半被教堂事先雇佣的流氓打手逐出,八个学生在北四川路某教堂被捕,被引渡到中国警察厅。[4] 此时正是北伐军节节胜利之时,上海青年会特别开会讨论在党军势力高涨时应该如何避免非基运动造成的误会,上海的基督徒联合会遂向官方解释,认为学生的行为确系误会,主动到警察厅保释被捕的学生。[5]

1927 年以后圣诞节的非基督教运动

非基督教运动是共产党领导下的青年学生运动,国民党左派也一直参与其中,但是国民党右派并不支持。孙科早在第一次"非基督教周"运动之后就说过,非基督教风潮虽有国民党党员参加,但是"非教"的举动断非国民党的主张,以个人名义反对基督教与国民党组织没有关系。[6] 1927 年国民党"清党"之后,直接的反基督教运动明显冷却下来,主要是因为南京蒋介石政府急于得到西方列强的承认,因而在外交、宗教政策上所有改变所致,南京政府甚至还颁布了禁止干扰教会以及退还教产的训令。[7] 虽然此时和此后数年全国各地民族主义和反帝国主义的呼声仍然不低,像 1924 至 1926 年那样热闹非凡的"非基督教周"活动再也没有重现,整个非基督教运动也渐趋于沉寂。

---

[1] 昌群:《反文化侵略周工作述评》,《中国青年运动历史资料(1926-1927)》,第 432 页。

[2] 许多团体在耶诞日前一日都发表了反教宣言。见《今日之非基运动》,《申报》,1926 年 12 月 25 日,第 15 版。

[3] 《筹备中之大规模反基运动》,《申报》,1926 年 12 月 22 日,第 14 版。

[4] 昌群:《反文化侵略周工作述评》,《中国青年运动历史资料(1926-1927)》,第 433-434 页。另见《昨日反基市民大会未成》,《申报》,1927-12-26(10);《非基运动余闻——四川路某教堂捕去八人》,《申报》,1926 年 12 月 27 日,第 11 版。

[5] 见《青年会讨论非基问题(上海)》、《基督徒援救非基督学生》,《真光》,第 26 卷第 1 期(1927 年),第 82 页。

[6] 孙科:《国民党与基督教》,《真光》,第 24 卷第 2 期(1925 年),第 43-44 页。

[7] 杨天宏:《基督教与近代中国》,四川人民出版社,1994 年,第 418-419 页。

　　1928年,部分国民党人士似乎还没有忘记反帝、反教的任务,他们恢复了反基督教的论调。上海市第六区党部在圣诞节时特别发布了一封告民众书,重申了基督教麻醉中国人心的罪恶,表示要对基督教"下一哀的美敦之绝交书,同时希望我全面民众,公同觉悟,而以义和团之真精神,以应付此獠"。① 虽然没有特别提出"非基督教周"或"反文化侵略周",但是,"三民主义"与基督教不共戴天的意思很明确。这封告民众书刊于12月25日的上海《民国日报》,同一天的报纸上也出了一期"非基特刊",重刊了朱执信的名文《耶稣是什么东西》。这一年圣诞节前,青年会在其上海四川路总部举行圣诞庆祝会,由于主办方在所悬挂的五十面万国国旗中独缺中华民国国旗,引发来宾强烈抗议。交涉再三终于补挂,抗议者又要求主办者补读总理遗嘱并静默三分钟,遭青年会方面断然拒绝,双方的僵持导致庆祝会提前结束。② 青年会的强硬态度如果放在1925年或1926年,或许会造成不可收拾的后果,但是在1928年底却没有遇到太大的麻烦。虽然与会的爱国青年事后向国民党市党部请愿,要求给予青年会处罚,但此事最后不了了之。③ 可能是因为部分教会学生在上海竖起青天白日旗后也加入了国民党,在青年会挂旗事件中有回护青年会的行为和言论,有人撰文大骂这些人是基督教的走狗、国民党的叛徒,认为他们的言行违反了党纪。④ 同样是这位作者,在另一篇文章中却指出,国民党统一中国以后仍应在党治之下继续反对基督教,但是"反对基督,并不是去反对它的基本精神,博爱、服务、牺牲;我们是反对一般基督教徒的甘心作帝国主义的走狗,做侵略中国文化,蒙蔽中国青年的先锋队。我们要铲除的,就是那班基督教的叛徒——败类,我们决定要宣布他们的死刑!非基运动的真谛,就是要打倒这班基督教走狗所赖以生存的帝国主义"。⑤ 这篇文章似乎是把基督教的精神与教会在中国与帝国主义勾结之间作了一个区分,国民党要反对的是后者,而对前者是认可的。所以,

---

　　① 《六区党部为反基运动告民众》,《民国日报》,1928年12月25日,第2张,第4版。

　　② 《青年会庆耶诞之国旗问题》,《申报》,1928年12月24日,第16版。《申报》的报道属于客观的叙述,而《民国日报》对此事的报道则充满了政治火药味,新闻标题也立场鲜明:《青年会目无党国——万国旗中,独无前天白日旗来宾纠正,犹再三推诿曾不知醒悟》,《民国日报》,1928年12月24日,第2张,第1版。

　　③ 这件事本身存在吊诡之处。如果没有漏挂国旗之举,在场的那些人是否就会过一个快乐的圣诞节? 再有,他们既然有强烈的民族爱国心,为什么要去参加这个庆祝会? 显然,这些人中可能有许多是青年会的成员,或是教会学校的学生,如果这样,他们为什么没有退出教会学校呢?

　　④ 董嘉瑞:《青年会是什么东西》,《民国日报》,1928年12月25日,"非基特刊"(无页码)。

　　⑤ 董嘉瑞:《非基运动之意义》,《民国日报》,1928年12月26日,第4张,第2版。

引用此文的教会作者非常欣赏这种态度。[①]

　　1929年圣诞前后,广州的非基督教气氛虽弱于前数年,但仍很紧张。国民党广州特别市党部宣传部定期刊物《前锋周刊》还出了反基督教专号(廿四期),言论与以前的反基督教宣传没有什么差别,"盖既立之为例,年年此日都要应一应故事也"。[②] 济南的齐鲁大学学生为促使学校早日向政府注册,在这年秋冬季两次罢课,学校工人也罢工,反基督教情绪在圣诞节期间更加高涨。不过,南京政府作了妥协,出面帮助校方尽快解决了问题。[③] 四川一些地方也有反基督教运动,他们时而拥入教堂,扰乱秩序,时而侮辱教徒。如重庆天主堂街教会正举行瞻礼时,反教者涌入堂内,高呼口号,遍贴标语,导致双方发生冲突。成都方面,则有陕西街某牧师,被反教者拉至熙春路中山铜像前,迫其演说打倒基督教,折腾两小时才放人。[④]

　　从全国的范围来看,1927年以后的反基督教周运动肯定是风光不再了。比如在上海,教会中人观察到政府虽不赞助教会,但是已开始优待教会大学,1929年圣诞节不再有反基督教的举动,反倒是"许多革命同志,也追随一般盲目的群众去送圣诞礼物,这真奇怪了"。[⑤] 曾经的非基督教宣传阵地《民国日报·觉悟》竟然在1929年圣诞日那天刊登了题为《圣诞老人的赠礼》的短剧剧本。作者虽在"一点说明"中提到"役使圣诞老人"的上帝可能是捉弄人生的一个"伪善的魔",但是剧本中无一字有批判基督教的意思,反倒称圣诞节为"佳节",而这个剧本是作者为东京中华留日青年会的"圣诞同乐会"专门创作的。[⑥]《觉悟》发表青年会圣诞同乐会的演出剧本,这个转变未免太大了。

　　在社会主义青年团这边,1927年以后反对基督教运动也不再成为主要任务,对国民党的斗争更为重要。不过,他们也没有完全放弃这项斗争,清华大学的学生就曾经组织过"清华铲除基督教青年团",他们的斗争对象主要是青年会,因为青年会在校园中颇有势力,活动也多,所以他们欲把青年会从学府中清

---

　　① 亦镜:《书民十七耶稣诞日上海的非基运动》,《真光》,第28卷第2期(1929年),第1页。

　　② 亦镜:《广州本届圣诞节之非教运动》,《真光》,第29卷第1期(1930年),第87页。

　　③ 杨天宏:《基督教与近代中国》,第421页。另见 Jessie G.Lutz, *Chinese nationalism and the Anti-Christian Campaigns of the 1920s*, p415.

　　④ 荣昌教徒一份子:《教会今后对非基运动的应付》,《希望月刊》,第7卷第2期(1930年),第15-16页。

　　⑤ 《此亦是圣诞节一篇非基督教文字》,《真光》,第29卷第1期(1930年),第88页。

　　⑥ 殊君:《圣诞老人的赠礼》,《民国日报·觉悟》,1929年12月25日,第4张,第4版。

除出去。① 他们还出版《清华周刊·铲除基督教专号》(第 33 卷第 10 期),从理论上对基督教进行了清算,并回顾了中国的反基督教历程。1930 年圣诞节,清华大学青年会又搞圣诞庆祝会,铲除基督教青年团得知消息后纠集同志,欲用武力收回青年会在清华大学的会址。青年会面对对手,态度异常恭顺,"左脸被掌,送以右脸,并不反抗,故未致冲突云。"②此后也没有更多的下文。从所见资料来看,除了上文提到的呼吁之外,1927 年以后未见有实际的"非基督教周"集中行动,有的也是如清华大学那样零星的应对性事件。

1928 年圣诞节前,有人呼吁要继续"非基运动周",理由是基督教得到了国民党的支持,教会试图借圣诞节的机会来恢复他们的势力。在社会主义青年团的干部看来,帝国主义、国民党、基督教已经三位一体,是中国工农革命的死敌,所以要在 12 月 25 日前后一周基督教徒兴高采烈的时期,继续举行反对基督教运动周。③ 1929 年圣诞节前,又有人提出要继续扩大非基督教运动,不能因资产阶级叛变革命而使这个运动消沉下去,因为青年会此时正借助所谓的拒毒运动和慈幼运动来诱骗青年、欺骗群众。④ 从《中国青年运动历史资料》这两年的资料来看,圣诞节前后的非基运动行动均告阙如,也许当时确实缺乏实际的组织行动。

"本位文化"与"洋节"之争

1925 年圣诞节这一天,非基督教运动宣传的主要阵地《民国日报·觉悟》刊出了一篇令人迷惑的小说,题目就是《圣诞节》。这篇小说讲述了某教会学校中发生的两件事情,一是在 10 月 15 日晚上,鹰鼻碧眼洋校长看到校园里挂满了写着"恭祝圣诞"的灯笼,叫住学生生气地问道:圣诞节还有七十天,你们为什么不按规矩自作主张挂起灯笼? 有一学生说:这是青年会会员挂的,因为今天是孔子圣诞。于是,青年会的会长被叫去训话,灯笼也很快消失了。第二件事

① 《清华铲除基督教青年团宣言》,《清华周刊》(铲除基督教专号),第 33 卷第 10 期(1930 年),第 477-479 页。

② 《反基督教运动再起》,《清华周刊》,第 34 卷第 9 期(1930 年),第 52 页。

③ 洪易:《继续"非基"运动》,《中国青年运动历史资料(1928 年)》,1957 年 11 月(1981 年重印),第 455-456 页。

④ 沙洛:《继续扩大我们的非基运动》,《中国青年运动历史资料(1929 年 7 月-12 月)》,1958 年 7 月(1981 年重印),第 591 页。

情发生在一个寒冷的晚上,学校里灯火通明,学生们快乐地喊着、说着、笑着,满园的树上挂满了红绿电灯,路中间还扎着松柏的牌楼,上面也挂满了电灯,花花绿绿。大礼堂举行欢祝会,演出的节目有双簧、国乐、跳舞和唱歌,最后还来了一个白鬓白须的老人——显然是圣诞老人,给学生们每人发了一个大红纸包。最后,所有人到操场上围看焰火,焰火燃烧时亮出字来——"恭贺 救主圣诞 某校基督教青年会全体鞠躬敬贺"。[①] 值得注意的是,这篇小说像是在客观描述,通篇没有负面的字句,小说前后也没有任何文字加以说明或批判。《觉悟》编者的意图究竟是什么?耶稣圣诞压倒孔子圣诞,在编者看来是否表明基督教对中国文化侵略的成功?看到教会学校庆祝圣诞节的欢乐场景,非基督教运作的组织者和参与者也许会产生愤懑,进而把这种愤懑转化为更加激烈的非基运动,这会是编者的意图吗?也许是,也许不是。无论如何,这篇小说的刊出有一定的象征意义,它表明圣诞节确实在青年学生中影响巨大,即使是非基督教阵营中的进步青年也绕不开这个一年一度的节日。从上文的叙述中可知,这也正是以青年学生为主体的非基督教运动之所以选择耶稣诞辰这一时机来开展运动的重要原因之一。

圣诞节期间的非基督教运动周实际上也成了整个非基督教运动中最重要的工作之一,在有的地方甚至是一年之中唯一值得记述的非基督教活动。对这一点,非基运动的组织者在当时就进行过反思。1924 年和 1925 年反基督教运动周之后,有人就指出运动过程中存在着诸多问题,其中第一个问题就是缺乏经常性的组织与宣传工作,"往往只限于耶氏圣诞的前后,做个'反基运动周'的广大宣传或是遇某一个教会学校,发生学潮时,发一张反基的宣言或通电,但事后便无形松怠。"[②]在准备 1926 年反基督教周工作时,缺乏日常的组织和宣传这个问题也被提及,组织者希望在圣诞节高涨的反基督教气氛中认真整顿各地的反基督教运动的工作:

> 在圣诞节前后这七日所谓反基督教运动周,尤易于激起多数青年之反抗文化侵略的情绪。但是我们绝不应只在此最短的期间保持反基的热情,尤须乘这一时高涨的青年情绪竭力复兴各地反基运动的工作。整顿并充实各反文化侵略同盟的组织,尤其要使这种组织并不只是为圣诞节反基督运动应用于一时,而是有经常宣传、经常争斗的

---

① 吴十杰:《圣诞节》,《民国日报·觉悟》,1925 年 12 月 25 日,第 6 - 7 版。
② 海若:《"反基"运动的新策略》,《中国青年运动历史资料(1926 - 1927)》,第 285 页。

组织。①

有人承认在过去的四五年间,非基督教运动的效果不大,究其原因是没有严密的组织,活动分散且每次活动不能持久,过后不久,运动的成果就在无形中消失了,"因此我们反对它的运动,不是一定要十二月二十五日才去做,我们天天都要团结反基督大同盟,这样,才可以把帝国主义文化侵略的工具——基督教——根本铲除。"②1926年虽是赤潮澎湃,但是这一年各地非基督教运动的成绩在有些人看来却很坏,一则因为各地青年忙于政治斗争,无暇顾及非基督教运动,同时也由于各地反基督教同盟或反文化侵略同盟的组织,只在教会学校发生风潮或圣诞节来临之际在做些工作,"在平时几乎不起作用!"。广州和湖南的成绩最好,原因是广州在平时就有经常性的组织行为,湖南则因得到北伐军的鼓舞和支持。③教会中人在回顾教会与非基督教运动每年围绕圣诞节的争执时,也认为双方都存在依样画葫芦的状况,缺乏新鲜的招数,"信仰者自信仰,反对者自反对,虽经过了一番激烈的运动和辩论,到现在仍然没有什么良好的结果。"④

非基督教周的目的究竟是反对圣诞节呢还是反对基督教?从实际的运动来看,当然是后者,也就是说,非基督教运动周不是为了反对耶稣本人,更不是他的诞辰。事实上,在整个非基运动中,针对耶稣本人的批判较为少见。有学者统计1924到1925年近一年间反基督的文章,大致可分为如下几类:反对教会教育(36),反对教会(5),反对《圣经》(1),反对传教士(5),反对教会文献(2),反对基督徒(11),反对基督耶稣(3),一般的对基督教的攻击(34),总数97篇。⑤其中对耶稣本人的攻击仅占3%,对《圣经》的批判只有一篇。当时的教会人士也注意到,非基督教运动攻击的"尽是基督教与其一切所办事业,不是攻击耶稣基督本身。耶稣是耶稣,基督教是基督教,两者绝不能混作一谈"。⑥

再有一个问题是,"非基督教运动,是因为反对帝国主义,而非基督教呢?可是因为反对宗教,而非基督教呢?"⑦答案自然是前者。设若帝国主义在中国被消灭,还会有非基督教运动吗?就当时的历史现实而言,1924年以后的非基

①　仲雯:《准备反基督教周的工作》,《中国青年运动历史资料(1926-1927)》,第371页。
②　杨卓初:《非基运动应注意的几点》,《民国日报·觉悟》,1926-12-25(非基督运动特刊,1)。
③　昌群:《这一年的中国青年运动》,《中国青年运动历史资料(1926-1927)》,第411-412页。
④　梦蚨:《耶稣圣诞节与非基运动周》,《希望月刊》,第7卷12期(1930年),第15页。
⑤　Tatsuro Yamamoto and Sumiko Yamamoto, *The Anti—Christian Movement in China*, p141.
⑥　扶雅:《非基督教运动的前途》,《青年友》,第5卷2期(1925年),第19页。
⑦　《我对非基督教运动进一言》,《兴华》,第22卷第2期(1925年),第3页。

督教运动主要与收回教育权有关,而到了 1930 年以后,中国的大部分教会学校已如非基督教运动所要求的那样,陆续向中国政府教育部门登记,接受中国教育部门的指导,教会学校的课程也重新设置以适应中国政府的要求。① 非基督教运动的基本目标实现了之后,非基督教运动也就失去了继续下去的理由,这是它最后消退的内在原因,也可证明这个运动主要不是为了反对基督教的宗教教义。②

既然如此,我们回过头再看数年间的非基督教运动周的活动就可以发现,这项运动不是"非圣诞节",换言之,圣诞节本身不是非基督教运动要打击的目标,而是运动得以展开集中行动的一个时机。就这一点而言,"非基督教周"又被称为"非基督教运动节"或"反文化侵略周",也恰好说明圣诞节只是被非基督教运动组织者拿来做自己的文章的由头,是可以按照宣传重点的改变而改变名称的。

从另一个角度看,非基督教周的活动在很大程度上也是应对性的。

首先,圣诞节在 1924 年前后的中国社会中已经发生了很大的影响,非基督教运动选中耶诞日前后集中进行反基督教活动系受此刺激而起,这在前文已经提及。

其次,教会,尤其是教会学校和青年会的诸多活动卓有成效③,特别在圣诞节前后的慈善活动和同乐会等等颇得社会赞赏,非基督教的青年学生一方面欲通过集中的行动削弱他们的社会影响力,同时也想效仿他们的做法。有左派人士认为,"教会似乎是提倡文化的先锋。教会学校首先实行男女同校;青年会首先倡行男女社交;青年会首先介绍科学发明如无线电、有声电影之类。"④教会所办的社会事业名目繁多,他们所办团体、青年会、阅书报室、医院、礼拜堂等等,"其规模组织,是多么完备,多么会引诱人心,多么迎合社会心理。……其作

①　Jessie Gregory Lutz.China and the Christian Colleges 1950 - 1950,p204. 另见杨天宏:《基督教与近代中国》,第 442 页。

②　廖仲恺在 1924 年的一次反教大会上曾指出:"我们反对基督教,是拿政治立场去反对的。因为他在中国实挟有一种非法的、优越的势力。像现在中国佛教、回教一样的地位,我们便不反对他了。"另一位反教人士也说,"反对基督教,只反对帝国主义者利用基督教来侵略中国。至真正实行基督教博爱平等之教旨者,不在反对之列。"参见杨天宏:《基督教与近代中国》,第 290 页。

③　青年会以城市为中心的社会改革取向尤其值得重视,他们的活动在清末民国时期对中国的青年群体有着巨大的影响力。这方面的情况可参阅 Shirley S.Garret, *Social Reformers in Urban China*: *The Chinese Y.M.C.A.*,1895 - 1926,Harvard University Press,1970.

④　宜:《教会学校的宗教教育》,《中国青年运动历史资料(1930 年 1 月-6 月)》,1959 年 12 月(1981年重印),第 491 页。

事之精密,其团体之一致,哪一点不堪为我们宣传事业者效法?我们若不以有组织有计划的宣传对之,真难于收效,难达到我们反对的目的呢!"所以,非基督教组织提出也要创办非基督教的青年会、阅书报室、医院,以团体代替教会的团体。① 事实上,在上海和其他一些大城市,非基督教组织也确实仿效青年会的做法,举办了不少慈善、教育、娱乐等各种社会活动,以此对抗青年会,争取更多的社会资源,比如捐款等。② 非基督教运动所采用的分队发传单的宣传方法也与青年会的做法相近,青年会早在"五四运动"之前就组织学生上街宣传诸如卫生、教育等文明观念,通常的做法是将学生分成小队分发宣传品,每个社区都有专人负责。③ 而这种分小队四出宣传的办法在非基督教运动周期间最为常见。教会学校和青年会开同乐会的方式加强组织文化的建设也为革命青年所效仿,比如1925年底,上海学生联合会为培养学生的身心、集中学生力量起见,决定于1926年元旦举行上海学生同乐大会,借以娱乐同学,策励将来。同乐会延迟至1月3日在北四川路平安影戏院即中央大会堂举行,到者三千人。除了报告之外,其他都是各种游艺项目,最后是集体看电影。④

其三,"非基督教周"在形式上也脱不了过教会欢度圣诞节的痕迹。演讲、出版专刊专号、印制明信片和贺年片、演剧等等,这些都是教会学校和青年会庆祝圣诞节常用的方式,甚至在用词上也在无意中受了圣诞节的影响。全国学生总会在1925年发行《反基督教》小册子的广告中说:"兹逢耶稣圣诞,我们特刊行这本小册子,作我们赠给全国青年的'圣诞节的礼物'。"⑤"圣诞节的礼物"虽有讽刺意味,"兹逢耶稣圣诞"怎么看也如"兹逢佳节"一样,没有负面的意思。1926年12月26日《民国日报》头版有一则《非基督教旬刊·圣诞特刊》的出版广告,既然是"非基督教"刊物的特刊,为何不用"反耶诞特刊"之类的名称,而要用"圣诞特刊"之名?很显然,"圣诞节"即使在非基督教人士心目中也成了耶稣的专有之名,我们在有关非基督教运动的文献中随处可见"圣诞节"三个字,很少有人对这个称呼提出异议。成书于1936年的一本辞典对"圣诞节"的解释是"每年十二月二十五日,为耶稣之圣诞日,称曰圣诞节"。⑥ 其实,"圣诞节"在中

---

① 黄仁:《革命青年底重要工作》,《民国日报·觉悟》,1924年10月14日,第2版。
② Ke-Che Yip. *Religion, Nationalism, and Chinese Students: the anti-Christian Movement of 1922 - 1927*, p41.
③ Shirley S.Garret(1970),pp138 - 139.
④ 《"五卅"之后上海学生》,《中国青年运动历史资料(1925年)》,第578页。
⑤ 《民国日报》,1925年12月24日,"觉悟"专刊广告。
⑥ 中华大辞典编纂处编:《国语辞典》,商务印书馆,1936年初版(1948年重印),第3186页。

国早已有之,即使在当时也并不是耶稣诞辰的专用名,辞典这么说,肯定是编者所观察到的"圣诞节"这一名词已经是大多数中国人对耶诞节的习惯称谓,以致忽略了它也被用来称呼佛诞等各教教主诞辰的历史事实。

"非基督教周"的活动是绕着"圣诞节"这个轴心而运转的,客观上阻止或破坏了教堂和教会机构的圣诞庆祝活动,但是运动的目标并不是消灭"圣诞节",而是为了达到其他更为现实的政治目标,一旦那些政治目标得以实现,"圣诞节"也就没有围攻的必要了。实际上,当非基督教运动达到高潮的时候,圣诞节已经在上海等城市向社会生活中蔓延,逐渐成为部分城市人群社会性节日。也就是说,圣诞节在中国正经历着从宗教领域到社会领域的转变,其社会文化特性逐渐超越宗教特性。到 30 年代初,至少在上海这样的城市里,圣诞节已经弥漫于城市商业生活,可以视之为一种流行文化,也可把它看作是新民俗或海派洋民俗的一个因子。相比之下,非基督教运动以及在此之后的反基督教余波,所采取的方法主要是政治动员和群众运动,以政治手段解决宗教问题固然可以达到部分目的,比如收回教育权到 20 世纪 30 年代基本上实现了,就此而言,非基督教运动最后还是取得了成功。但是,以政治手段解决社会文化问题却非易事,虽然 1926 年圣诞节期间所进行的运动叫做"反文化侵略周",当时针对基督教的反文化侵略说辞也很强烈,但是运动本身并非以文化的方式进行,仍是利用政治动员的手段,特别是利用了北伐所造成的政治强势。当政治的方式因局势的变化而减弱之后,还有什么手段可以被借用来对抗基督教呢?

1934 年,南京政府发动了新生活运动,同时又有配合此项运动的中国本位文化建设运动。孔子的诞辰经过此前的一番祭祀之争之后,忽然又得到最高级别的正式纪念(关于孔子诞辰之争详见下一章),建设"民族文化"也成为国民党所设想的民族复兴运动的重要诉求。可能是因为民族复兴运动的主旨在于建设,这场民族文化建设运动较少涉及对西方文化的批判,基督教也因此没有成为攻击的对象。[1] 但是,作为西方文化的重要元素,基督教在中西文化对比中是绕不过去的,尤其是孔子诞辰纪念成为标志性的民族文化建设事件之后,很难不使人拿孔子与耶稣来说事。中国本位文化论者吴贯因指出,孔子与几千年

---

[1]　事实上,蒋介石的新生活运动在许多方面借助了基督教的力量,尤其是青年会在新生活运动的作用非常明显。关于美国基督教势力与新生活运动的合作,可参见 James C.Thomson Jr. 的专著 *While China Faced West：American Reformers in Nationalist China*,1928－1937,Harvard University Press,1969.尤其是第 7 章 *Americans and Ideological Reform：Th New Life Movement* 和第 8 章 *Missionaries and the Kuomingtang：The Gathering Entente*.

来的中国文化乃至国家命运关系巨大,耶稣固然是世界一伟人,孔子也是世界一伟人,但是目前的中国,耶稣的地位竟然超过了孔子:

> 试观去岁(按,1934 年)十二月二十五日,全国庆祝耶稣圣诞,何等热闹,而号称文化城之北平,尤呈特别之盛况。教会无论矣,即各级学校,亦多演剧跳舞,或组织他种游艺会,洋洋盈耳,但闻甲曰圣诞,乙亦曰圣诞,新闻曰圣诞,杂志亦曰圣诞,圣诞圣诞之声,直充塞于宇宙之间。狯欤休哉,何其盛也。回忆童年,一言圣诞二字,人人皆知在旧历八月二十七日,今也外国本位文化,步步进逼,土圣人竟为洋圣人所打到,于是圣诞日期,遂由夏历八月二十七日,移至阳历十二月二十五日矣。[1]

吴贯因认为,逃儒归洋的潮流导致土、洋"圣诞"的消长,这是"外国本位文化"压倒"中国本位文化"的一个缩影。他担忧中国会出现"普天之下,莫非洋土;率土之滨,莫非洋臣"的局面。另一位文化界的名人吴承仕看到中国人热衷于过圣诞节,提出了这样的问题:"我们既不是耶稣教徒,为什么不标明耶稣圣诞,而只说'圣诞'?为什么当孔子生日时候,不大声嚷嚷着'圣诞',而且也不敢说孔子圣诞?"这确实是不易回答的问题,他自己给出了答案:一是帝国主义的侵略,"圣诞节"是半殖民地化的意识形态之一;二是帝国主义侵略导致中国社会滋生出一部分力量,"用这基础而发生'圣诞商品'的需要,用这需要而到处见到各色各样的广告。于是形成了我们心中的'圣诞节'。"[2]关于第一点,吴承仕认为,"圣诞节"这三个字是染着中国这个弱小民族的血写成的,换言之,圣诞节在中国的流行也象征着中华民族所遭受的压迫。

当两位吴先生提出上述观点的时候,在华基督教事业已经历了 20 世纪 20年代两次非基督教运动的强烈冲击,教会势力确实也受到了一定程度的遏制。但是,"洋圣人"的圣诞节反倒在中国成了一个为中国人普遍庆贺的一个节日,这其中的巨大反差和吊诡确实令人困惑。吴承仕已经认识到圣诞节在中国的流行与帝国主义的"经济侵略"有关,如果我们用客观的话语来表达,这经济侵略指的是商品和市场的影响,圣诞节在中国的部分都市里已经形成了巨大的节日消费,因此造成了圣诞节的热闹景象。在民族主义者的眼中,这就是文化上

---

① 吴贯因:《中国本位的文化与外国本位的文化》,《文化建设》,第 1 卷第 9 期(1935 年 6 月 10日),第 207 页。

② 吴承仕:《"圣诞节"——半殖民地国家的宗教意识》(1936.12.25),《吴承仕文录》,北京师范大学出版社,1984 年,第 201 - 202 页。

的侵略,也就是"外国本位文化"压倒"中国本位文化"的一个表征。至此,我们看到基督教在中国经历了非基督教运动之后的分途:基督教教育事业逐渐接受了中国政府的规则,原来的外国教会逐渐演变为中国本色教会①;而耶稣基督的诞辰则以商业化的形式汇入了现代都市文化,逐渐成为一个"洋节"。

---

① 　关于本色教会运动,可参考的文献很多,兹不累述。

第五章　孔子的"圣诞节"

　　在民族主义高涨的年代，来自西方宗教的圣诞节遭到围攻，这在本来就重视礼仪庆典的中国也好理解。"唯名与器不可以假人"，儒家文化在礼仪这方面有自己的一套讲究，其中祀典尤其重要，可说是中国传统文化的基石。也正是在祀典问题上，清末到民国时期遇到了前所未有的难题，特别是民国成立实行共和制度以后，如何对待祭天、祭地、祭孔成了划分守旧与新进的分水线。上一章所提到的非宗教运动最初就是由孔教国教化问题而引发，这一争端之火最后被引烧至基督教，这是新文化运动人士眼中守旧的孔教派人士所未曾预料到的，他们当然乐观其成。非基督教运动对圣诞节的攻击因国民党南京政府成立而告一段落之后，孔子的祭祀问题又被提了出来，数年之后，孔子诞辰就成了南京政府正式确定的节日。也就在这个时候，圣诞节也在都市里流行日盛，于是出现了东西方两"圣人"的诞辰相竞的局面，一方是政府，一方是社会；一方是官员，一方是都市市民；一方是中国本位文化的象征，一方是崇洋的都市文化（或如民族主义者所称"外国本位文化"）的符号。孔诞祭罢两个来月，耶诞也就开始了它一年一度的狂欢。20世纪三四十年代的这两个诞节的不同庆贺方式是近代中国特有的政治、文化景观。前面我们考察了耶诞，本章我们来看看对孔子的祀典是如何演变为诞辰庆祝的。

　　20世纪前半期的孔夫子备受折腾，别的不说，对他的祭祀就经历了升祀、增祀、停祀、复祀、废祀、再复祀。[①] 在这一过程中发生了一个根本性的变化，就是原本为儒家礼仪所无之诞庆被移置于孔子之祀，并逐渐取代了传统的丁祭。祭祀方式变化反映了献祭者与祭祀意图的变化。《论语》有言，"祭如在，祭神如神在。子曰：'吾不与祭，如不祭。'"孔子又说："非其鬼而祭之，谄也。"从清末、

---

　　①　即下文所要叙述到的清末升祭孔为大祀、增加诞辰庆贺、民国初年暂停丁祭、袁世凯恢复祭孔、北伐时国民政府废除祀孔、南京政府又恢复祭孔（设立先师孔子诞辰纪念日）。

民初到南京政府时期,有多少尊孔者祭如神在,祭如不祭,又有多少人非其鬼而祭之?

丁祭和诞祭

丁祭是孔子的专利①,清代更是载入具有法典意味的"会典",属于国家祀典。② 春秋释奠和朔、望释菜自然是庸庸穆穆,神圣庄严,这样的场合当然不同于寻常人的生日庆贺,容不得嬉笑欢畅的场面,甚至连一点点的失仪都是不可容忍的。关于春秋上丁释奠礼仪,清代《钦定国子监志》有严格的规定,这里引一段以见其整饬严肃的场景:

> 正祭日,五鼓各赴庙斋集,分献陪祀各官由鸿胪寺官引至两旁门排班立,承祭官由左旁门入于阶下行礼,太常寺赞引官导承祭官至盥洗处,赞引官赞盥洗,承祭官洗毕,引至阶下立,陪祀各官由鸿胪寺官引至行礼处立。典仪官唱乐,舞生就位(大舞生执羽籥引进),赞引官就位,承祭官就拜位立,分献陪祀各官亦随后立。典仪官唱"迎神",司香官各奉香盘进,协律郎唱迎神乐,奏昭平之章。乐作,赞引官赞就上香位,司香官各就案旁立,赞引官导承祭官由东阶上,进殿左门赞,诣至圣先师孔子位前,承祭官至香案前立,赞引官赞跪,承祭官跪行一叩礼兴(不赞),司香官跪进香,赞引官赞,上香,承祭官立,上柱香三,上瓣香毕复一跪一叩兴(不赞)……③

如果把全文读完,我相信许多人都会感到头晕。实际上,清代的大部分官员也不清楚释奠的仪式细节,这才需要鸿胪寺的官员专门引导。

丁祭是国家行为,与一般民众无关。在中国古代的祭祀习俗中,除了比较

---

① 祭祀孔子的礼仪有释奠、释菜,自唐以后,尤其是明清两代,释奠礼一般在二、八两月上丁日举行,所以释奠也称丁祭。释菜是简单祭礼,明代以后每逢初一、十五都举行,其他场合如开学、进士释褐等都可举行,在郡县和地方学校、私塾则代以行香礼。相比释菜,释奠才是唯一的国家规格的祀孔礼。之所以在春秋丁日举行释奠礼,按照明代李之藻《泮宫礼乐疏》的说法是"丁"乃文明之表征:"祭必用丁,盖丙丁属火,文明之象。而丁其明之盛,丙其明之初,故祠令用丁不用丙。"参见李申编:《释奠孔子文献与图说》,国家图书馆出版社,2012年,第78页。自唐初以后,历代太学、国子监专祀孔子,全国学校以此为准,春秋丁日举行释奠礼,成为孔子专享的一种祭礼。参见[清]文庆、李宗昉等纂修:《钦定国子监志》(上册),郭亚南等点校,北京古籍出版社,2000年,第35页。

② "上丁,释奠于先师孔子。"见《清会典》(影印本)卷三十五"礼部",中华书局,1991年,第300页。

③ [清]文庆、李宗昉等纂修:《钦定国子监志》(上册),第401页。

常态的墓祭之外,也有诞祭的传统。而对孔子等儒家先贤而言,历代官方正式的祭祀中则并无诞祭一项,这是因为正统的儒家礼仪中原本就没有生日庆贺的传统,儒家经典也没有这方面的记载。事实上,在孔子的时代,没有人庆贺生日。顾炎武曾断言,"生日之礼,古人所无。"①毛奇龄亦谓,古人没有庆生日文,只有贺生日文,贺生日文也只是贺初生,非每年庆祝生日。孔子生日虽有记载,"然而孔子生日犹无实据,至今不得明定为何年何月何日。"②孔子出生日期虽然模糊,毕竟还有《左传》中的历史记载,而古代诸多圣贤的生日比如周公、孟子在儒家典籍中均无记载,由此可见古人确实不重视生辰。古代中国是依照古礼建立各种秩序的礼法社会,生日庆贺为古礼所无,孔子生日也就不会有庆祝仪式。

顾炎武认为生日庆贺始于齐、梁之间,《颜氏家训》曾记载这种被称为"江南风俗"的庆生民俗。唐、宋以后,自天子至于庶人,生日置酒称庆便成为习俗。③正式的帝王诞日建节始于唐朝开元十七年。④宋、元因之,明、清两代,皇帝的万寿节与元旦、冬至并为朝廷三大盛典,而孔子的生日则冷冷清清,清末以前,孔子的生日从未列入正式的祀典。阙里孔庙或有孔诞家祭⑤,《阙里文献考》一书除了后文要提到的雍正五年谕令之外,并没有关于孔诞祭祀的记载。

民间倒是有孔诞拜祭的习惯,《节序同风录》八月"二十七日"条说,"此日为孔圣诞辰。拜谒文庙,邀宿儒文士讲德课业,检阅文房器具。" 较为详细地介绍

---

① [清]顾炎武:《日知录》卷十七"生日",《日知录校释》(上),张京华校释,岳麓书社,2011年,第595页。

② [清]毛奇龄:《古今无庆生日文》,《西河集》(六)卷一二十三,王云五主编"四库全书珍本十一集",商务印书馆(台北),1981年,第8页。关于孔子的诞辰,清初曾有一番争论,最后是汤斌等人确认为八月二十七日,奏请通行天下。参见[清]董丰垣《识小编》内《孔子生日考》一文,王云五主编"丛书集成初编"《觚说·识小编》,商务印书馆,1936年,第31-32页。

③ 前引顾炎武《日知录》卷十七"生日",第595页。《颜氏家训》关于生日庆贺有如下说法:"江南风俗,儿生一期,为制新衣,盥浴装饰,男则用弓矢纸笔,女则刀尺针缕,并加饮食之物,及珍宝服玩,置之儿前,观其发意所取,以验贪廉愚智,名之为试儿。亲表聚集,致宴享焉。自兹已后,二亲若在,每至此日,尝有酒食之事耳。无教之徒,虽已孤露,其日皆为供顿,酣畅声乐,不知有所感伤。梁孝元年少之时,每八月六日载诞之辰,常设斋讲。"参见[北齐]颜之推:《颜氏家训》"风操第六",夏家善、夏春田注释,天津古籍出版社,1995年,第49页。

④ 八月五日为唐玄宗生日,这一日大宴群臣之后,左右丞相奏请以玄宗生日为"千秋节"。见[宋]王明清:《挥尘录》,上海书店出版社,2009年,第1页。关于历代帝皇生日建节的情况,清代秦蕙田有比较详细的考证,可参见其所著《五礼通考》卷一百四十"圣节朝贺",此书对生日起源的说法与顾炎武等人一致。

⑤ 前引《识小编》"孔子生日考"一文中有"曲阜率于是日致祭"之说。据"末代衍圣公"孔德成的姐姐回忆,她所记得曲阜孔府祭祀活动,每年有大小五十余次,生日祭祀只是"八小祭"之一而已。参见孔德懋:《孔府内宅轶事》,天津人民出版社,1982年,第35页。

了所检阅的笔、墨、纸、砚等各种文房用具,但是没有提及任何祭祀仪式。[1] 此书为孔子后裔孔尚任所著,所记大概是清初山东一带的北方习俗,似乎也只限于学校。清初曾有一位河南官学教授准备在学校祭祀孔圣诞辰,他的学生却提出异议,认为"祀诞辰者,异端之所以奔走,愚夫愚妇也。孔子可以无诞辰之祀,而春秋两祀外,可以不私祀诞辰也。"[2]这是典型的儒家正统观点,截然区分了士大夫与一般民众对于生日庆贺的不同态度。这位学生强调,读书人应坚持丁祭,而不应该顺应民间异教信仰而私祀孔子诞辰。此处应特别注意"私祀"二字,这意味着孔诞祭祀不合朝廷的法度。这个学生的看法得到了道咸年间名臣李棠阶的共鸣[3],可能是因为当时非正式的孔诞祭祀比较普遍,他是有感而发。[4]

齐、梁以后的生日庆贺风俗确实与被正统儒家视为"异端"的佛教有关。成书于梁朝的《荆楚岁时记》就已经记载了二月八日"释氏下生之日"以及四月八日的浴佛活动。[5] 宋代陈元靓《岁时广记》卷二十专记"佛日",详载齐梁以来的佛诞庆贺风俗。[6] 除了佛诞之外,观音生日也是民间热闹庆祝的节日。[7] 佛教对中国的社会风俗影响很大,孔诞庆贺受佛教影响是很自然的事情。

佛教对祀孔的影响,亦可见于明代祀孔究竟是用孔子塑像与还是木主的争议。元代祀孔皆用塑像,明初虽有孔子木主定制[8],但是各地学宫则普遍沿用元代习惯,以塑像代为孔子神主。天顺六年,苏州府文庙孔子塑像毁坏,知府偷偷地用木主取代塑像,但是不敢上报朝廷。成化十七年,国子监丞祝上疏,请以木主改塑像,结果遭到贬斥。弘治十二年,曲阜孔庙遇火灾,有人乘机奏请改用

---

①　参见《节序同风录》手稿本,浙江大学图书馆百万册数字图书(CADAL),原书无年份、无页码。

②　参见[清]刘榛:《虚直堂文集》卷十二《祀孔子诞辰议》,康熙刻补修本(中国基本古籍库)。

③　见其咸丰元年二月初一的日记。他看了刘山蔚(刘榛,字山蔚)的《祀孔子诞辰议》之后,对"孔子诞辰不宜祀"深表赞同。[清]李棠阶:《李文清公日记》,穆易校点,岳麓书社,2010年,第768页。我看到这则日记后才查询到刘榛《虚直堂文集》中的这篇文章。

④　李棠阶在任国子监司业的时候,曾在道光十五年八月二十七日参加会馆公祭孔子的活动。见《李文清公日记》,第124页。可见在当时,私祀孔诞是公开行为。

⑤　见[梁]宗懔:《荆楚岁时记》,宋金龙校注,陕西人民出版社,1987年,第31、43页。《岁时广记》认为佛祖生于鲁庄公七年四月八日,与《荆楚岁时记》所记不同,民俗也以四月八日为佛诞。

⑥　参见《岁时广记》,王云五主编"丛书集成",商务印书馆,1939年,第223-232页。

⑦　可参见[清]顾禄:《清嘉录·桐桥倚棹录》,第72-73页。另见[清]李斗:《扬州画舫录》,汪北平、涂雨公点校,中华书局,1960年,第366页。《申报》也曾详细报道过扬州的观音诞庆,见《烧香纪盛》,《申报》,1879年8月20日,第3版。

⑧　洪武初年孔子木主长三尺三寸五分,阔七寸。洪武十五年南京国志监大成殿建成,用木主,不设塑像。见[清]孙泽承:《春明梦余录》上册,王剑英点校,北京古籍出版社,1992年,第287页,296页。

木主,也没有得到朝廷许可。直到嘉靖初年张璁当政,全国学校的孔子塑像才改为木主。徐阶反对用木主,反而得到许多人的称赞,盖因明太祖曾令孔庙保留塑像。①明初甚而至于祀孔子于释老宫,正统三年才予以禁止。明儒邱浚曾抨击祀孔用塑像这一现象:

> 塑像之设,中国无之,至佛教入中国始有也。三代以前,祀神皆以主,无所谓像设也。彼异教用之,无足怪者,不知祀吾圣人者,何时而始。观李元瓘言:'颜子立侧。'则像在唐前已有之矣。郡异县殊,不一其状,长短丰瘠,老少美恶,惟其工之巧拙,就令尽善,亦岂是生时盛德之容,甚非神而明之,无声无臭之道也。②

儒家正统的春秋丁祭尚且受到佛教礼俗的侵染,朔、望行香和孔子诞庆更不必论。雍正的一道谕令就是明证:

> 雍正五年谕内阁:三月十八日为皇考圣祖仁皇帝圣诞,旧例于是日虔诚斋肃,禁止屠宰,今应永远遵行。至圣先师孔子,师表万世,八月二十七日为圣诞之期,亦应虔肃致敬。朕惟君师功德恩被德载,普天率土,尊亲之戴永永不忘,而于诞日尤当加谨,以展恪恭思慕之忱,非以佛诞为比拟也。③

雍正是一个虔信佛教的皇帝,他要推崇孔诞,又强调不要以佛诞为比拟,恰好说明他确实以佛诞为比拟,因为他知道诞祭不符合儒家礼仪。因此之故,他并没有把先师孔子的"圣诞"定为官方的正式祭礼,只是要求在孔圣诞辰时虔肃致祭而已。④ 乾隆年间有臣僚旧事重提,正式奏请朝廷增加孔诞祭祀礼,结果招致乾隆的严词驳斥:

> 戴第元奏请增至圣诞辰祭祀一折殊非正理。诞辰之说出于二氏,为经传所不载。国家尊师重道,备极优崇,释奠二丁自有常制,援据礼经,实不同于寻常庙祀。且昔人于孔子生日辩论纷如,尤难臆定。况孔子,儒者之宗也,尊孔子者当即以儒者所闻孔子之道尊之。戴第元乃欲于彝典之外轻增一祭,转为衰越,不足以昭隆礼,士不通经,所奏

---

① [明]沈德符:《万历野获编》中册,中华书局,1959 年,第 361 页。
② [清]孙泽承:《春明梦余录》上册,第 296 页。
③ [清]文庆、李宗昉等纂修:《钦定国子监志》(上册),第 16 页。
④ 雍正八年(1730 年)有御制《先师孔子诞辰告祭文》,确曾有过较为正式的祭祀活动。参见李申编:《释奠孔子文献与图说》,第 112 页。

宜摈,折发还。①

乾隆明确指出诞辰之庆出于二氏,儒家彝典与佛教礼仪势不两立,这是基本原则,他不愿也不敢在他父亲的意愿上更进一步增设先师"圣诞"祭祀礼,因为那样的话就与"寻常庙祀"没有区别了,戴第元所请确实有侮辱圣人之嫌。

雍正五年的那道谕令虽载入《大清会典事例》和《礼部则例》,却从未真正在全国推广实行过,否则就不会有后来增设孔诞之举了。② 从一些零星的记载来看,清末学制改革以前,非正式的孔诞祭拜确实存在。刊刻于乾隆二十三年的《帝京岁时纪胜》就记载了"先师诞":"八月廿七日为至圣先师诞辰,禁止屠宰,祭文庙。各书室设供,师生瞻拜。"③在皇宫里读书的皇子们也要在孔诞日行礼。数次担任上书房师傅的翁心存在道光十七年八月廿七日的日记中记曰:"辰正上诣圣人堂拈香,余等随阿哥、惠邸站班。"④道光二十九年八月廿七日:"是日至圣先师诞日,诸皇子行礼后,予等亦行三跪九叩礼。"⑤咸丰二年八月二十七日:"巳正三刻上诣圣人堂拈香,予等皆站班,午初二刻退。"⑥我们从光绪二十二年北京一家学塾的祭拜活动中可一窥孔诞庆祝的盛况:

> 八月廿七日相传为先圣孔子诞辰。京师风俗,无论家塾、义学,俱修祀典,放学一日。前门内西城根愿学堂义塾为诸学之冠,祀事尤崇。总理学堂者刻为徐荫轩协揆,是早,协揆乘轿来临,至门内下舆,一时诸义绅司事诸公均先集学中,门前车马络绎如云。协揆公服,率诸公以次诣大成殿,躬献醴粢盛,以申诚敬,行三跪九叩礼。各斋老师亦率在学诸生次第行礼。礼成后,与祭诸生各朝餐一顿,照例放学一日。⑦

同一日在江苏镇江也有类似的活动:

> 八月二十七日为至圣先师孔子诞辰,郡邑学校中人向时设有洒扫会。届期由赵广文为之领袖,将大成殿及两庑粪除洁净,结彩张灯。佾舞陈于庭,牲牷列于鼎,各以馨香一瓣为尼山上寿。彬彬秩秩,济济

---

① 　[清]文庆、李宗昉等纂修:《钦定国子监志》(上册),第400页。

② 　光绪十八年礼部曾奏请朝廷在孔子诞日"虔诚斋戒,禁止屠宰,不理刑名。"奉旨只有"知道了"三字,也就是不置可否,可见直到光绪中叶朝廷还没有庆贺孔诞的定例。参见《本馆接奉电音》,《申报》,1892年10月8日,第1版。

③ 　[清]潘荣陛:《帝京岁时纪胜》,《帝京岁时纪胜·燕京岁时记》,北京古籍出版社,1983年,第30页。

④ 　《翁心存日记》第一册,张剑整理,中华书局,2011年,第277页。

⑤ 　《翁心存日记》第二册,第747页。

⑥ 　《翁心存日记》第三册,第911页。

⑦ 　《首善纪闻》,《申报》,1896年10月20日,第1—2版。

跄跄,诚盛典也。①

从所见记载来看,祭拜孔诞是一种"风俗",意味着它不是朝廷主导的祭礼,而是像洒扫会之类的民间团体操办的私祭,清代金陵学宫也与上引文中镇江学校一样有此一举。② 而且,这种"风俗"也主要限于学校和士绅群体,在一般民众中未见像佛诞、观音生日那样的庆贺场面。我所查阅的十余种有关民俗的古代书籍中,绝大多数没有关于孔诞的记载,更没有一般百姓参与孔子诞日庆祝的记述。《清嘉录》是一部详述苏南一带民间风俗、节日的书,书中介绍了苏南一带神、道、佛的诞辰节俗达二十八个之多③,却连"孔子"两字都没有提到。与《清嘉录》同样记述苏南风俗的《吴郡岁华纪丽》一书也没有关于孔诞或与孔子有关的风俗。

孔子的诞辰在帝制时代是一个非常特殊而又略显尴尬的日子。一方面,朝廷不把它当作国家祀典,另一方面,真正的民间习俗也与之渺不相涉。即使是学校中的诞庆,也因其非儒家正典而遭非议,直至清末学制改革之时也是如此。嘉庆年间,陕西兴安府诸生欲在孔诞日到文庙行礼,遭到知府制止。知府认为学生应在春秋上丁行释菜礼,八月二十七日到孔庙行礼是"陋俗",如果非得要按照民间陋俗在孔子诞辰日展其诚敬,可挪用传统的释菜礼,但是绝对不能说是为孔子祝寿,更不可组织所谓的"孔子会"。④ 为什么呢? 因为如果像民间香客朝山进香那样以"会"("孔子会")的形式来祝贺先师的圣诞,那就与佛教无异了,而释菜礼至少还是儒家的祭礼。1906年孔诞日,宁波镇海县学堂师生齐谒学宫行庆祝圣诞礼,不料地方官府并不重视,既未清理学宫,也没有维持秩序,草草将事,几乎不克成礼。学堂代表愤然质问县令,县令却反诘道:"学堂向无谒圣礼……学生既知尊孔,丁祭如何不到? ……本县不解此礼,不相干涉,倘尔曹不满公祖,不妨别换公祖。"代表们因此上禀宁波知府,请求主持公道。⑤

到了1906年,朝廷对于孔子诞庆的祭祀有了根本性转变,一方面是把丁祭

---

① 《京江潮汛》,《申报》,1896年10月14日,第1—2版。
② 《白下琐言》中说:"学宫自二丁官祭之外,圣诞、忌辰有两私祭之举。洒扫会绅士经理有年矣。"见[清]甘熙:《白下琐言》,邓振明点校,南京出版社,2007年,第154页。
③ 这些诞庆是:路神诞辰、玉皇诞辰、刘猛将之辰、三官诞辰、土地公公生日、文昌帝君诞辰、祠山张大帝诞辰、百花生日、观音诞辰、玄坛神诞辰、白龙诞辰、东岳天齐仁圣帝诞辰、释迦文佛生日(佛诞)、蛇王生日、神仙生日、药王生日、关帝生日、火神诞、雷尊诞、二郎神生日、荷花生日、辛天君诞辰、棉花生日、地藏王生日、灶君生日、八字娘娘生日、稻生日、弥陀生日。
④ [清]陆以湉:《冷庐杂识》,崔凡芝点校,中华书局,1984年,第101页。
⑤ 《记镇海学界与翁邑宰之冲突》,《申报》,1906年10月20日,第3—4版。

的规格从原来的中祀提高到与祭天地同等的大祀,并且制定了大祀的礼仪条规。① 另一方面又正式规定,全国所有学堂要在孔子诞日那天致祭作乐,以表欢欣鼓舞之忱。② 孔子诞日与皇太后、皇上的万寿圣节一样,学堂不仅申庆,而且放假一日,这是历朝历代所没有的规制。对于这样的改弦更张,我们自然要问一个"为什么?"

西学西教对孔诞庆贺的影响

中国民间宗教信仰体系颇为混杂,庙、寺、祠、观林立,受佛、道诞庆的影响,神诞也多如牛毛,甚至连日、月也有生日,也有善男信女点明灯虔信庆祝,难怪有人要斥之为"荒谬附会",认为不过是住僧庙祝藉此哄人敛钱而已。③ 寺庙借助各种神诞制造热闹场面,特别是以佛会的形式吸引妇女入庙,往往被视为败坏风俗之举。④ 有人痛感上海寺庙淫祀之风渐长,特引同治六年某御史奏请禁止寺庙借佛会、神诞敛财的奏章予以痛斥。⑤

朝廷在学堂中增加孔诞日庆典,虽有佛、道等民间信仰长期的历史影响,但绝不会在此时突然效仿那些民间的神诞、仙诞以及乾隆曾批驳过的佛诞庆贺方式。地方学校、私塾原有的私祭孔诞的习俗可能给朝廷的决策提供了先例。但是,援用先例也要有现实的理由。我认为这个现实就是清末学制改革之时,西学、西教对孔子之道的逼迫。当时的全国学校遵照朝廷的旨意一律改为西式学堂,西学成为主要教学内容,儒家经典反倒成了实际上的副课。1905 年正式废除科举对儒家学说而言更是雪上加霜,原来就被视为敲门砖的四书五经彻底失去了效力,这才是中国自古以来从未有的大变局。朝廷和地方大员一再强调学堂要重视"读经",正反映了儒家经典的被边缘化的窘境,升祀典,增诞庆,只是对孔子实际地位下降所做的补救措施。换言之,西方政教的刺激直接导致了朝廷提高孔子祀典的规格。荣庆等人在提议学校于孔诞日申庆的那道奏折中,明

① ［清］刘锦藻:《清续文献通考》第二册,卷九十八·学校考五,考八五七八,商务印书馆,1936 年。
② "光绪三十二年三月戊辰朔荣庆等奏"(即《学部奏请宣示教育宗旨折》),［清］朱寿朋:《光绪朝东华录》第五册,中华书局,1958 年,总第 5494 页。
③ 不佞佛衲子:《日月诞辰辩》,《申报》,1878 年 12 月 17 日,第 1 版。
④ 可参见吴建华《汤斌毁淫祠事件》,《清史研究》,1996 年第 1 期。
⑤ 《佛会宜禁》,《申报》,1878 年 2 月 8 日,第 3-4 版。

白道出泰西学说流播中国后对孔子之道所造成的负面影响：

> 袭泰西政教之皮毛者，甚欲举吾国固有彝伦而弃之，此非以图强，适以召乱耳。……学者往往误认谓西人主进化而不主保守，至事事欲舍其旧而新是图，不知所谓进化者，乃扩其所未知未能，而补其所未完未备。不主保守者，乃制度文为之代有变更，而非大经大法之概可放弃。狂谬之徒，误会宗旨，乃敢轻视圣教，夷弃伦纪，真所谓大惑矣。①

荣庆等人视孔子之道为"国教"，要求学堂在孔诞日致祭作乐，意在效仿西国学堂设立礼敬国教之室的做法，以此来彰显作为"国教"的孔子之道。② 借孔子诞辰来宣扬国教并不是荣庆等人的一时闪念，当时已有一定的社会和舆论基础，比如《申报》在光绪三十一年孔诞日就刊登了一篇题为《论孔子生日大纪念》的社评，作者感慨道：

> 彼夫西教诞辰，如四月之鸡蛋节，举行瞻礼，全国欢呼，可见迷信宗教之一斑。而吾国民戢戢受治，畏慑神权，其于淫昏厉鬼诬诞之神，犹且谬托诞日，奉行祝典，而于大圣诞降为独一无二之圣节，乃反蔽不知，无人尸祝，亦可知孔子之教不尚迷信，故凌夷衰微至于如此之甚也。③

文章认为孔子之教是智信的宗教而非迷信的宗教，因此不能普及到庶民阶层，而中国当时科学尚不发达，正需要借助宗教力量来改善群治，以推进文明。"孔教之价格，虽不因庆祝而有所加增，而孔教之真理，终且因庆祝而多所信仰，至于信仰愈多，而社会心目中人人皆有一孔教，而孔教乃愈益光大云尔。"在作者看来，中国应该向包括西教在内的那些迷信的宗教学习，庆祝孔子诞辰便是争取一般民众信仰孔教的好办法，因为这样便可扩展孔教的社会基础。文章提及当年八月二十七日上海有学校公开庆祝孔诞，如龙门师范、南洋中学、民立中学等校皆有演出活动。④ 文中还提到早在十年前，广西曾创设圣学会，当时适

---

① "光绪三十二年三月戊辰朔荣庆等奏"，《光绪朝东华录》第五册，总第5493页。

② 学部在奏请升祀孔之典为大祀时，也援用西方政教以为说辞，"查西国君主嗣位，先宣布信教誓词，与国民公定一尊，使皆归向。盖彼族以宗教为主位，主位既定，此后百变不离其宗。"[清]刘锦藻：《清续文献通考》第二册，卷九十八·学校考五，考八五七八。

③ 《论孔子生日大纪念》，《申报》，1905年9月25日，第2版。文中"鸡蛋节"指的是复活节，严格来说并非耶稣的诞辰，而是庆祝耶稣复活的日子。

④ 另可看见《祝孔子诞》，《申报》，1905年9月25日，第9版。这则报道说："今日为孔子圣诞，沪上各学堂特开祝典，有演影戏者，有唱歌者，而城内民立中学堂则由各学生试演新剧，并散给入场券任人入观云。"

逢孔圣诞辰,曾有拜经活动,此后横滨大同学校、上海南洋公学、育材学塾都在孔诞日奏乐演剧,藉留纪念。

广西圣学会和横滨大同学校都与康有为有关,康有为等人正是在耶教的刺激下,才开始注重孔子诞辰的庆祝。

力图将孔子之道宗教化是康有为的基本思路。[①] 诚如陈宝箴所言,康有为认为西国强盛是由于欧西各国尊崇教皇,反观孔子之教则教散漫无纪,与欧洲教皇之权不可同日而语,"是以愤懑郁积,援素王之号,执以元统天之说,推崇孔子以为教主,欲与天主耶稣,比权量力,以开民智,行其政教。"[②]康有为以耶教为比拟对象,设立教会、教堂、礼拜、诵经等等,莫不如此,而"圣诞"庆祝便是他大力推行的一项崇圣措施。他的门人徐勤在职掌横滨大同学校时,要求学生每星期日都要向孔子像行三跪九叩礼,并于戊戌年孔子诞日,在当地中华会馆举行盛大的祝典。[③] 这就是康有为后来所称的"圣诞之纪念大典"[④],也是清末尊孔者举行的第一个大规模的孔诞庆典。关于这次庆典,《申报》曾转载新加坡《叻报》的报道。从报道来看,庆典不仅限于大同学校,而是旅居横滨华人共同参与的盛举,有董事会,并设立章程十数条,初定"每年八月二十七日恭逢圣诞,阖埠铺户一律升旗张灯致贺,男女老少分上下午斋赴会馆恭祝,不论工商停工一日。"[⑤]《申报》特就横滨祀孔盛典刊文,建议朝廷在海外星使驻节地广设文庙,像耶教在世界各地建立教堂传教那样,令海外华人进庙礼拜孔圣,以发扬孔教。[⑥] 次年八月二十七日,康门人士又在澳门举行隆重的孔诞庆祝活动,《知新报》记其盛事,道出了之所以举行孔圣诞辰祝典的两个原因,一是原有的春、秋丁祭"第循常例",孔圣诞降之期湮没无闻;其次就是西人的逼迫和耶稣诞庆的刺激:

> 且夫中国之见逼于西人也,皆有视我为无教化之国。视我为无教
> 化,是即不认我孔子为教主也。然非西人不认我也,是我中国人不自

---

① 可见其《上清帝第二书》(一八九五年五月二日)、《两粤广仁善堂圣学会缘起(附会章)》(一八九七年春)及《请尊孔圣威国立教部教会以孔子纪年而废淫祀折》(一八九八年六月十九日)等文章、奏折。

② 陈宝箴:《奏厘正学术造就人才折》(光绪二十四年五月),蒯伯赞等编:《戊戌变法》第2册,上海人民出版社,2000年,第358页。

③ 冯自由:《横滨大同学校》,《革命逸史》初集,中华书局,1981年,第52页。

④ 康有为:《曲阜大成节举行典礼序》,《孔教会杂志》,第二卷第一号。

⑤ 《圣教昌明》,《申报》,1898年10月23日,第2版。

⑥ 《论出洋华民宜崇圣教》,《申报》,1898年11月19日,第1版。

认，有以致之耳。夫耶稣之降生也，即华历冬至后三日，泰西各国尊耶教者，皆以此为纪年，即以是日为大典，举国人无上无下，皆休息辍业，诣教堂，拳伏膝跪，诵经祈祷。而我孔子无闻焉，宁非四百兆人之大耻哉！欲免西人之侮乌可得耶？①

这篇文章把中国的积弱看成是本国人不认孔子为教主因而忽视教化的结果，使得西人轻视中国，视之为无教化之国。而欲使国家强盛，首先要自尊奉孔子和孔教始，举行孔子圣诞之典即是一种尊崇孔子的象征。光绪三十一年八月，广东广府中学堂学生发起组织孔教纪念会，拟于八月二十七日孔子诞辰会同致祭，同时放假停课，藉以纪念。他们的纪念理由与《知新报》所述相似：

中国宗孔教，西国宗耶教，而西人于耶稣诞辰大开庆典，举国欢呼，我中国于孔子诞辰则循例一拜，视同告朔，宜乎为外人所轻玩。②

我注意到康有为等人此时没有在丁祭问题上提出过意见，他们尊崇孔子也没有采取过任何实际的行动来强化丁祭的意义，甚至都没有丁祭的行为，其故何在？除了以耶教为比拟之外，我认为还有一个没有明言的因素，即丁祭属于国家权力范围的祀典，必须由权力部门来举行庆典，也是培育官方意识形态的官学（国子监、府、州、县学）所行的祀礼，与一般布衣百姓没有关系。关于这一点，上引《知新报》所载《八月二十七日澳门同人祀孔子记》一文在开头就已经指出，这样就导致了一般士民"惟文昌魁星之是奉，土木偶像之是供，巫觋僧尼之是依靠。"普通民众遂与孔子之道越来越疏远。正因为这样，康有为等人才要学习耶教把孔子之道宗教化，像耶教那样举行圣诞庆祝，以便让每个人都可以参加，打破丁祭的等级限制。清末尊孔者江钟秀也曾指出："宋、明以及我朝，天下郡县皆祀谒孔子，孔教亦最昌。惟是春秋俎豆，朔、望行香，仅行于庠序学校，而农工商兵人等未知祀谒，不无少憾。"因此在其拟定的《尊孔约规》中，要求文庙"每届朔、望、丁祭及八月二十七至圣诞日并四月初二日亚圣诞日，大成殿及东西两庑俱开门一天，三处各派巡兵一人守看，任军民人等入庙瞻仰，焚香致敬"。③ 江钟秀也特别列出了孔子的圣诞，可见在他看来这个日子也应该与官方的祭礼一样受到尊崇，原因不外乎民间士绅本来就有祭拜孔诞的习俗。把孟

---

① 《八月二十七日澳门同人祀孔子记》（光绪二十五年九月初一日），《知新报》第一百零一册。

② 《拟组织孔教纪念会（广东）》，《申报》，1905 年 9 月 24 日，第 4 版。该学堂显然是受了康有为一派的影响，连祭祀时的用词都相似。

③ 江钟秀：《尊孔大义》，浙江大学图书馆百万册数字图书（CADAL），无出版年份、页码不可辨。此书大约著于清末朝廷宣布预备立宪之后。

子的诞辰列入也算一个创举,虽然孟子的生辰在儒家典籍中并无确载。宋伯鲁在民国时期曾指出,"历代祀孔之典,至前清而极隆,然春秋二丁,皆国家所有事,至于社会,仅能于孔子降生之日,趣跄灌献致其尊崇而已。"①这番话直接道出了丁祭和诞祭的本质区别。丁祭属于国家事务,诞祭属于社会事务,这中间体现的是权力的思维,上下之分森然,在下者不允许蹑等参与丁祭,在上者也不能降低身份将事于诞祭。康有为等人推广孔诞纪念,实际上就是试图改变历代尊孔上下隔断的局面,将孔子之道完全社会化、世俗化,甚至如《申报》所言"迷信化",像耶教那样从普通民众着手,从下到上贯通一气,以使全国人民把孔教当作宗教来崇信。

清末官方以在上者的姿态崇圣,康有为等人则从社会层面努力,上下两股尊孔力量交集于孔子诞辰,这当然是时势使然。进入民国以后,由于帝制不再,名义上的共和制度也导致祀孔方式的改变,孔子诞辰所受重视的程度渐渐高于丁祭,最后竟完全取而代之。

丁祭还是诞庆?

民国肇始,南京临时政府教育部即下令禁止学校读经,春秋丁祭是否举行成了各方关注的焦点。又因历法改变,阳历取代了阴历,丁祭和孔诞日期如何确定也成了问题。

福建省兴化府可能是最早提出这个疑问的地方。他们在教育部发布《普遍教育暂行条例》之前就上禀道:"文庙祀典,向定春秋二祭,兹值改用阳历,春秋时节不同,是否即以阳历二八两月逢丁日为致祭之期,抑略春秋,专祀圣诞。"福建法制局回应的意见是,如果按照旧历的春秋丁祭日期,必在学堂开学数月之后,这是行不通的。"拟不泥夏正之仲春,即用阳历二月上丁日为祭圣之期。"对于兴化府提出的是否"专祀圣诞"则不置可否。② 教育部接到类似的请示较多,因此专门通电各地都督,允许文庙照旧致祭,只是除去跪拜之礼,前清祀典涉及迷信的典仪一律废止,具体事宜则听由各省议会自行决定。③ 浙江省金华府仍

---

① 宋伯鲁:《说礼》,《陕西省孔教会汇志》,1932 年 8 月,第 1 页。
② 《闽法制局议定祀圣礼制》,《申报》,1912 年 2 月 1 日,第 3 版。
③ 《内务教育两部为丁祭事会同通告各省电文》,《临时政府公报》,1912 年第 32 期,第 11 - 12 页;另见《丁祭除去跪拜》,《申报》,1912 年 3 月 5 日,第 7 版。

有疑问,得到内务部和教育部的答复是,"丁祭照旧,属暂时办法,将来应否举行尚当研究。"①政府举棋不定,又拟用阳历二月上丁为来代替传统的丁祭,这造成了传统丁祭的混乱,结果导致丁祭实际上陷于停顿。

1912年秋祭将近,北京政府仍无丁祭规定,尊孔者焦灼盼望之情可想而知。唐文治等人再也不愿干等,率先电请参议院和教育部准许举行丁祭,希望政府"永久勿废,祭品、乐章应沿旧典礼仪"。②上海国民公会和洒扫局起而响应,呼吁总统训令教育部修订丁祭典礼,修葺全国孔庙,并要求四万万国民一律尊崇孔祀。③面对民间的呼吁,教育部并未出台有关丁祭的政策,却出乎意料地对孔诞纪念作出了规定:

> 查孔子诞日,应以阴历就阳历核算,本年阴历八月二十七日,即阳历十月七日,自民国元年为始,即永以十月七日为举行纪念会之期。④

教育部的这一规定算是一项临时性的安抚措施,因为孔诞祭祀没有历史悠久的典章制度可循,因此也不像丁祭那样背负沉重的历史包袱,而生日庆贺原来就是社会人群都能接受的方式。值得关注的是,教育部对孔子生日的认定极为草率,竟然以当年的阳历、阴历合日来规定孔子诞日的纪念之期,可见他们对孔子诞辰庆祝一事也并不重视。

1913年6月,袁世凯发布了尊孔令,但是并没有关于祀典的明文,算是一个试探性的表示。稍后,教育部正式定孔子诞日为"圣节",准许学校放假一日,并令师生在学校内行礼。与之前的说法不同,该令以阴历来核算孔诞。教育部解释了为何这样规定:

> 民国缔造,改行阳历,一切允宜遵从。惟孔子生日,既从夏正考定,自不得不溯从夏正,否者恒致抵牾,转近诬枉。嗣后各校应永依旧历八月二十七日行礼。……然则,新旧历互用,在成周已有先例,条教号令,从阳历者,所以遵时制;从夏历者,所以尊先师,道可并行,义非相悖。学校中或有误会,并希晓谕为幸。⑤

---

① 《内务教育两部复金华府民事长丁祭办法电文》,《临时政府公报》,1912年第40期,第7页。
② 《电请举行丁祭》,《申报》,1912年8月31日,第6版。
③ 《尊崇孔祀之公呈》,《申报》,1912年9月14日,第6—7版。
④ 《规定孔子纪念会日期》,《申报》,1912年10月6日,第7版。
⑤ 《教育部关于定孔子诞辰为圣节致各省都督电》,中国第二历史档案馆编:《中华民国史档案史料汇编》第三辑"文化",江苏古籍出版社,1991年,第2—3页。

孔诞日不从民国"国历",表明政府有复古倾向,也为恢复丁祭作了铺垫。得到教育部指令之后,全国各地热热闹闹地举行了各种各样的孔诞纪念会,尊孔情绪得到了极大地释放。[①] 孔教会也在这年孔诞日前后,在曲阜隆重举行第一次孔教大会。[②] 在此之前的旧历八月初三日,孔教会已在北京国子监举行了盛大的秋丁祭礼,到场有数千人之多,袁世凯特派代表梁士诒与祭,众议院议长汤化龙也出席。[③] 上海的孔教会成员也与各学校代表近千人到文庙致祭。[④] 孔教会的活动对全国尊孔舆论有极大的促进作用,北京政府的尊孔步伐也加快了。

1914年初,政治会议开第三次会议,专门讨论祀天和祀孔问题。在祀孔日期上,与会者互有辩驳,有主张春秋丁祭者,有主张用孔子诞日者,也有主张在开学日祭孔的,当然也有人反对祀孔,反对者认为祀孔会引起宗教之祸。[⑤] 最后议决,仍旧沿用旧历春秋丁日为正式的祀孔祭期。[⑥] 随后,袁世凯便发布了祭孔令,规定丁祭规格与祭天同为大祀,"京师文庙应有大总统主祭,各地方文庙应由长官主祭……其他开学首日,孔子生日,仍听各从习惯,自由致祭,不必特为规定。"[⑦]这道政府令的实质是把丁祭纳入国家权力范围,诞祭则留给社会习俗,祭孔分为官祭与民祭两个场域,与帝制时代一样。

冬至祭天在古代是皇帝的专责,亲自向孔圣致祭,也是历朝皇帝确认儒家正统思想的国家仪式。祀天与祀孔联系在一起,对袁世凯来说当然有特殊的政治意义。也因为这样,冬至祭天和丁祭孔子因袁世凯称帝失败而大受牵累。祀天和祀孔在当时人看来,就是袁世凯窃国的护符,因此有议员提议取消祀天和祀孔。[⑧] 果然,1916年冬至前,祭天大典被搁置了。[⑨] 与此同时,丁祭祀孔礼仪

---

① 参见韩华:《民初废除尊孔读经及其社会反响》,《社会科学战线》,2006年第4期。

② 《山东孔教大会纪盛》,《申报》,1913年10月6日,第6版。

③ 《丁祭盛典纪略》,《宪法新闻》,1913年第17册,第21页。

④ 《仲秋丁祭志盛》,《申报》,1913年9月4日,第7版。

⑤ 《政治会议讨论祀天尊孔两案闻见》,《申报》,1914年1月19日,第2—3版。

⑥ 《纪二十九日之政治会议》,《申报》,1914年2月2日,第3版。

⑦ 《大总统发布规复祭孔令》(1914年2月7日),《中华民国史档案史料汇编》第三辑"文化",第6页。

⑧ 王谢家:《对于取消祭天祭孔之抗议》,《崇圣学报》,1916年(5附),第1页。另见《祀天祀孔问题面面观》,《兴华》,第13卷第37期(1916年),第29页。

⑨ 1916年12月2日,内务部向总统呈请暂缓举行冬至祀天,理由是原有礼制未尽适合,需要改订。随后,内务部即通电各省,当年冬至祀天停止。参见《政府公报》,1916年,第331号,第11页;以及1916年,第336号,第17页。

也被官方简化,特别是去除了跪拜礼,改为"迎送神各三鞠躬,读祝受胙各一鞠躬。"①礼仪上的简化对尊孔者而言无疑是怠慢孔子的表现,因此引发了尊孔者的强烈反对,康有为电请政府收回成命,认为禁止跪拜孔子威胁了孔子的教主地位。② 不管如何,受洪宪帝制失败的伤害,丁祭的传统意义无疑大大降低了。袁世凯死后,北京政府虽然保留了每年两次的丁祭活动,一般尊孔者更加重视的是孔子诞辰纪念。

民国初年的政府对孔诞纪念典礼没有严格的规定,民众可以自由致祭,所以民间尊孔者对孔诞庆祝得以自由发挥。康有为等人原本就主张孔教宗教化,进入民国以后更是认为孔教应该像耶教那样,要尽力做到不分男女老幼,人人得以入教,通过宣讲圣道来启诱大众,以使孔教会遍及全国各地。③ 大众化的宗教总是注重教主诞辰,康有为等人最初倡导的"圣诞"庆贺通过孔教会的活动进一步强化。孔教会成立于1912年孔诞日看来并不是巧合,1913年第一届全国孔教大会在孔诞日前后于曲阜举行,1914年举行的第二届全国孔教大会也是在孔诞前后。1914年制定的《孔教会总章程》明确规定,每年大成节(即孔子诞辰)前后三日在曲阜开大会,各地分支会派代表参加。而每年的春秋上丁祭祀活动,只要求总会全体成员参加,各分支会只需在本地会场举行。④ 显然,在孔教会之内,诞祭规格要高于丁祭。孔教会的分支机构遍及各地,每年在曲阜召开的大成节庆祝活动牵动官方和民间各种尊孔力量,报刊报道也是连篇累牍,舆论影响力极其广大,这在很大程度上提高了孔诞庆祝的社会知名度和认可度。

其他尊孔组织也格外重视孔子的"圣诞"。北京的孔社自1913年成立之初就以诞祭为重,当年农历八月二十五日开始的诞庆活动,场面颇为壮观,从街上的彩坊到院内、屋内、演说台,题额、标语随处可见,到处装饰华丽。原定庆祝三天,最后因参与人数太多,展期一周才结束。⑤ 其后几年,孔社也都在孔子诞日

① 《改订祀孔礼节之通电》,《申报》,1916年8月29日,第10版。1912年内政部、教育部曾废除跪拜礼,改行三鞠躬礼,当时也遭到康有为等尊孔者的反对。

② 康有为:《致北京书》(一九一六年九月二十日)、《致北京电》(一九一六年九月),汤志钧编:《康有为政论集》下册,中华书局,1981年,第955—957页,第958页。

③ 参见康有为《致仲远书》(1912年7月30日),上海市文物保管委员会编:《康有为与保皇会》,上海人民出版社,1982年,第369—370页。

④ 参见《孔教会总章程》第十二条、第十三条,《孔教会杂志》,第2卷第1号。

⑤ 《孔子诞日纪念会四日纪盛》,《孔社杂志》第1号,1913年12月。

隆重庆祝。① 山西崇圣会②在 1913 年孔子诞辰之前,发布了一个正式的通告,要求各界"齐悬国旗、灯花庆祝外,理应趋赴文庙致敬,以昭虔恪,而振国魂"。③这年的山西圣诞庆祝果然是热闹非凡。④ 1914 年,袁世凯发布《大总统发布规复祭孔令》之后,山西崇圣会备受鼓舞。这个祭孔令主要是恢复了原有的丁祭,但是山西崇圣会没有在丁祭问题上作任何表示,而是自觉地拓展了"祭孔令"中关于孔子生日可自由致祭的原则,他们向海内尊孔同好发出了商榷庆祝孔圣诞辰办法的呼吁。山西崇圣会所希望的是让四亿同胞,不分民族,不分老幼,养成同文、同种、同教化、同休戚的尊孔习惯,彰显人道之枢纽,结成民族之精神。也许,在他们的观念里传统的丁祭无法达成这样的目标,所以才把尊孔的重点落实在民众所熟悉的"圣诞"上。山西崇圣会提出的庆祝"圣诞"办法是:⑤

　　一、圣诞日,凡中国各学校、各机关,其他公私团体及商铺、民家,自当一体悬旗,灯花庆祝。

　　二、圣诞日,凡人民理应休息一天,以昭虔敬。

　　三、圣诞日,凡中国各学校应齐集本校礼堂,唱歌行礼,或开运动大会及提灯等会,以振爱群爱国之精神。

　　四、圣诞日,凡机关、公私团体及各界人民,应恭派代表至该地方圣庙同时庆祝,以资观感。

这个庆祝办法所涉及的人群涵盖了机关、团体、学校、商铺以及民家,也即,所有的中国人民,充分显示出孔子"圣诞"庆祝的社会广泛性,不像袁世凯的祭孔令只要求官员参与祭祀,充其量只是前清祭孔的翻版。山西崇圣会的圣诞庆贺提议由山西官方以政府文告的形式广为传布。⑥ 云南行政当局也发布了与山西崇圣会一字不差的通告,显然是事先得到了该会的文字稿。⑦ 这一年全国

---

① 1914 年的活动见《都门庆祝圣诞纪》,《申报》,1914 年 10 月 19 日,第 6 版;1915 年的情况见《孔子诞日行礼通告》《孔子圣诞演礼纪盛》《孔子圣诞第一日预祝纪盛》(以及第二日、第三日的报道),《孔社杂志》,1915 年第 5 号。

② 该会成立初期叫做"山西宗圣社会",见《山西宗圣社会缘起》,《崇圣汇志》,1913 年,第 1 卷第 1 号,第 6-10 页。该会成立于 1912 年 6 月,总会设于太原文庙。参见中国社会科学院近代史研究所中华民国史组编:《中华民国史资料丛稿》特刊第一辑"中国近代尊孔逆流史事纪年(上编)",中华书局,1974 年,第 28-29 页。

③ 《山西宗圣通告圣诞之公布》,《崇圣汇志》,第 1 卷第 4 号(1913 年),第 18 页。

④ 参见《三晋圣诞之纪盛》,《崇圣汇志》,第 1 卷第 4 号(1913 年),第 43-44 页。

⑤ 《崇圣会与海内商榷圣诞办法公械》,《崇圣汇志》,第 1 卷第 10 期(1914 年),第 4 页。

⑥ 《山西巡按使道坚先生圣诞日提倡圣道之布告》,《崇圣汇志》,第 1 卷第 10 期(1914 年),第 5 页。

⑦ 参见《云南圣诞之整肃》,《崇圣汇志》,第 1 卷第 10 期(1914 年),第 10-12 页。

各地的孔诞庆祝格外热闹。[①]

1916年孔子诞辰前，又有尊孔者发起设立"孔圣堂"，欲在曲阜庆祝至圣先师诞辰之际，联络全国各地的孔教、孔会、孔学、孔社等一切尊孔组织，成立正式的"传道机关"。"孔圣堂"拟定的章程草案第二条即提出："中华人民历来于八月二十七贺诞日具牲奉祀，称曰孔圣会。"第五条曰："旧有之文庙春秋之祭，系国家崇圣典礼，若孔圣堂系地方大小区域内由人民各自捐资立堂，为人民礼祷之所，与文庙体制不同。"[②]言下之意很明白，丁祭是在文庙举行的国家祀典，而他们要设立的孔圣堂属于民间，奉行的祀典自然不会是丁祭，而是第二条所说的"中华人民"历来就有的诞辰庆贺。也因为这样，孔圣堂规定任何人不分种族、阶级，不分男女，都可以入堂礼祷，以符孔子有教无类之平民宗旨。这个名为孔圣堂的"传道机关"从形式上看有点像西方的教会，是当时试图将孔教教会化乃至国教化的一个缩影。

尊孔派请立孔教为国教的立法努力虽告失败，在孔诞庆祝上却获得了政治上的成功。1918年9月，已经当上国会参议员的孔教会总干事陈焕章提出议案，要求将孔子诞日立为圣诞节，通令全国悬旗结彩，放假庆祝，其目的是把原来仅限于学校的孔诞纪念普及于全社会。[③] 参议院很快便通过了这一议案[④]，众议院也予以批准[⑤]，9月28日即有总统令予以正式公布："孔子圣诞即夏正八月二十七日为圣诞节，应放假庆祝，悬旗结彩。"[⑥]山西省则制定了详细的《孔子诞日庆祝规条》，通令全省各界一体遵行。[⑦] 1919年孔诞前，内务部又发出通告，特别要求"所有文武机关、各团体均应放假庆祝，悬旗结彩，并准各项人员前往孔子庙自由行礼"。[⑧] 由于有政府的支持，政府机关也与普通民众一样放假一日，1919年的孔诞庆祝比往年更显热闹，以至于有人发出这样的疑问："尊孔之术，舍热诚庆祝孔子诞日外，其他更无以表示欤？"[⑨]人们似乎已经忘记还有

---

① 可参见《崇圣汇志》1914年第1卷第10期对山西、黑龙江、浙江、云南、吉林、福建以及上海青浦县孔宅庆祝"圣诞"的报道。

② 《发起设立孔圣堂》，《申报》，1916年8月28日，第10版。

③ 《新国会提议规定圣诞节》，《申报》，1918年9月21日，第6版。

④ 《二十日之北京参议会》，《申报》，1918年9月25日，第6版。

⑤ 《专电》，《申报》，1918年9月28日，第2版。

⑥ 《命令》，《申报》，1918年9月30日，第2版。

⑦ 共有五条，其内容与崇圣会1914年所拟相似。见《来复报》(杂志)，第26期(1918年)，第3-4页。

⑧ 《内务部通告》，《政府公报》，1919年(第1322号)，第22页。

⑨ 庸：《尊孔》(杂评二)，《申报》，1919年10月21日，第11版。

丁祭这回事了。我们也不能忘记这是在 1919 年,"五四"运动发生的年份!

当然,丁祭还在中央和地方举行。但是春秋丁祭日并不放假,政府也不要求悬旗结彩以示庆祝,参与者也限于官员[①]、学校师生以及积极的尊孔者,社会基础远不如孔子诞辰庆贺活动。

到 20 世纪 20 年代后期,丁祭因其历代官办传统而具有的浓厚封建色彩,在南方革命势力的冲击下成了被革除的对象。

国民革命军北伐占领两湖地区之后,国民党长沙县党部就对传统的祀孔发起了攻击,在其致长沙县府的公函中宣称:

> 查学宫举行春秋祭孔,系承专制时代封建思想之遗意,盖以孔子为君权拥护者,故为专制君主所推崇,欲以此范围人心,延长其帝王万世之业,其用意至深且远,并非独厚于孔子而尊崇之业。现革命时期,亟应打破封建思想,建设民主政治,故代表封建政治之领袖,已无尊崇之必要。春秋祭祀,事等滑稽,兹经本部第十四次执委会决议,学宫祀孔,应即停止。[②]

湖南省党部认为此举甚为正当,决议将湘省各县学宫财产,一律拨为小学经费,取消学宫,停止春秋祀典。浙江革命军政府也同时宣布停止祀孔。[③] 受革命力量的威慑,当年上海的孔诞纪念也暂停了。[④]

1928 年初,南京国民政府大学院正式下令取消丁祭:

> 查我国旧制,每届春秋上丁,例有祀孔之举。孔子生于周代,布衣讲学,其人格学问,自为后世所推崇。惟因尊王忠君一点,历代专制帝王,资为师表,祀以太牢,用以牢笼士子,实与现代思想自由原则及本党主义,大相悖谬。若不亟行废止,何足以昭示国民。为此,令仰该厅、校、局长,转饬所属,着将春秋祀孔旧典,一律废止,勿违。此令。[⑤]

这项训令发布于春丁之前,当年的官方丁祭活动即告停止,中国历代沿袭

---

① 主要是教育系统的官员,鲁迅在教育部任职时就参与这项官方活动,在其日记中有记载。见鲁迅:《鲁迅日记》(1),人民文学出版社,2006 年,第 362 页,380 页,398 页,426 页,442 页,464 页,527 - 528 页。

② 《湘省实行废孔——春秋祀典一律停止》,《申报》,1927 年 3 月 23 日,第 6 版。

③ 《浙江最近之政纲》,《申报》,1927 年 3 月 28 日,第 6 版。

④ 《今日孔子诞辰》,《申报》,1927 年 9 月 22 日,第 15 版。

⑤ 《在大学院所发废止春秋祀孔旧典的通令》(原载《大学院公报》第 1 年第 3 期),转引自沈善洪主编:《蔡元培选集》上册,浙江教育出版社,1993 年,第 636 页。

的官方丁祭孔圣之礼就此告终,再也没有恢复。[1]

阎锡山在南京政府取消丁祭后接受的一次采访中表示,"春秋两祀乃官祀,民国废止官祀,由人民自由祀,甚为适当。"[2]官祀不再举行,"民祀"究竟以何种方式举办? 当年春丁祭孔仍有民间士绅勉力举行。[3] 率先取消丁祭的湖南,士绅则自转向诞祭,以求延续祀孔的传统。

大学院训令公布之后,湖南士绅曾多次吁请恢复祀孔,卒归无效。长沙孔道学校主事者便约集士绅,醵资创设了他们所称的"民众诞祭"。[4] 这是一个很有意思的说法,表明他们想要延续原本就有的民间祭祀传统,以此对抗官方停祀的做法。他们在当年孔子诞庆之时还发表了一份《圣诞纪念宣言》,在希望恢复丁祭的同时,更视孔子诞日纪念为尊孔的"一线生机"。[5] 这一线生机很快便在南京国民政府治下发展为尊孔的主要方式,这是长沙的尊孔者没有预想到的。

湖南士绅的尊孔活动得到了新任湖南省军政长官鲁涤平、何键的支持,他们在当年夏历孔诞前电请南京中央政府"明定祭孔典礼,以遏乱源,而甦国脉。"[6]南京国府委员会于 1928 年 10 月 2 日开会讨论了他们的提议。可注意的是,湖南方面只是提出要祭祀孔子,并未说明丁祭或诞祭,大学院和内政部在经过讨论之后,提出的只有诞庆纪念方案:

拟以孔子诞日为纪念日,规定纪念仪式,通行全国各学校一体遵照,并于是日举行纪念时,演述孔子言行事迹,以志景仰。[7]

此议案当天即获国府委员会第九十八次会议表决通过。10 月 7 日内政部即通电全国遵照执行,添加了国府会议"仪式不必规定"的意见。[8]

巧合的是,当年夏历八月二十七日恰逢 10 月 10 日"国庆节",有些地方难

---

[1] 中央政府层面上未再恢复,某些地方政府则仍举办过丁祭活动,见后文。

[2] 《晋阎对废止祀孔谈话》,《兴华》,第 25 卷第 10 期(1928 年),第 42 页。

[3] 如上海、苏州等地,参见《绅学界上丁祀孔礼节》,《申报》,1928 年 2 月 29 日,第 15 版;《祀孔之所闻》(苏州)《申报》,1928 年 2 月 28 日,第 10 版。

[4] 《乙亥夏历孔诞祭祀宣言》,任福黎编印:《乙亥夏历孔诞祭祀纪念刊》卷上,长沙同文印刷公司1936 年夏四月出版,第 2 - 3 页。

[5] 《圣诞纪念宣言》(民国十七年戊辰夏历八月二十七日订),《乙亥夏历孔诞祭祀纪念刊》卷上,第7 页。

[6] 《时事采集(国内之部)》,《来复报》(杂志),第 502 期(1928 年),第 7 页。另见何键署名的《呈请中央明定孔子祀典之鱼电(民国十七年八月六日于衡阳清乡会办行署)》,《国光杂志》第 8 期(1935 年),第 111 页。

[7] 《国府会议纪要》,《申报》,1928 年 10 月 3 日,第 4 版。

[8] 《内政部公布孔子纪念日》,《申报》,1928 年 10 月 8 日,第 7 版。

免厚"国庆"薄孔诞。① 惟有湖南省的孔诞庆祝活动极为热烈,远远盖过了国庆气氛,因孔诞纪念是湖南当局呈请政府而争取到的成果。鲁涤平在湖南孔诞纪念仪式上的致辞中仍表示有望于丁祭的恢复,他沿用湖南士绅的观点,认为孔子生日庆贺是保存了尊孔的一线生机,希望由此而使全国同风,养成人人尊崇孔子的习惯。②

　　年初废除丁祭,下半年又确定孔诞纪念日,南京国民政府的变化出人意料,其中当然也有 1927 年"清党"运动的政治动因。正如当时有人所分析的那样,一般老古董把废祀孔子,毁弃孔庙的行为归罪于共产党,"于是以恢复孔庙祭祀为反共的第一步。"③恢复祀孔无疑是国民党清除共产党影响的一个步骤,是国民党右倾化的标志性文化事件。④ 从权力哲学的角度来看,南京政府从废孔转向尊孔,与民国初年北洋政府尊孔没有本质的不同。1928 年年初,国民党废孔祀的主要理由是孔子尊王忠君思想与"本党主义"相悖,但是到了下半年,尊王忠君观念却被解释为与尊一国之主权相一致。阎锡山指出,"忠王尊君者,尊其统治权,正与今日谋统一尊主义之义相同。"⑤所以,1928 年"国庆"与孔子诞日恰好同一日,也就成了四海统一,圣道如青天白日般昌明的佳兆,庆祝"国庆"便是庆祝孔子圣诞,唱中华民国国歌,等同于背诵孔子的圣训,实行总理遗言,便是实行孔子的学说。⑥

　　当然,南京政府所恢复的不是历代相传的丁祭而是更有民众性的诞祭。年初废除丁祭,立即恢复确实太突兀了,而且丁祭毕竟属于封建专制时代的官方祀典,贸然恢复有损于国民党自我标榜的"革命"形象。另外,南京政府奉行阳历甚为坚决,而丁祭是按照阴历来确定祭期的,春、秋二丁无法折成固定不变的阳历日期。值得一提的是,南京政府并未规定孔子诞日是按夏历还是阳历,但

---

　　① 如江苏江阴南菁学院(即第四中山大学区南菁学院)10 月 10 只举办了国庆纪念,10 月 15 日才补办了孔子诞日纪念会。见《南菁院刊》,1928 年第 1 期,第 16－17 页;松江则因国庆之故,孔子诞日纪念草草了事。见《孔子诞日纪念》,《申报》,1928 年 10 月 12 日,第 10 版。

　　② 《湘省热烈举行孔诞纪念——鲁涤平何键均有尊孔演说》,《申报》,1928 年 10 月 19 日,第 9 版。

　　③ 鲁汉:《废祀孔与复祀孔》,《革命》(周报),第 63 期(1928 年),《革命周报》第七册合订本,第 120 页。

　　④ 1934 年南京政府隆重庆祝孔子诞辰时,明确表示中华民族固有道德的丧失,原因之一就是"赤匪"纵邪说,流毒社会。发扬孔子精神就是为了消弭共产"邪说"。参见《孔子诞辰宣传大纲》,《中央周报》,第 323 期(1934 年)"专载"第 5 页。1928 年湖南方面呈请恢复祀孔的电请中,也有消除共产学说影响的说法。参见前引《呈请中央明定孔子祀典之鱼电(民国十七年八月六日于衡阳清乡会办行署)》,《国光杂志》,第 8 期(1935 年),第 110 页.

　　⑤ 绩溪胡氏学校:《国庆纪念与孔子圣诞》,《来复报》,第 512 期(1928 年),第 12 页。

　　⑥ 瞻庐:《国庆与天下为公》,《申报》,1928 年 10 月 10 日,第 17 版。

是当年举行孔诞纪念的地方大多以夏历为准。

1928年年底,南京政府正式提出要彻底废止旧历,1929年的孔诞庆祝就遇到了如何确定日期的难题。福建孔教支会会长詹程亮就此咨询政府,孔子诞日本为夏历八月二十七日,在此新旧历革新之际应如何遵从?行政院开会讨论,商定为孔子诞日为阳历8月27日,内政部据此通令全国照此执行。[①] 当年南洋华侨尊孔组织"怡保孔教会"仍在阴历八月二十七日举行孔诞纪念,此事由国民党驻南洋支部告发至南京政府,国民党中央党部秘书处专门就此公函各地,禁止海外华侨沿用阴历八月二十七日纪念孔子。[②] 这也等于通告全国,纪念孔子诞日必须以阳历8月27日为准。

从1930年开始,南京政府严格执行"国历",所有旧历节日都要被消灭。该年3月,内政部和教育部又出台了旧历节日的替代办法,除中秋节以外,其余所有节日均用阳历计算。[③] "国庆"、总理诞辰等国定纪念日原本就以阳历为准,孔子诞日自然也用阳历。至此,自民国初年以来孔子诞日忽阴忽阳之规定,最终落实为按照阳历核算。

孔子诞辰成为"国家纪念日"

1928年10月初南京政府恢复祀孔时并无典礼条例,与1918年北洋政府所定的社会性"圣诞节"类似,也仅限于学校。就此而言,国民党的尊孔尚处于试探阶段,或者还谈不上真正的尊孔,只能算是针对年初彻底废除祀孔的挽回性措施。

中国自汉朝以后大致形成了一种历史思维,即对乱世的指责大多集矢于离经叛道,以至于礼崩乐坏,战乱四起,风俗浇漓,人心涣散,而由乱到治则必以尊崇孔子之道为阶。民国初年的情况也是如此,身为国民党要员的邵力子后来曾为袁世凯尊孔说了句好话,认为其中"不能说纯粹没有化风励俗,改善人心的意

---

① 见内政部《内政公报》,1929年第2卷第5期,"咨"第21页。
② 参见《浙江民政月刊》,1930年第26期,第303-304页。另见《孔子诞辰应从国历》,《申报》,1930年1月20日,第10版。
③ 《内政部、教育部致行政院会呈》,中国第二历史档案馆编:《中华民国史档案资料汇编》第五辑第一编"文化"(一),江苏古籍出版社,1991年,第430页。奇怪的是,既然保留以阴历计算中秋节,官方却又规定"中秋改用最近秋分之望日(即最早九月九日,最迟十月七日)"。

思"。① 南京政府政权稍稍稳定之后,同样面临整个社会由乱到治的难题。国民党虽然有"三民主义"在手,却仍然没有跳出传统的思维定势,也试图借助孔夫子的力量来治理社会。1934 年初开始的新生活运动,即从礼义廉耻入手,以建立新的社会道德规范与新的社会生活秩序,新的尊孔浪潮因此而起。

　　1928 年以孔子诞日为纪念日的决定出自教育(大学院)、内政两部。1934年,国民党以中央的名义规定每年的阳历 8 月 27 日为"先师孔子诞辰纪念日",且明定为"国家纪念日",不再限于学校,而是全民庆祝的节日,规格之高已经超过了前清和袁世凯时期的丁祭。② 当年 8 月 27 日,南京政府在曲阜和全国各地举行盛大的祀孔典礼,并发表大量的演说、讲话,极力推崇孔子和孔子之道,比 1927 年和 1928 年"国父诞辰"的热烈庆祝场景有过之而无不及。③

　　在国民党中央委员会通过的《先师孔子诞辰纪念办法》中,除了规定纪念日名称等项外,纪念会的秩序单最引人瞩目,因为这相当于传统的丁祭仪注:

　　　　一、全体肃立;二、奏乐;三、唱党歌;四、向党旗、总理遗像及孔子
　　遗像三鞠躬礼;五、主席恭读总理遗嘱;六、主席报告纪念孔子之意义;
　　七、演讲;八、唱孔子纪念歌;九、奏乐;十、礼成。④

　　肃立奏乐之后的第一项是唱国民党的党歌,然后是向党旗和孙中山遗像三鞠躬,再后才是向孔子遗像三鞠躬,再读总理遗嘱。这种安排把尊孔的政治意图表露殆尽。对于这样的礼仪,前清遗老程济极为愤慨,他质问道:"总理是何人,乃敢以遗像安于孔子像之上? 唱党歌、读遗嘱,居然在孔子像前,真奇怪极了! ……所以现在尊孔,是完全瞎说,狎侮孔子而已。"⑤程济是真心尊孔的守旧派,他反对国民党如此尊孔显然是为了维护祀孔旧典,在他眼里,国民党的所谓尊孔一定是非其鬼而祭之。自由派知识分子的领袖胡适对国民党的这种祀孔方式也嗤之以鼻,他在《写在孔子诞辰纪念之后》一文中明确反对国民党所称

---

　　① 邵力子:《圣诞讲演》(1934 年 8 月 27 日),《陕西省孔教会汇志》,1935 年第 4 期,第 10 页。

　　② 《国民党中央执行委员会转请国民政府明令公布祀孔办法函》(1934 年 6 月),中国第二历史档案馆编:《中华民国史档案资料汇编》第五辑第一编"文化"(二),江苏古籍出版社,1994 年,第 530 页。当时的"国定纪念日"仅六个,1942 年删去了孙中山逝世纪念日,1948 年增加了抗战胜利纪念日(9 月 3日)。

　　③ 关于这两年的孙中山诞辰庆祝盛况,可参见当时各地报纸报道,主要集中在 11 月 12 日和 13日。此后数年的热闹程度明显降低。

　　④ 《先师孔子诞辰纪念办法》,《中华民国史档案资料汇编》第五辑第一编"文化"(二),第 531 页。

　　⑤ 程济:《历代尊孔记孔教外论合刻第十三版成书感言并劝募印送启》,《历代尊孔记孔教外论合刻》,中国道德会出版,1934 年,"孔教外论",第 70 页。事实上,国民党中央决议把孔子的遗像置于总理遗像之前的案桌上,不是像程济所说的那样。参见《中央常务会议》,《申报》,1934 年 8 月 17 日,第 3 版。

尊孔是为"倡导国民培养精神上之人格"以拯救道德之说。胡适认为最近二十年中国的进步并不是孔夫子之赐,"是大家努力革命的结果,是大家接受了一个新世界的新文明的结果。"① 在写作此文的当天,胡适在日记中如此评论国民党的尊孔之举:"最近二十年为中国进步最大的时期。一班老革命党不认得革命收功正在此,乃妄自菲薄,手忙脚乱的要开倒车,甚可笑也。"② 胡适并不纠缠于诞辰纪念或丁祭,而是彻底否定政府尊孔的做法,希望国民和政府都能向前看而不要开历史倒车。

像程淯这样公开指责党化尊孔活动的人毕竟不多,旁敲侧击的则不乏其人,保守人士主要对政府专重诞庆有不同看法,念念不忘的是传统的丁祭。湖南士绅以自己的方式表达了不满。他们认为政府认定的孔子阳历诞日是错误的,如果不加改正,孔子有灵必不接受。他们在 1935 年搞了一套有别于政府的尊崇孔子诞辰的仪式,并制定《夏历孔诞祭祀筹备会简章》,把孔子诞日定为夏历八月二十七日。③ 他们希望政府采用传统的夏历,在突出诞祭的同时也注重丁祭:

> 古者祀孔子,注重丁祭,今则注重诞祭,不必是古非今,亦不必居今而薄古。二者各有意义,可以并行不悖。丁为释奠之义,专为兴学言之。凡为先圣先师皆重用丁。丁取文明之象,乃古圣所同也。此政府所急宜恢复者也;诞为纪念之义,乃为全民言之,必为生民未有之圣人,乃能纪念其诞日,俾全民观感,不仅拘于学校,此为孔子所独。故民众犹当注意者也。④

在他们看来,丁祭是当权者应该举行的,诞祭属于民众行为,两者的层次不同。言下之意,政府亟应恢复丁祭,以倡导中华固有文明,诞日则由民众来纪念,以志景仰。

也有人连夏历孔诞日的诞辰纪念仪式也不愿意承认,认为"此礼究非中国所宜",春秋上丁正值如今学校寒暑假后开学之时,应该像古代那样在开学时举

---

① 胡适:《写在孔子诞辰纪念之后》,原载《独立评论》1934 年 9 月 9 日,第 117 号,转引自欧阳哲生编:《胡适文集》第 5 册,北京大学出版社,1998 年,第 413 页。

② 胡适 1934 年 9 月 3 日日记,曹伯言整理:《胡适日记全编》第 6 册,安徽教育出版社,2001 年,第 406—407 页。

③ 《夏历孔诞祭祀筹备会简章》(民国二十四年秋月订),其第一条即"宗旨及名称:夏历八月二十七日原系孔子诞辰,是日由士民举行祭祀以资纪念。" 前引《乙亥夏历孔诞祭祀纪念刊》卷下,第 46 页。

④ 《乙亥夏历孔诞祭祀纪言》,《乙亥夏历孔诞祭祀纪念刊》卷上,第 5 页。

行祀孔典礼。① 有人认为政府以阳历诞日祀孔,这个日子实际上早于孔子出生日期一月之久,如此做法"无异于与神约言曰:'祭则子享之',生日则我定之。不敬莫大乎是!"并对将孔子祭祀降格为一般生日纪念的做法痛心疾首,认为政府的生日之祀不过是装点文明而已。作者所念者还是春秋丁祭祀典。② 也有人认为孔子是中国的圣人,中国人纪念自己的圣人应该用中国固有之典礼,即数千年来的春秋释奠礼。以西方人的阳历为准纪念中国圣人的诞辰,孔子一定会有用夷变夏之痛。③ 这些言论也出自湖南士绅之口。湖南自 1928 年以后一直都热烈庆祝孔诞,他们此时对政府隆重庆祝孔子诞辰如此担忧,究竟是为什么? 从他们的言论中可以看出,他们担心政府过于强调诞辰纪念,必然愈加淡化传统的祀典,恢复丁祭也就愈无希望,而丁祭在他们看来才是中国人祀孔的正祀,象征着中国的正统文化,因此希望当时的湖南主政者何键"更为登高之呼,纠正群言之惑",像 1928 年呈请南京政府恢复祀孔那样,直接呼吁恢复丁祭古礼,以纠正过于注重诞辰庆祝的时弊。④

丁祭在真心尊孔者的心目中究竟有多重要? 有一个人愿意用生命的代价来为恢复丁祭而号呼。这个人的行动在当时曾引起过一阵骚动。

1928 年 8 月的一天上午,有一位穿着中山装的青年来到由孔庙改成的浙江上虞中山图书馆,要求参观大门紧锁的大成殿。"革命同志"看他的装束以为他也是革命同志,便到县党部取了钥匙让他进去。中午时分,工作人员想起此事,进殿寻找此人,却不见其踪影,唯见孔子案下地面上留有一行粉笔字:"归欤归欤,何觊小子简狂,何窘夫子一至此耶。孔教信徒留迹。"再看案上,孔夫子的牌位已不翼而飞。⑤

窃走孔子牌位的青年叫俞伟臣,他曾在康有为所设的上海游天书院学习过,是一位性格颇为偏执的尊孔者。他将窃走的孔子牌位带到上海,游说于大人先生之门,希望他们能为恢复祀孔出力。随后又远赴东北,谒见张学良,求他电请政府恢复孔教。旋见报载有恢复丁祭之说,喜极而泣。⑥ 但是,丁祭并没有恢复,绝望之余,俞伟臣竟抱着孔子牌位投海自尽。在其致友人的绝笔信中,

① 健庵:《祀孔日期刍言》(社论),《国光杂志》,第 7 期(1935 年),第 2 页。
② 仰公:《孔子生日祀典感言》(社论),《国光杂志》,第 8 期(1935 年),第 10—11 页。
③ 曾觉叟:《孔子诞辰纪念感言》,《国光杂志》,第 8 期(1935 年),第 12 页。
④ 仰公:《孔子生日祀典感言》,《国光杂志》,第 8 期(1935 年),第 11 页。
⑤ 玉箫生:《孔夫子失踪趣闻》,《申报》,1928 年 8 月 26 日,第 21 版。
⑥ 王志鹏:《从容就义难之俞伟臣》,《申报》,1928 年 10 月 16 日,第 19 版。

他希望"诸公本杀身成仁之精神,毋吝风烛草霜之衰年,团结父老,力竞力争,务达恢复春秋丁祭".[①]

当余伟臣抱着孔子牌位奔走于当权者之间,我们不仅看到了他忧心如焚的样子,孔子自己所形容的累累若丧家之犬的恓惶景象仿佛也出现在眼前。如果余伟臣不死,他是否会像程清那样痛斥国民党大张旗鼓地纪念孔诞?或者像湖南士绅那样,一方面接受政府的诞祭,一方面又念念不忘恢复丁祭?对大多数尊孔者来说,湖南士绅的态度是具有代表性的,他们不会对抗政府的诞辰庆祝,毕竟多一个纪念日总是好的,他们同时也希望政府能兼顾丁祭。[②]

确实,某些地方政府也试图努力恢复丁祭。广东在1933年就由陈济棠发布了恢复孔子、关岳祀典的议案,宣布要在上丁、上戊分别祭祀文、武二圣。[③]次年春丁,广东方面在府学孔庙举行了盛大的丁祭典礼。[④]当年秋丁和1935年春丁也都按照丁祭典礼祭祀了孔子。[⑤]1935年,浙江省官方的祀孔既在政府规定的阳历8月27日开会庆祝,两天后又在孔庙举行了丁祭仪式。[⑥]到抗战爆发前,仍有一些地方政府举办丁祭祀礼。[⑦]当然,这些地方政府的举动并不能代表国民党中央政府的意图,但是他们的尊孔方式并不违背中央政府的尊孔导向。

孔子在中国是金字招牌,祀孔历来就是争取正统统治地位的重要手段。1934年对孔子来说真是交了鸿运,不仅南京政府高调祀孔,伪满洲国也热烈祀

---

① 王志鹏:《孔夫子失踪续记》,《申报》,1928年9月5日,第17版。

② 1912年秋教育部暂定孔子诞日纪念的规定出台以后,有人曾拟上书袁世凯,认为应该饬令各省一律举行秋丁祭祀,参加者为各省都督、民政长以及文庙所在地的官长、各崇圣团体、各学校以及绅耆士儒,同时在丁祭日和诞祭日全国放假,一体悬挂国旗,停学、停业以致庆祝。可见在一些守旧人士的眼中,丁祭最为重要,再有诞祭就更好。参见正襟:《拟上大总统通饬各省一体举行丁祭书》,《崇圣汇志》,第1卷第4期(1913年),第14—16页。

③ 《陈总司令济棠请恢复孔关岳祀典提案》,《军声》,第5卷第6期(1933年),"专载",第6—7页。

④ 味荔:《广州通讯》,《申报》,1934年4月4日,第17版。

⑤ 见《粤省举行祭孔》,《申报》,1934年9月14日,第3版;《粤省祭孔典礼》,《申报》,1935年3月22日,第3版。

⑥ 有趣的是,《浙江青年》在报道这一消息时虽在标题中提及丁祭,但是文中没有提到文庙丁祭。见《孔子诞辰举行纪念会及丁祭》,《浙江青年》1935年第1卷第11期,"一月来之浙江要闻",第2页。而《申报月刊》则把两次活动合二为一。见《申报月刊》,第4卷第9期(1935年),第1页图片报道。文字说明是:"浙江省孔子诞辰纪念于八月二十九日即仲秋第一个丁日在杭州孔庙大成殿丁祭。"

⑦ 1936年春丁,北平、天津、保定、张家口都由政府主办丁祭。参见《冀垣平市举行祀孔典礼》,《申报》,1936年2月26日,第7版。1937年春丁,北平、天津和察哈尔省以政府名义举行丁祭。参见以《春丁祀孔》为主题的一组报道,《申报》,1937年3月22日,第3版。

孔,不过,他们举行的是丁祭。① 到了抗战时期,北平伪政府也下令丁祭孔子。②
汪伪政府在南京成立后也抢着祀孔,同样也侧重于丁祭。③ 汉奸政府的祀孔行
为无疑使丁祭陷入万劫不复的境地。抗战胜利以后,放眼全国都看不到丁祭的
影子,恢复丁祭的呼声再也听不见了。

　　民国党政府主导的孔子诞辰纪念仍在每年阳历 8 月 27 日举行。1948 年,
南京政府举行了最后一次盛大的孔诞纪念会。④ 而此时的孔诞纪念日早已与
教师节同日,失去了独享性。⑤ 国民党败退台湾以后,意识到原定阳历 8 月 27
日为孔诞纪念日的尴尬,遂于 1952 年将纪念日改定为每年的 9 月 28 日,因为
孔子出生于鲁襄公二十二年八月二十七日,换算成阳历,那一天是西历公元前
551 年 9 月 28 日。⑥ 此后,台湾方面每年 9 月 28 日都举行庆祝活动,机关、学
校、商店、厂矿等都要悬挂"国旗",并且休假一日,孔诞仍是一个岛内全民性的
节日。

孔子诞辰纪念日——一个被发明的传统

　　丁祭是帝制时代的尊孔仪式,民国说到底是推翻帝制之后建立起来的现代
共和政体,虽然仅有其形而乏其实。政治在改变,社会在改变,尊孔的仪式也自

---

　　① 当年的孔祀日期为 9 月 13 日(即农历八月初五日丁亥日)。参见《伪组织定期祀孔》,《申报》,
1934 年 9 月 6 日,第 10 版。伪满洲国丁祭自 1932 年就已举行,参见《中华民国史资料丛稿》特刊第一
辑,第 60 页。

　　② 《政府公报》(北平伪政府),1939 年第 64 期,"行政、公牍",第 3 页;《市政公报》(北平伪政府),
1939 年第 44 期,"命令",第 1 页。

　　③ 《内政公报》(汪伪政府),1941 年第 13 期,"行政院令",第 13 页。汪伪政府也在孔子诞日举行
过庆祝活动。

　　④ 《总统亲自主持孔诞纪念会于院长报告孔子学说思想——为世界和平我们要担起继往开来的
大任》,《申报》,1948 年 8 月 28 日,第 1 版。1949 年 8 月 27 日,逃亡中的国民党政府在广州还草草举行
过一次"孔子二千五百年诞辰纪念典礼",由阎锡山主持。见《中华民国史资料丛稿》特刊第一辑,第 89
页。

　　⑤ 1939 年,国民政府定 8 月 27 日为教师节。1947 年,"教育部"曾请专家研究教师节改期,因为
两节合在一起,学校放假,失去了以学校为中心的庆祝条件。见《教育部请专家研究改订教师节日期》,
《申报》,1947 年 11 月 19 日,第 6 版。

　　⑥ 1950 年,台湾教育界人士认为孔诞纪念日定为阳历 8 月 27 日并不准确,而且这个日期正值暑
假,学校庆祝不便,提请改正。经过专家研究讨论之后,台湾当局否决了改回阴历八月二十七日的动议,
改以阳历追溯孔子出生月日,遂定孔子生日为 9 月 28 日。参见孙镇东编著:《中国纪念节日手册》,台湾
东华书局股份有限公司,1987 年,第 351－356 页。教师节也随之改为 9 月 28 日。见该书第 358 页。

然会随之改变,所以才会有忽而诞祭,忽而丁祭,忽而又诞祭的现象,最终还是以诞辰纪念为正宗,这才彻底颠覆了中国历史上丁祭孔子的释奠礼。

康有为之所以重视孔子诞辰,就是认识到孔子之道与中国社会之间的关系已经发生了深刻的变化,他曾说:

> 昔者吾国人人皆在孔教之中,鱼相忘于江湖,人相忘于道术,则勿言孔教而教自在也。今则各国皆有教而我独为无教之国,各教皆有信教奉教传教之人,坚持其门户而日光大之。惟孔教昔者以范围宽大,不强人为仪式之信从,今当大变,人人虽皆孔教,而反无信教奉教传教之人。①

在鱼相忘于江湖的时代,国人不必依靠仪式也知道崇敬孔子,毕竟人人还知道要读圣贤书,行圣贤事,虽不能至,心向往之,所以,朝廷的丁祭与百姓无关并不是大问题。清末民初,孔子之道受到西学、西教的逼迫越来越紧,传统社会之"江湖"日趋干涸,如果再胶执于在上者的丁祭仪式,尊孔的社会性宗教意义就无法充分体现,也就无法回复到鱼水交融的理想状态。这是康有为等人转向具有民众基础的神诞庆祝仪式的内在理由,大成节的设立正是要通过孔诞的亲民性来提高民众的尊孔意识,以应对西方政教的挑战。康有为说得很明白:

> 诸教未相通之时,无以相形者,不举行圣诞之典可也,今他教举圣诞之典而我不举,无乃我忘其教主乎?故今者不可不举行圣诞典也,时也。②

康有为等人之所以效仿耶教的做法,是认识到耶教能渗透到社会的每个角落,对社会、政治产生巨大的影响,真正像水一样滋养整个国家、社会。当他们看到西方国家举国欢庆耶稣诞辰,如中国过年那般热闹,所受的刺激可想而知,何况这种情况居然在中国也出现了。湖南士绅观察到,"耶教流入中国,而耶之诞日(即西历十二月二十五日)撞钟伐鼓,车水马龙,士大夫输城献媚,博吸文明,以图富贵,往往过于佛氏,且其势力弥满世界,必至消灭各教。"③与耶诞节相比,丁祭只由官方举行仪式的局限性也就非常明显了。所以,清末民初的民间尊孔者一再强调不分民族、不分阶级、不分男女老幼,人人都可以入孔庙礼拜

---

① 康有为:《孔教会序一》,载《康有为政论集》(下),第 733 页。
② 康有为:《曲阜大成节举行典礼序》,《不忍》杂志第九、十期(合刊),1917 年 12 月出版。康有为这里所说的"诸教"主要指耶教,而不是中国人所熟悉的佛、道等教,佛、道诸教早已在中国与儒教想通,且也有诸多"圣诞"之典。
③ 《乙亥夏历孔诞祭祀纪言》,载《乙亥夏历孔诞祭祀纪念刊》卷上,第 6 页。

孔子,同时也能像佛、道、耶诸教那样,在教主诞日普天同庆。这样才可使得"全民得有机缘,可瞻宫墙美富,咸具学道爱人之心"。① 以孔诞比拟耶诞、佛诞,以使普通民众有机会参与祭典,领略孔子之伟大,使全民受教于孔子之道,这就是民初尊孔者推崇孔诞的基本意图。

另一方面,由于民国初年丁祭典礼游移不定,尊孔者以诞庆替代丁祭,也是一种应对的措施,虽然多少有点出于无奈,总算是保留了尊孔的一种仪式。也就是说,在祀孔问题上,民初出现了明确的官、民分途情形,袁世凯在明定丁祭典礼的同时,允许民众在孔子诞日自由致祭,也是反映了这一现实,这也说明前代孔诞庆祝的社会基础在民国初年以后确实得到了加强。

国民党纪念孔子诞辰虽在时间、仪式上不同于丁祭,其意义与丁祭并无实质差别,都以国家权力推尊典礼,礼仪虽异,庄重肃穆并无二致,孔诞纪念的祭品、祭器、祭乐也都一应俱备。② 与以前的丁祭不同的是,先师孔子诞辰纪念日是一个全民性的节日,从表面上看实现了尊孔者所希望的人人参与,但是从形成的方式来看,孔子诞辰纪念日却是一个比较典型的"被发明的传统",即由掌权者主导而形成的一般性民众节日。③ 南京政府所定的这个纪念日又将民国初年官、民分途的祀孔归于一途,即把孔诞庆祝统一到政府所定的节日规制之中,最突出的一点就是武断地把孔诞日定为阳历 8 月 27 日。也正是在这个由权力"发明"的日期上,民间尊孔者表达了他们的不满,因为掌权者侵犯了他们所理解和继承的孔诞庆贺传统。然而,权力是强有力的,即使是曲阜孔圣后裔也不得不认可政府所定祭孔日期,"衍圣公"之称也被南京政府强加的一个新头衔取代了,他成了民国的"大成至圣先师奉祀官"。末代"衍圣公"孔德成在1934 年国民党第一次大规模祭孔时所说的一段话,表明了权力侵占祭孔的事实,他说:"须知崇拜圣道,便是拥护政府,将来内忧外患,自然减少,则国内政治,不难蒸蒸日上。"④孔德成当年仅 14 岁,他的发言想必有人起草,只是借他之口而已。这说明这位"大成至圣先师奉祀官"只是国民党政府借以表达政治

---

① 《乙亥夏历孔诞祭祀纪言》,载《乙亥夏历孔诞祭祀纪念刊》卷上,第 6 页。

② 规模当然比不上前清的丁祭,但是也有全羊、全牛、全猪(即"太牢"),祭器则有无比尊贵的十件鼎彝,并有古乐。可参见《国民政府各部院会代表曲阜祭孔纪实》(1934 年 8 月 27 日),《中华民国史档案资料汇编》第五辑第一编"文化"(二),第 534 页。

③ 关于"被发明的传统"可参看特伦斯·兰杰:《殖民统治时期的非洲传统的发明》,[英]E.霍布斯鲍姆、T.兰格著:《传统的发明》,顾杭、庞冠群译,译林出版社,2004 年,第 270－337 页。

④ 见《祭孔大员——叶楚伧等返抵京——褚民宜等出席院报告　汪等提出尊孔意见三项》标题之下的"兖州"报道。《申报》,1934 年 8 月 29 日,第 3 版。

意图的工具,进而言之,"大成至圣先师"也不过是可资利用的政治工具而已。

康有为曾说,"今之谬慕欧、美者,亦知欧、美所以强盛,不徒在其政治,而有物质为之耶。欧、美所以为人心风俗之本,则更有教化为之耶? 政治教化之与物质,如鼎之足峙而并立,教化之与政治,如车之双轮而并驰,缺一不可者也。"①康有为之重视孔教的宗教化,是为了使孔教在社会中真正发挥教化作用,使之成为与政治并驰的独立且平等的另外一轮。他在民国初年一再反对政府对民俗的干预,认为孔教早已融入民俗,政治应该适宜于民俗,而不可在民俗之外强制行令。② 问题是,孔子之道在中国从来也没有像佛、道、耶三教那样真正具有民俗意义上的广泛的世俗性,否则的话,民众早就会像礼拜佛主、观音那样到孔庙烧香磕头了。孔教的教化具有治理社会功能,但是向来缺少民俗的一面,盖因孔子之道与统治权力始终一体,并没有像西方那样发生过政、教分离,像耶教那样单独使"教"成为深入社会的一轮。孔子的儒教在古代中国一直被纳入政治的那一轮而成为其附属物,始终没有获得单独的教化地位。在中国古代历史上,政治或可以与物质性的经济生活双轮并驰,却无法与教化双轮并驰,因而不可能像康有为所设想的那样形成教化、政治、物质三足鼎立之势。在祀孔这件事上,无论是丁祭还是诞庆,最后都没有改变一个基本的事实,即如鲁迅先生所总结的,"孔夫子之在中国,是权势者们捧起来的,是那些权势者或想做权势者们的圣人,与一般的民众并无什么关系。"③明乎此,我们才能知道,孔教想要像康有为设想的那样成为民俗几乎是不可能的事情。

正因为孔夫子在中国历史上一直都是政治化(或曰权力化)的人物,因此他本人也就成了权力符号。孔子以及孔子所代表的儒家文化固然是中国最值得称道的文化遗产,但是当孔教成了统治工具,当孔子成为权力符号,对于至圣先师的纪念也就无所谓丁祭或诞辰纪念日或其他任何纪念形式,权力所需要的只是顶礼膜拜的仪式,无论是丁祭仪式还是诞辰纪念仪式,只要是仪式即可,因为祭祀孔子的仪式实际上是主张祭祀的掌权者对自身权力的认可仪式。在这个过程中,孔子本人其实是无关紧要的,要紧的为什么要献祭,谁给他献祭,以什么方式给他献祭,所以,丁祭也可以像某些人建议的那样改用阳历,诞祭也可用阳历,当然也可以在学校开学的时候举行祭祀。对于这一点,我们在从清末到

---

① 康有为:《孔教会序二》,《康有为政论集》(下),第 735 页。

② 可参见康有为:《议院政府无干预民俗说》(1913 年 3 月)、《复教育部书》(1913 年 5 月),《康有为政论集》(下),第 823－827 页,864 页。

③ 鲁迅:《在现代中国的孔夫子》,《且介亭杂文二集》,人民文学出版社,1993 年,第 99 页。

民国时期的祭孔形式的争执与演变过程中看得很清楚了。虽然民国时期有许多民间人士奉祀孔子诞辰,力图把孔诞改造成像耶稣圣诞那样的"节"(如"大成节",也有人把孔诞叫做"圣诞节"),但它最后还是被权力收编了。国民党政府所定的孔子诞辰纪念日实际上的功效与帝制时代的丁祭相去不远,如果我们不纠缠于中国人素所讲究的"名",孔子诞辰纪念日其实就相当于名义上号称"共和政体"下的"丁祭"。

反观耶稣的诞辰欢祝,它之所以能为许多中国人接受,主要还在于耶教早在开始庆祝耶诞日的时候就主动吸收了原属于民间的节庆方式,经过漫长的历史发展,尤其是维多利亚时代的商业化,圣诞节已经完全融入了社会日常生活,成为一个既有宗教含义,又有丰富的社会生活内涵的大众化节日。这个节日与生活之间没有隔膜,经过政教分离的历史洗礼之后也基本上与权力没有瓜葛。而且,即使忘记耶稣基督,人们也可以照样过这个节日,就像中国人过这个节日一样,所以,它在物质和文化上也具备广泛传播的可能性。再加上消费和商业的促进因素,圣诞节完全是一个可供所有商业社会消费的节日,从而具备了可能超越国界和文化隔阂的基础。这些特点都是孔子诞辰庆典所缺乏的。康有为等人看到西方人不分贵贱,人人欢天喜地庆贺耶稣的诞辰,便也想使孔诞与其享有同样的待遇,这完全是一厢情愿的梦想。我们看他所领导的孔教会在曲阜所开的"大成节"就可知道,他们这些尊孔者至多也不过是把丁祭的那套仪式简化以后用于诞祭,根本就没有吸收民俗以使孔诞成为一个新民俗的实际措施,实际上也没能把孔诞打造成具有民俗性的一个社会性节日。其实,康有为等人的意图与北洋政府以及后来的南京政府的当权者是一样的,无非是想要孔子之道继续在现代社会发挥其曾经具有的政教作用,恰恰是这种想法阻碍了孔诞成为一个社会性节日,因为它不可避免地要与权力发生关系,而权力规制下的孔诞绝不会成为一般的社会性节日,更不会像佛诞、观音诞或耶稣圣诞节那样给人们提供一个消费和玩乐的机会。鲁迅先生说得好,"南京的夫子庙固然是热闹的地方,然而这是因为另有各种玩耍和茶店的缘故。"①

①　鲁迅:《在现代中国的孔夫子》,《且介亭杂文二集》,第99页。

第六章　圣诞节在当代中国的流行

　　商业性的圣诞节在解放前主要在上海等大城市中流行。在前面的章节中我已经描述了这个洋节在遭遇政治冲击之后仍成了一个狂欢的节日的情况。不过,这个洋节在 1949 年以后便消踪灭迹了。一直到改革开放以后,先是在上海、广州、北京等大城市,后来则在全国各地的大中小城市为部分人群所效仿,圣诞节才逐渐又成为一个一年一度的洋节日。本章的目的就是要考察这个洋节在当代中国重现、发展、成型的过程及其背后的原因。本章主要利用当代报纸资料,原因在于当代中国报纸的市场化步伐与经济和社会生活的逐步开放和多元化发展基本保持同步,报纸对社会领域中出现的新事件、新现象一般都会加以报道,由此可以使我们了解社会生活变化的轨迹。而且,报纸的报道对社会生活本身也会发生舆论上的影响,对圣诞节的传播与流行也起着一定的作用。①

　　节日可视为社会生活的节奏,过节则是社会生活活力的一种体现,从节日的数量和过节方式以及节日的热闹程度中,我们大致可以观察到一个社会的发展状态。新中国建立后,中央政府立即规定了法定节庆日②,曾经盛行一时的

---

　　①　需要指出的是,利用国内当代报纸的缺点也很明显,主要有些报纸(主要是党委机关报)对社会生活的关注度不够,对圣诞节的报道较少甚至没有。如广州的圣诞节自 80 年代初就已开始,但是 80 年代初的《广州日报》《南方日报》几乎不报道此事。由于 80 年代初的报纸格局以党报为主,即使有些城市已经在过圣诞节,我们也很难得知其情况。《人民日报》在 80 年代对西方国家的圣诞节多有报道,而对国内的情况则甚少有消息和文章,如果只看该报,根本就无法得知 80 年代的中国人还这么热衷于过圣诞节。这当然与该报的性质有关,所以也不必苛求。此外,改革开放之后的社会生活尽管受政治意识形态的影响有限,但是报纸受其影响较大,有些年份关于圣诞节的报道可能存在疑问。至于新闻报道本身存在的专业不足之处,更是研究者难以核对的。所有这些因素都可能导致本章的阐述和结论同样存在局限性。另外,我之所以不采用调查、访谈等实证方法研究当代中国圣诞节的流行情况,也是为了在资料(主要是报刊和书籍)使用上保持前后一致,以使全书在风格上协调。

　　②　属于全体人民的节日只有四个,即新年(元旦)、春节、劳动节、国庆纪念日。属于部分人民的有妇女节、青年节、儿童节、人民解放军建军纪念日等等。参见《政务院十二次会议通过　年节和纪念日放假办法　通令全国一致遵行》(新华社 1949 年 12 月 23 日电),《解放日报》,1949 年 12 月 25 日,第 1 版。

圣诞节则完全从社会生活中消失了。此后,随着社会主义革命和建设新社会的政治运动一个接着一个,中国的许多传统节俗也逐渐弱化,有些甚至不再出现在人们的日常生活之中。① 改革开放使社会生活又恢复了应有的活力,中国传统节俗得以逐渐恢复,与此同时,圣诞节也重现于中国社会,不到十年间便在一些大城市中形成了热闹的"洋节"。

在此要特别指出,这里所谓的"重现"并不是由于对社会生活放松管制之后接续了解放前的"洋节",只是指圣诞节又出现在当代中国社会中的这一社会文化现象。1949 年这一特殊的年份可以说完全切断了"旧社会"的圣诞节俗,在"新社会"里生活的人,尤其是改革开放之后接纳圣诞节的那些都市人,绝大多数对这个节日在解放前的情况并不知情,当然也不会有集体记忆。少数在1949 年前经历过圣诞节的人,到这个节日再流行起来之时都已步入老年,不再是这个洋节的参与主体,即使有故事可讲,他们也不会对青年人产生影响,他们绝不是推动这个洋节再度流行的力量。这里的意思是说,圣诞节从 20 世纪 80 年代以后在当代中国的流行,完全是在独立的社会情景下发生的现象,与历史延续性没有丝毫的关系。唯其如此,圣诞节在当代中国的流行才是一个值得重视的社会文化现象,因为,我们在与解放前的情景对照之后就可发现,历史有时候真的非常相似。

圣诞节的重现和趋热

圣诞节在当代中国的流行有两个较为明显的演变轨迹。①从参与主体来看,先是教会、教堂举办圣诞庆祝活动,信徒和一些不信教的市民参与其中;涉

① 解放后至改革开放前,凡是被认为封建迷信的节俗大多遭到清除,比如清明节演变为祭扫烈士陵园为主,原来的民间"清明会"消失;重阳节也长期停止;中元祭祀则几乎不存在;其他如迎神(如财神、灶神等)、祝神诞(如佛诞、观音诞、玉皇诞、天官诞等)也几乎消失不见或不敢公开举行。就连春节,也曾经在政治的强制下一度成为"革命化的春节"。1967 年春节前国务院曾发出通知,为了适应革命形势,春节不再放假。此后十年间,每逢春节党的报纸都要号召大家过"革命化的春节"。参见陈竞:《"革命化的春节"过了十年》,《党的建设》,2006 年第 1 期,第 26-27 页。当然,普通人私下仍按传统的方式过年,只是不敢公开举行庙会、迎财神之类的活动。到 1979 年春节前,《人民日报》发表了两篇读者来信《为什么春节不放假》《让农民过个"安定年"》,引起人民群众的强烈反响,从 1980 年开始,国务院恢复了春节放假制度,算是正式回归了传统的年节。参见孙世华:《当年的革命化春节》,《黑龙江日报》,2011 年 1 月6 日,第 12 版。关于"革命化春节"的政治解读,可参见忻平、赵凤欣《革命化春节:政治视野下的春节习俗变革——以上海为中心的研究》,《中共党史研究》,2014 年第 8 期。

外宾馆、饭店以圣诞装饰和圣诞大菜等招待外国人和华侨之后,圣诞大菜和圣诞老人、圣诞树等节日元素为一般餐饮和娱乐场所所效仿,尝鲜的市民乐于加入其中;商场和其他各种的消费场所充分利用这个洋节的商机,更多的市民以消费行为积极参与到这个洋节的狂欢之中。② 从空间角度来看,圣诞节最早出现在上海、广州、北京这些大城市,然后逐渐波及其他省会城市和更小的城市。① 上海的圣诞节最为热闹,如果圣诞节在当代中国的流行有中心与边缘之分,上海无疑是中心圈的核心。

教堂中的圣诞庆祝

1949 年以后,社会上不再有消费性的圣诞节,教堂里庆贺耶稣诞辰的活动仍保留至 20 世纪 60 年代中期。② 据报道,1956 年平安夜,北京二十三个教堂都举行了庆祝活动,《平安夜》等颂歌在教堂响起。上海君王堂在美国籍主教华理柱(James Edward Walsh)主持下也有子夜庆祝活动。③ 1957 年也照常有教堂的平安夜庆祝。④ 1963 年教堂里也有圣诞庆祝。⑤ 但是,到了 1965 年,参加圣诞庆祝的人已经很少了,北京米市街教堂只有 50 人参加,且多为老人。⑥ 这主要是 1964 年"四清运动"后,宗教活动在更大范围内受到限制所致。1965 年圣诞节,上海天主堂已没有半夜庆祝,仅 12 月 25 日早上有一台庆祝。有一个女教徒到她所在的天主堂望"半夜庆祝",看见门关着,便敲门,但是没有人出来开门,只听见门房内有人说:回去睡吧! 夜里睡不好,白天会影响生产。这个女教徒气得转身就走,连早上的"圣诞庆祝"也不来望了。⑦ "文革"开始以后,教堂活动完全停止,圣诞庆祝当然也彻底消失了。

---

① 限于篇幅和地方资料的不足,也为了避免过于枝蔓,本章不拟叙述中小城市的情况。

② 顾裕禄:《中国天主教的过去和现在》,上海社会科学院出版社,1989 年,第 111 页,159 页。1952 年 12 月 28 日,天主教上海教区主教龚品梅曾在帝王堂举办全上海市大专院校"公青分子"圣诞联欢会,有茶点供应,还给每位与会者发了圣诞礼物,有绒线衫、棉毛衫、手套、日用品等东西,看起来很像解放前教会学校的圣诞同乐会。这种过节形式介于教会与社会之间,并不是消费性的社会过节方式。关于这次联欢会,参见屠培林:《伪善者的真面目》,《坚决肃清龚品梅反革命集团,彻底清除暗藏在天主教内的一切反革命分子》(续辑),上海人民出版社,1955 年,第 13 页。

③ *Christmas in Peiping:Radio Says All 23 Catholic Churches Celebrates Mass*,New York Times,1956 年 12 月 25 日,第 21 版。当时教堂里的圣诞庆祝活动国内新闻媒体一般不予报道,在《人民日报》和《解放日报》上未见到相关资料,而《纽约时报》倒有一些新闻。

④ *Christians Observe Christmas in China*. New York Times,1957 年 12 月 26 日,第 15 版。

⑤ *Christmas Marked in Peking*. New York Times,1963 年 12 月 25 日,第 3 版。

⑥ 50 *Join Service in Pejing Church:Older People are Dominant at Christmas Celebration*. New York Times,1965 年 12 月 27 日,第 4 版。

⑦ 顾裕禄:《中国天主教的过去和现在》,第 159 页。

改革开放以后,国家落实宗教政策,1979 年圣诞节前,北京南堂为北京教区主教傅铁山举行了隆重的祝圣活动,标志着"文革"后基督教宗教活动的正常化。这年圣诞节前,上海开放了三座天主堂,广州和重庆也各有一座教堂开放。①

1979 年平安夜,上海徐家汇天主堂利用其他单位刚刚让出来的"更衣所"设置了临时教堂,举行了改革开放以后第一个圣诞子夜庆祝,远近教徒闻讯赶来望庆祝。② 1980 年是全国天主教教堂全面恢复圣诞庆祝的第一年,圣诞前夕,中国天主教爱国会和中国天主教教务委员会公开向全国教友祝贺圣诞快乐。③ 圣诞日又在北京举行了欢庆圣诞座谈会。④ 北京若瑟堂的圣诞庆祝由傅铁山主教主持,入堂瞻礼的教友六千余人。⑤ 上海徐家汇天主堂的圣诞庆祝尤其隆重,子夜庆祝有三千余人参加。第二天圣诞日又一连举行了五台庆祝,下午六点钟还加了一台晚庆祝,参加的教友多达一万人次以上。⑥ 天津、内蒙古、沈阳、济南、武汉、成都、徐州、万县、贵州(贵阳、遵义以及遵义地区的桐梓、绥阳、习水等县市,铜仁地区的石阡县,兴仁地区的龙安县,黔南地区的福泉、贵定等县)、河北献县、唐山市乔屯等地的天主堂也都恢复了圣诞活动。⑦ 1981 年圣诞节,各地教堂进一步修复开放,圣诞活动更显热闹。⑧ 据称这一年全国有 180 余座教堂重新开放,表明中国政府对宗教的包容性有了很大的改善。⑨ 北京的天主堂和新教教堂在平安夜吸引了大量的教徒和非教徒参加,各个教堂均人满为患。⑩

1984 年圣诞节,北京各教堂的活动更显热闹,平安夜晚上,仅南堂一处就

---

① *China Permits Public Rite Consecrating a New Catholic Bishop in Peking*. New York Times,1979 年 12 月 22 日,第 3 版。《纽约时报》对这件事非常重视,头版下方有祝圣的照片和说明文字,第三版是相关的长文报道。

② 顾裕禄:《中国天主教的过去和现在》,第 164 页;另见氏著《中国天主教述评》,上海社会科学院出版社,2005 年,第 220 页。

③ 《向全国神长教友祝贺圣诞的信》,《中国天主教》,第 2 期(1981 年)。

④ 《中国天主教爱国会、中国天主教教务委员会举行欢庆圣诞座谈会》,《中国天主教》,第 2 期(1981 年)。

⑤ 刘福庭神父:《首都神长教友热烈庆祝圣诞》,《中国天主教》,第 2 期(1981 年)。《纽约时报》的报道称有 2000 人参加庆祝。当晚也有新教徒 400 余人与外国友人一起在教堂唱圣诞颂歌。见 *Peking Reopens Church With Christmas Eve Rite*. New York Times,1980 年 12 月 25 日,第 7 版。

⑥ 若旺:《上海教区神长教友热诚虔敬欢度圣诞》,《中国天主教》,第 2 期(1981 年)。

⑦ 参见《中国天主教》第 2 期的相关报道。

⑧ 可参见《中国天主教》第 4 期(1982 年)关于各地教堂在 1981 年庆贺圣诞节的报道。

⑨ *Religion and China Make Accommodations*. New York Times,1981 年 12 月 20 日,E18 版。

⑩ *Christmas in Peking：Faithful Return*. New York Times,1981 年 12 月 26 日,第 3 版。

有八千人入堂观礼。除了信徒之外，也有不少对基督教圣诞仪式感兴趣的年轻人凑热闹，大部分人包括年轻人在内，似乎都对整个仪式非常熟悉。① 上海徐家汇天主堂的圣诞庆祝甚至吸引了临近上海的江浙农村信徒，和北京一样，也有许多非教徒也涌入教堂凑热闹，主要是大学生和一些有求于天主保佑、喜欢结交外国人的本地青年。② 整个 80 年代，报纸一般都会报道教会组织的圣诞庆祝活动。③ 事实上，80 年代到 90 年代初期，青年人到教堂过圣诞节的不在少数，以至于随着"圣诞热"而出现了一股"宗教热"。1993 年圣诞夜，某沿海大城市著名的天主堂轮番进出的人数达十万人左右，其中以青年人居多。④

教堂无疑是改革开放之初普及圣诞节知识的场所，《中国天主教》也在 80 年代初刊出一些介绍圣诞节的文章。⑤ 不过，由于是教会办的杂志，发行范围有限，社会影响力可能不强。

社会性圣诞节的出现

上海在解放以后也一直以"洋气"著称，许多人还保留了诸多"洋派"作风，这当然与一百多年的租界历史造成的现代都市生活习性有关。上海人日常生活中的习性使得国门重新向世界打开之后，很自然地展现他们骨子里的洋风气，这里的人对外来事物没有任何的不适应，圣诞节可说是最早被感受到的"洋气"之一了。

1981 年圣诞节前，上海著名的红房子西菜馆推出了圣诞大菜，主要面向国际友人和归国华侨，一般消费者也可以预订。红房子为了过节采购了大批火鸡，并将餐厅装饰一新，布置了圣诞老人和圣诞树、彩灯。⑥ 报道此消息的《解放日报》还提前刊出了一篇介绍圣诞节和火鸡的文章，说西方的"圣诞节"就像我国过春节一样热闹，节日主菜就是火鸡，也叫做"圣诞鸡"，并介绍了火鸡的来历和营养价值，顺带略述了感恩节（文中也称之为"火鸡节"）的来历。⑦ 当年上

---

① *China's Christians Get Some Breathing Room*. New York Times，1984 年 12 月 26 日，A1 版。

② 《上海天主教基督教徒欢度圣诞》，《解放日报》，1984 年 12 月 26 日，第 3 版；鸥翔：《圣诞之夜在教堂》，《解放日报》，1984 年 12 月 29 日，"周末增刊"，第 1 版。

③ 上海尤其如此，每年圣诞节，《解放日报》或《新民晚报》都有相关报道。九十年代以后，教堂举行的圣诞活动很少见于新闻媒体。

④ 郭栋：《圣诞的引力——青年宗教热的思考》，《青年探索》，1994 年第 3 期。此文所说著名的教堂可能是上海徐家汇天主堂。

⑤ 如《古往今来忆圣诞》（《中国天主教》第 2 期）、《圣诞对话》（《中国天主教》第 6 期［1983 年］）、《圣诞漫话》（《中国天主教》第 6 期［1983 年］）、《圣诞史话》（《中国天主教》1987 年第 4 期）等。

⑥ 卢英：《红房子预订圣诞节大菜》，《解放日报》，1981 年 12 月 23 日，第 2 版。

⑦ 田合：《火鸡与火鸡节》，《解放日报》，1981 年 12 月 22 日，第 4 版。

海的社会性圣诞活动见于报道的仅红房子推出圣诞大菜一事。与此相比,上海的天主教、基督教团体举办的圣诞活动显得丰富多彩,除了教堂内的宗教仪式之外,还有圣诞联欢活动、圣诞夜义工团聚、圣诞新年茶话会等。①

1982 年圣诞节,红房子西菜馆又布置一新,新闻报道用词也有了微妙的变化,"中外顾客"取代了上一年的"国际友人和回国探亲的侨胞"②,显示了上海本地人也已成为主顾。这一年圣诞节前,有位上海人带全家人去红房子吃西餐,他听到有外宾和中国顾客询问预订圣诞大菜之事,认为有些圣诞菜肴自己在家里也可以做,便特意写了两只菜谱,供《新民晚报》的读者参考。③ 作者似乎对圣诞大菜的出现一点也不感到惊讶。确实,上海人对圣诞大菜并不陌生,解放前上海滩就流行吃圣诞大菜,红房子在文革后期恢复供应西餐以后,也在圣诞节期间向外宾提供圣诞餐,一般国人也可以享受到圣诞大餐。据说,当时为了避免"圣诞"这个敏感的宗教字眼,圣诞大餐被改名为"平安夜大菜",很快就得到许多上海人的追捧,形成了上海人平安夜吃"平安夜大菜"的时髦。④

也许是上海人对圣诞节的热情开始显现,1982 年复刊的《新民晚报》在当年圣诞节前刊出了数篇关于圣诞节的文章。副刊"夜光杯"分别刊文介绍了西方船员怎样在上海港的航船上过圣诞节⑤,圣诞节和圣诞老人是如何形成的⑥,还有关于圣诞邮票的趣谈。⑦ 与圣诞节相关的知识也出现在其他地方的报纸上。比如广州,由于临近香港,很容易感受到热闹的圣诞气息,《羊城晚报》详细地描述了香港圣诞前夕的节日准备和节期氛围。⑧ 稍后又有文章以作者亲历的方式,讲述了在南美国家智利过圣诞节的所见所闻。⑨ 另一篇文章则介绍了圣诞火鸡,并且提到广州郊外和南方一些省份也养殖火鸡,农民在办喜事的时候也用火鸡制作佳肴。⑩ 远在西南的《成都晚报》也较早地刊文详细介绍圣诞

---

① 《上海天主教界欢庆圣诞节》《本市基督教徒庆祝圣诞节》,《解放日报》,1981 年 12 月 26 日,第 1 版。

② 卢英:《红房子装扮一新 圣诞节菜点丰富》,《解放日报》,1982 年 12 月 22 日,第 2 版。

③ 勤言:《自己做西餐》,《新民晚报》,1982 年 12 月 21 日,第 6 版。

④ 参见胡克廷:《霞飞路上的"圣诞大菜"》,《食品与生活》,2006 年第 12 期。关于红房子的故事,另可参见张国祥、陈法清:《红房子西菜馆的由来》,《上海档案》,1988 年第 5 期,以及阮清华:《餐桌上的中西交流——红房子西菜馆》,《国际市场》,2012 年第 4 期。

⑤ 陈正康:《船上圣诞节》,《新民晚报》,1982 年 12 月 22 日,第 6 版。

⑥ 曾良:《圣诞和圣诞老人》,《新民晚报》,1982 年 12 月 24 日,第 6 版。

⑦ 黄明心:《圣诞邮票趣谈》,《新民晚报》,1982 年 12 月 25 日,第 6 版。

⑧ 子敬:《香江岁晚见闻》,《羊城晚报》,1982 年 12 月 20 日,第 3 版。

⑨ 安建国:《圣诞夜的钟声》,《羊城晚报》,1982 年 12 月 26 日,第 4 版。

⑩ 江滨:《圣诞节日话火鸡》,《羊城晚报》,1982 年 12 月 25 日,第 3 版。

的来历。① 值得一提的是,1980 年以后的《人民日报》每到圣诞节前后都会有应景的国际报道,只是内容大多为负面,重点关注的是西方国家节日经济不景气、贫富差距、穷人的悲惨境遇等等。尽管如此,中央党报对西方圣诞节的报道,多少也使中国人了解到关于这个节日的一些情况。② 该报偶尔也有知识性文章,1981 年就有一篇文章全面介绍了圣诞节的来历,逐一介绍了圣诞卡、圣诞礼物、圣诞老人、圣诞树和圣诞晚餐,文后附有一幅伦敦牛津大街圣诞之夜的照片。③

1983 年,除了少量的教堂新闻和国外圣诞节的情况之外,当年各大城市报纸上几乎没有关于社会上过圣诞节的报道,这可能是报纸对"清除精神污染"运动的反应。④ 不过,这次运动为时甚短,没有对社会生活造成很大的影响。自 1984 年以后,圣诞节便逐年升温,短短四年后就在部分城市达到了狂热的地步。

圣诞节在大城市中升温

1984 年圣诞节,"红房子"不再是独家,上海的高档涉外宾馆也开始发力,他们不仅提供圣诞大菜,还在平安夜和圣诞日举行音乐会,有的饭店还有"圣诞老人"迎客。⑤ 这一年平安夜,中外客人流连在上海各大宾馆和游乐场所,到凌晨一点多钟,和平饭店与上海华谊综合贸易中心联合举办的"圣诞火鸡大菜音乐有彩晚会"还在热闹地进行着。热闹的场景使得党报的记者也不由得感慨"上海的圣诞之夜也成了一个迷人的夜"。⑥ 这年圣诞节前,四个青浦的老农民看到报上关于圣诞大菜的消息后,特意从远郊赶到淮海路上的上海西菜馆,各人点了十四元一客的圣诞大餐,这个价格在当时来说不算低。⑦ 由于四人的农

---

① 方杨:《圣诞节的来历》,《成都晚报》,1983 年 12 月 25 日,第 3 版。

② 比如从《圣诞节中的美国》(1981 年 12 月 24 日,第 7 版)一文可以了解美国圣诞节的情况,包括白宫的"国家圣诞树";《纽约的圣诞节》(1982 年 12 月 25 日,第 6 版)、《伦敦岁暮访"危机"》(1982 年 12 月 25 日,第 7 版)虽是负面报道,但也可以了解西方国家圣诞节期间的慈善活动。《"快乐"不属于他们》(1980 年 12 月 25 日,第 6 版)、《火树银花下的欢乐和忧虑》(1982 年 12 月 25 日,第 6 版)则可从侧面粗知西方国家的圣诞消费情况。

③ 建国:《圣诞节》,《人民日报》,1981 年 12 月 25 日,第 6 版。

④ 笔者所查阅的《人民日报》《解放日报》《新民晚报》《南京日报》《合肥晚报》《羊城晚报》均如此,其他如天津、杭州、福州等地的报纸则根本没有报道。沿海大城市如此,其他地方更不必论。《中国天主教》次年第一期(第 9 期)也没有关于圣诞节的文章,此前每年第一期必有圣诞节的报道。

⑤ 《圣诞节和平饭店有音乐晚会 东亚饭店通宵供应圣诞大菜》,《解放日报》,1984 年 12 月 22 日,第 2 版。

⑥ 吴芝麟、屠海鸣:《圣诞之夜,在上海……》,《解放日报》,1984 年 12 月 25 日,第 3 版。

⑦ 《昨夜农民进城吃圣诞大菜》,《新民晚报》,1984 年 12 月 25 日,第 4 版。

民身份,这件事情后来在《新民晚报》刊出的《近十五年来怎么过圣诞节》一文中,被列为上海人过圣诞节的第一件标志性事件。①

　　因为毗邻香港,华侨也特别多,广州的各大涉外宾馆当年也供应各式圣诞大菜,圣诞晚会、圣诞音乐会和圣诞舞会一应俱全。②《羊城晚报》的一位记者有生以来第一次领略了广州圣诞节的热闹场景,在他的眼中,圣诞树下的烛光、翩翩的舞姿、圣诞歌声和观众的跟唱声、欢呼声"融合成一幅绚丽多彩的生活图画",这幅生活图画深深地感染了记者。③ 生活在北京的外国专家爱泼斯坦这一年第一次参加了圣诞晚会,他觉得圣诞节在中国已不完全是一个宗教节日,而正在逐渐成为一个社会性的节日。④ 最具有大众性的媒体——电视,在1984圣诞节也有了应景的节目,中央电视台译制的《没有圣诞树的家》在圣诞夜黄金时间播出。⑤ 上海观众则在圣诞日晚上从当地电视台《国际瞭望》栏目中第一次看到了国外圣诞节的盛况。⑥

　　1984年以后的三年中,圣诞大菜和圣诞晚会仍然是节日的重头戏。⑦ 其他的圣诞元素也逐渐受到国人的关注。

　　1985年圣诞节,广州白云宾馆为了吸引顾客,特制了直径一点四米、高达三点八米的二十层叠的巨型圣诞蛋糕。⑧ 1987年圣诞节,上海东亚饭店也制作了高达二米六,直径一米六的宝塔型圣诞蛋糕,共有八层。⑨ 如果不是圣诞节达到相当的热度,宾馆饭店不会做这种展示性的"工艺蛋糕"。

---

　　① 《近十五年来怎么过圣诞》,《新民晚报》,1999年12月25日,第11版。
　　② 宜铭:《太平馆供应圣诞餐》,《羊城晚报》,1984年12月21日,第2版;《广州圣诞安排丰富》,《羊城晚报》,1984年12月23日,第1版。
　　③ 舒眉:《愿天下都乐——记广州的平安夜》,《羊城晚报》,1984年12月25日,第1版。
　　④ 毕琦、屈俊峰:《欢乐的圣诞晚会——记外国专家朋友在友谊宾馆的一次活动》,《北京晚报》,1984年12月26日,第1版。
　　⑤ 《北京晚报》,1984年12月23日,第4版,"电视节目预告";《解放日报》"今日电视"栏目还还介绍了剧情,1984年12月24日,第2版。
　　⑥ 《国外圣诞节盛况》(电视节目介绍),《新民晚报》,1984年12月25日,第2版。
　　⑦ 宜铭:《太平馆新款西餐》,《羊城晚报》,1985年12月20日,第2版;钟综:《为欢度节日提供好去处 广州各宾馆酒家巧安排》,1986年12月22日,第1版;《圣诞节食用品丰富》,《解放日报》,1986年12月20日,第2版;《预订圣诞大菜》,《新民晚报》,1986年12月15日,第5版;《适应外宾、归侨、侨眷等需要 宾馆餐厅准备圣诞晚会》,《新民晚报》,1986年12月22日,第5版;《特色圣诞大菜可预订 青年会开迪斯科舞厅》,《解放日报》,1987年12月19日,第2版;《和平、衡山、樱花村举办晚会庆圣诞》,《解放日报》,1987年12月23日,第2版。
　　⑧ 钟怀、区启聘:《各大宾馆安排丰富 让中外来客欢度圣诞节》,1985年12月23日,第1版。
　　⑨ 《精湛工艺蛋糕宝塔》(摄影报道),《新民晚报》,1987年12月24日,第4版。

　　中国人所称的"一品红"也以"圣诞花"之名开始流行,报纸上专门刊文介绍。① 一盆圣诞花当时要价五元钱。②

　　圣诞音乐和圣诞歌曲也广受人们欢迎,圣诞歌声从教堂飘到社会上。③ 报纸上也刊文介绍圣诞音乐和歌曲。④ 1985 年圣诞节,著名音乐家马革顺组建并担任指挥的上海"音协室内合唱团"首次举办"新年音乐会",观众反应热烈,《平安夜》和《哈利路亚》连唱了两遍。⑤ 此后几年,名为"新年音乐会"或"冬季音乐会"的演唱会实际上成了"圣诞音乐会"。⑥ 音乐会每年都以《平安夜》开始,以《平安夜》结束。1988 年的音乐会共演唱了 12 首圣诞歌曲及 5 首《弥赛亚》片断,演出结束时,在听众的一再鼓掌邀请下,《平安夜》接连唱了三遍,唱到第三遍时,马革顺转身面向观众,指挥全场观众齐唱"平安夜,圣善夜,万暗中,光华射……"⑦场面极为感人,也可见上海人对圣诞音乐的热情。1988 年圣诞夜,上海人民广播电台播出了《圣诞欢歌》专辑,其中《平安夜》《来吧,忠实的人们》《听,天使在唱歌》《举世欢腾》《处报佳音》《铃儿响叮当》《圣诞老人要来了》《红鼻子的小鹿》等等,都是经典的圣诞歌曲。⑧

　　互赠圣诞卡是那个年代最流行的过节方式。圣诞贺卡大约从"五四"时期就开始在中国的知识阶层中出现⑨,解放以前一直在上海等城市中流行。改革开放以后,贺卡也与圣诞节一起回到中国社会,圣诞前后的贺卡销售成了节日

---

　　① 李少球:《圣诞花——一品红》,《羊城晚报》,1985 年 12 月 25 日,第 6 版;贺永清:《一品红烂漫如火迎圣诞》,《解放日报》,1986 年 12 月 19 日,第 2 版;邬志星:《一品红 圣诞节的当令花》,《新民晚报》,1988 年 12 月 18 日,第 2 版。

　　② 《圣诞节食用品丰富》,《解放日报》,1986 年 12 月 20 日,第 2 版。

　　③ 从 1981 年圣诞节开始,上海各教堂就有唱诗班演唱圣诞歌曲。见《本市基督教徒庆祝圣诞节——教务会员会隆重举行按牧典礼》,《解放日报》,1981 年 12 月 26 日,第 1 版;《上海天主教基督徒欢度圣诞节》,《解放日报》,1984 年 12 月 26 日,第 3 版。

　　④ 胡延仲:《圣诞音乐拾零》,《新民晚报》,1985 年 12 月 24 日,第 5 版;胡延仲:《圣诞歌曲杂谈》,《新民晚报》,1986 年 12 月 25 日,第 8 版。

　　⑤ 沈次农:《年年难忘平安夜——记马革顺教授与室内合唱队》,《新民晚报》,1985 年 12 月 27 日,第 2 版。

　　⑥ 沈次农:《室内合唱花雅丽 昨天又唱"平安夜""冬季音乐会"歌声宛转动人》,《新民晚报》,1986 年 12 月 16 日,第 2 版。

　　⑦ 沈次农:《一年一度圣诞音乐会昨晚在音乐厅举行 马革顺指挥全场齐唱〈平安夜〉》,《新民晚报》,1987 年 12 月 21 日,第 2 版。

　　⑧ 《电台荧屏节目精彩 平安之夜欢度良宵》("今日电视广播"),《新民晚报》,1988 年 12 月 24 日,第 2 版。

　　⑨ 爱菊少年在《圣诞谈屑》一文中说"近两三年来,士绅学子之以圣诞卡赠送者渐多,而青年男女为尤甚"。见《申报》,1922 年 12 月 25 日,第 3 版。

最明显的标志之一,收、寄贺卡成了城市人群中最平常的圣诞经历。1982年圣诞节时,上海的各大文化用品商店就已热销贺年片。[①] 1984年圣诞节,上海的大学生学了西方的礼节,买圣诞卡送给亲友作为贺年之礼。[②] 这一年的卡片品种比以往更多,北京一般的文化用品商店均有出售。[③] 广州也是如此。[④] 1985年的贺年片明显增多[⑤],新华社也发文介绍圣诞卡、贺年片的发展历程。[⑥] 1986年圣诞前,北京王府井大街的几家书店和工艺美术服务部,售出的圣诞卡近四十万张。[⑦] 到1987年圣诞期间,上海邮政每天要处理100万件贺卡,圣诞日这天大约有150万市民收到圣诞卡与贺年卡,形成了名副其实的"贺卡热"。[⑧] 1988年则更加疯狂,《中国青年报》的记者观察到,上海街头卖贺卡几乎到了十步一摊、百步一店的地步,连卖水果的个体户也挂出了璀璨缤纷的圣诞卡。他的一位记者朋友上一年还讥讽同事过圣诞节比外国人还起劲,这一年也挡不住热潮,花60元钱买了30多张贺卡分送亲友。[⑨] 托儿所的小朋友也学着自己制作贺年卡,在圣诞节搞活动时互相赠送。[⑩] 圣诞日当天,上海市邮政局寄送的圣诞贺年卡达120万张,使当年圣诞卡邮寄总量突破300万张。[⑪] 杭州邮政局也为圣诞期间大量的贺卡而担忧,因为上一年的分拣工作累坏了信函科190名职工。[⑫]值得注意的是,前几年在各大城市里买卡送卡的多为学生,现在,社会

① 姜振东:《贺年片成了当前畅销商品》(摄影报道),《新民晚报》,1982年12月24日,第4版。贺年片一般都同时祝贺圣诞和阳历新年,纯粹的圣诞片则仅有Merry Christmas或中文"圣诞快乐",也有专门祝贺春节的贺卡。从报道的时间来看,文中所说的贺年卡很可能是第一类。

② 鸥翔:《圣诞之夜在教堂》,《解放日报》,1984年12月29日,"周末增刊",第1版。

③ 毕琦:《五颜六色的新年礼物——贺年片圣诞卡》,《北京晚报》,1984年12月25日,第2版。

④ 源向明、梁琦云:《贺年卡片 顾客如云——品种繁多 图案新颖》,《羊城晚报》,1984年12月21日,第4版。

⑤ 一张:《闲话贺年片》,《新民晚报》,1985年12月24日,第2版。

⑥ 曹道明:《圣诞卡贺年片从全球寄到万家——新华社记者报道第一张圣诞卡的来历》,《新民晚报》,1985年12月23日,第2版。

⑦ 张亮:《北京人开始重视圣诞节 首都出现一片节日气氛》(中国新闻社十二月二十三日电),《天津日报》,1986年12月24日,第3版。

⑧ 杨若天、陈建国、董强:《上海出现寄赠贺年卡热 150万市民今将收到圣诞贺年卡》,《解放日报》,1987年12月25日,第2版。

⑨ 袁梦德:《上海今冬圣诞热》,《中国青年报》,1988年12月23日,第4版。另见施培宁:《满街争购圣诞卡》,《新民晚报》,1988年12月15日,第4版。

⑩ 周天虹:《托儿所小朋友互赠贺年片》(摄影报道),《新民晚报》,1988年12月24日,第4版。按,这是当天上午发生的事情,亦可见圣诞节在当时的热度。

⑪ 于谷、陶维佳等:《本市圣诞丰富多彩》,《解放日报》,1988年12月25日,第2版。

⑫ 冯晔、胡海良:《忧哉,杭城的"贺卡旋涡"》,《钱江晚报》,1988年12月20日,第1版。

各阶层的人都加入了贺卡热潮,贺卡确实成了一道都市风景线。①

从贺卡的热度已可看到,1988 年的圣诞节不同于寻常年份,这一年,许多大城市的圣诞气氛热得有点发烧了。

1988 年的圣诞热

从 1986 年开始,首都北京的圣诞节气氛就已经很浓了,1988 年的圣诞活动更是丰富多彩。② 广州的党报原本不关注圣诞节,1988 年也忍不住报道了热闹的过节情景。③《南方日报》的报道甚至将过圣诞节上升到对极“左”岁月批判反思这个高度,文章写道:“面对羊城令人陶醉的圣诞之夜,我不禁想到,在那人人自危的极‘左’岁月里,当然不会有此雅兴,也不可能如此毫无顾忌地去狂欢一番。然而,今日的羊城却做到了,这说明了什么呢?”④原本忽视圣诞节的《中国青年报》和《经济日报》这一年也有了文字报道。⑤《人民日报》虽然没有报道国内的情况,但是这一年也以积极的态度报道了国外的圣诞节情况⑥,一改往年报道西方圣诞节注重负面消息的做法,并以喜庆的语调报道了中国驻美大使韩叙邀请当选总统布什及其夫人参加圣诞家宴一事。⑦ 1988 年圣诞节期间,福州、杭州、南京、天津等沿海城市的报纸也开始以较多篇幅加以报道,可见社会上的圣诞节已到了不能漠视的程度。⑧ 就连江苏镇江这个中等城市也出

---

① 郎婿、陈建山、厉正宏:《都市风景线——传情的贺年片》(新华社 12 月 25 日电),《天津日报》,1988 年 12 月 26 日,第 6 版。

② 张亮:《北京人开始重视圣诞节 首都出现一片节日气氛》(中国新闻社十二月二十三日电),《天津日报》,1986 年 12 月 24 日,第 3 版;梁秀伟:《国际饭店等明晚将推出多种活动》,《北京晚报》,1988 年 12 月 23 日,第 1 版。

③ 见《广州日报》,1988 年 12 月 21 日,第 3 版,4 版,8 版;12 月 22 日,第 5 版,7 版;12 月 23 日,第 7 版;12 月 25 日,第 1 版。

④ 陈广腾:《五羊城中闻圣歌》,《南方日报》,1988 年 12 月 29 日,第 2 版。

⑤ 参见《中国青年报》,1988 年 12 月 23 日,第 4 版;12 月 24 日,第 1 版,4 版;《经济日报》,1988 年 12 月 22 日,第 4 版。

⑥ 《不能接受的圣诞礼物》(1988 年 12 月 23 日,第 3 版)介绍了瑞典为防范贿赂,告诫人们不要轻易接受圣诞礼物;《意大利出现新风尚 一些企业圣诞节不送礼》(12 月 26 日,第 6 版)也是正面的报道;《圣诞老人村风情》(12 月 25 日,第 7 版)则介绍了“圣诞老人”自 1985 年定居芬兰以后成为旅游热点的情况。

⑦ 仓立德:《“腊月欢聚韩家村”——布什夫妇喜赴韩大使家宴》,《人民日报》,1988 年 12 月 25 日,第 6 版。

⑧ 可参见《福建日报》,1988 年 12 月 24 日,第 3 版,4 版;12 月 25 日,第 1 版;《杭州日报》,1988 年 12 月 24 日,第 2 版,3 版,4 版;12 月 25 日,第 4 版;《钱江晚报》在创刊的 1987 年并无报道,1988 年则两次在头版报道了杭城过节的盛况,见 12 月 20 日,第 1 版;12 月 25 日,第 1 版,并见 12 月 24 日,第 2 版;《新华日报》,1988 年 12 月 25 日,第 1 版;《天津日报》,1988 年 12 月 25 日,第 1 版,5 版,6 版;该报 1987 年也有报道,见 12 月 24 日,第 2 版。

现了大学校园"圣诞热",并引发了争议。①

　　1988 年的圣诞节以上海最为热闹,当地报纸报道也最充分,使我们得以一窥这一年上海人疯狂过节的情形。

　　和往年一样,吃圣诞大餐和参加圣诞晚会仍然是上海人最主要的过节方式,与往年不同的是让人吃惊的狂热程度。喜来登集团第一次在中国搞圣诞节活动,二楼宴会厅可容纳七百人开派对。洋经理担心场地太大可能会冷场,没想到的是,消息传出两天后门票就被一抢而空,为满足消费者要求,不得不再开两场活动。② 华亭宾馆则有近千人参加圣诞夜的"狂欢活动",外宾比例下降,百分之九十是上海本地人;"丁香花园"门口的一群年轻人在细雨中苦等退票;新苑宾馆能容纳 300 人的舞池挤入了 450 人。③ 人民大舞台卡拉 OK 夜总会在 12 月 24、25、26、31 以及 1989 年 1 月 1、2 日连续六夜举行通宵化妆舞会,以满足人们的节日娱乐需要。④ 一些中小饭店也效仿宾馆的做法,撤掉中餐改做圣诞大餐。⑤ 遍布上海全市的各茶座、舞厅、咖啡馆、酒吧间也都早已订满,后来者只有恕不接待了。⑥ 这一年最引人注目的圣诞晚会当属在大世界举行的"圣诞欢乐之夜"大型活动。这项活动由上海新闻报社和大世界游乐中心联合举办,得到了上海电视台、上海电影制片厂、对外服务公司以及一批企业的大力支持。⑦ 因为晚会在大世界游乐中心举行,场地大,所以活动也安排得特别丰富,有文艺演出、卡拉 OK、霹雳舞、假面舞会、圣诞酒会、时装表演、游艺竞赛等等,圣诞钟声响过之后还将评选出"圣诞皇后"。⑧ 据说这场通宵晚会有 6 000 人参加,堪称当年全上海娱乐场所之冠。⑨ 圣诞热潮也影响到了政府机构,上海市政府外事办公室也邀请驻沪各国领事及其家属共同庆祝圣诞节,副市长出席圣

　　① 参见《大学校园里的"圣诞热"》,《视听界》,1989 年第 2 期。此文围绕 1988 年 12 月 29 日镇江人民广播电台播出的一期节目,该节目讨论了当地大学生热衷过圣诞节的是是非非。这期节目在该台内部也引发了争论,赞成和反对过圣诞节的都讲了自己的道理。

　　② 姚冬梅:《上海人今年热衷过圣诞节》,《新民晚报》,1988 年 12 月 22 日,第 4 版。

　　③ 姚冬梅、潘新华、施培宁:《"外国新年"是个啥滋味——圣诞之夜见到的上海人》,《新民晚报》,1988 年 12 月 25 日,第 4 版。

　　④ 《晚会伴圣诞　舞会迎元旦》,《新民晚报》,1988 年 12 月 19 日,第 5 版。

　　⑤ 袁梦德:《上海今冬圣诞热》,《中国青年报》,1988 年 12 月 23 日,第 4 版。另见《近十五年来怎么过圣诞》,《新民晚报》,1999 年 12 月 25 日,第 11 版。

　　⑥ 萧丁:《圣诞节有感》,《解放日报》,1988 年 12 月 25 日,第 1 版。

　　⑦ 《大世界举办圣诞欢乐之夜》,《解放日报》,1988 年 12 月 24 日,第 2 版。

　　⑧ 俞亮鑫:《大世界明晚将办圣诞欢乐之夜》,《新民晚报》,1988 年 12 月 23 日,第 2 版。

　　⑨ 袁梦德:《上海今冬圣诞热》,《中国青年报》,1988 年 12 月 23 日,第 4 版。

诞晚会并致辞。①

节日的各种装饰品、礼品也很多。圣诞蜡烛似乎特别受人欢迎，上海敦煌制烛厂在上海第一食品商店二楼商场展销圣诞的蜡烛有圣诞老人、圣诞树、圣诞靴子、大雪人等形象，还有浮在水面上的游烛、音乐圣诞烛，中国的大阿福、黑猫警长等形象也被做成了圣诞蜡烛。② 其他厂家生产的圣诞蜡烛甚至还有中国的十二生肖形象。③ 中国唱片木偶工场专门生产了一尺多高的圣诞老人木偶，价格高达16元。④ 圣诞礼糕、圣诞礼饼也是品种多样。⑤ 有人喜欢圣诞插花，报纸也刊文教人如何做圣诞插花。⑥

圣诞的气氛也使得记者尽量挖掘新闻事件中的圣诞因素，比如著名导演谢晋正巧在圣诞节时率领《最后的贵族》摄制组飞往纽约拍片。因时差的原因，记者特别指出谢晋一行将欢度两个圣诞节。电影剧本中的圣诞节场景也成了新闻特别指出的亮点。⑦ 除了热情报道圣诞节的盛况，上海的媒体也直接参与到圣诞节之中。除了新闻报社与大世界合作的圣诞晚会之外，上海人民广播电台《立体声之友》在圣诞夜播出《圣诞欢歌》专辑。电视台二台《综合文艺——上广之窗》则专门播出一台圣诞晚会，观众可以与中外朋友一起进行"快速穿长衫""成语哑谜"等互动活动，穿插演出幽默小品表演《圣诞之夜的约会》《圣诞老人奇遇记》等。⑧ 就我所见的资料而言，这场晚会可能是改革开放以后国内第一场以圣诞节为主题的娱乐性电视晚会。《新民晚报》刊出用英文 Merry Christmas 组成的迷宫，入口是背着礼物的圣诞老人，出口是一个女孩，要求走过迷宫将圣诞老人的礼物送到女孩手中。这是一个有奖游戏，有200个中奖名额。⑨

新华社在1989年春节期间刊发了一篇有关过节的新闻稿，但是新闻的主

① 《外国友人参加圣诞晚会》，《解放日报》，1988年12月24日，第2版。

② 守华：《音乐圣诞蜡烛会奏乐曲》（摄影报道），《解放日报》，1988年12月17日，第5版。

③ 铭康：《圣诞蜡烛品种繁多造型别致》，《新民晚报》，1988年12月18日，第4版。

④ 马根福等：《圣诞礼品上市不少》，《新民晚报》，1988年12月19日，第5版。

⑤ 《圣诞之夜节目丰富多彩　西角亭举办特色海鲜品尝周》，《解放日报》，1988年12月17日，第5版。

⑥ 《如何制作圣诞插花?》，《解放日报》，1988年12月24日，第8版。

⑦ 唐宁：《〈最后的贵族〉摄制组今天启程赴美　谢晋一行十九人欢度两个圣诞》，《新民晚报》，1988年12月24日，第2版。

⑧ 《电台荧屏节目精彩　平安之夜欢度良宵》，《新民晚报》，1988年12月24日，第2版。就我所见的资料而言，这场晚会可能是改革开放以后第一场以圣诞为主题的娱乐性晚会，至少在上海是如此。

⑨ 《欢迎参加圣诞娱乐活动》，《新民晚报》，1988年12月23日，第5版。

要内容却是关于 1988 年上海的圣诞热,因为记者观察到在上海的青年人中,明显出现了热捧圣诞节而冷落春节的现象:

上海青年对过圣诞节的热情,始于前年,去年 12 月下旬达到高潮。千百万张圣诞卡在邮路上穿梭。许多西餐社和娱乐场所首次推出的圣诞节目,都获得了意外的成功。位于南京西路的人民饭店举办的圣诞子夜舞会,70 元一张票竟告客满;德大西餐社 38 元至 45 元一客的圣诞大菜,也出乎意料地售出 100 多客。相反,一个多月后的春节,除了禁而不止的一些鞭炮声外,青年人节日狂欢的劲头却小多了。记者询问一些年轻人春节是如何度过的,回答几乎是一致的:"给老人拜年,跑跑亲戚"或"看看电视,休息休息",显出一种百无聊赖的情绪。

记者认为,80 年代的年轻人具有强烈的求新和追求时尚的欲望,圣诞节的新奇的娱乐形式和狂欢场面,使青年人可感到一种新的刺激和领略时尚的满足。反观春节,因为年年都一样,早已失去了吸引力。尤可注意的是,这篇新闻以反思的形式间接地肯定了圣诞节在青年人中的流行:

从"春节冷、圣诞热"的现象来思考,可以看到,在物质生活水平逐步提高的今天,应当以更加丰富多彩的文化生活,来引导求新欲望强烈的青年人,满足他们越趋迫切的精神需求。[1]

《人民日报》刊登了这篇新闻,这是该报整个 80 年代唯一一篇详细报道中国国内一般民众过圣诞节的情景的新闻。[2] 由此也可见 1988 年上海的圣诞热到了不能被漠视的地步了。[3]

1989 年年底,全国主要大城市的圣诞节仍然呈现出非常热闹的情景,似乎

---

[1]　严为民:《上海出现"春节冷、圣诞热"现象——青年人要求赋予传统节日新内容新形式》,《人民日报》,1989 年 2 月 18 日,第 4 版。

[2]　另外还有一篇发自上海的短讯,说的是 1988 年圣诞节前,上海华亭宾馆美籍总经理克雷格邀请徐汇区 80 位孤寡老人到宾馆过圣诞节的事情。见陈毛弟:《上海华亭宾馆邀请孤寡老人作客》,《人民日报》,1988 年 12 月 30 日,第 4 版;此外,还有一篇中国圣诞礼品出口西方国家的短讯,不能算是对中国圣诞节的报道。参见千虹:《几百种中国产圣诞礼品进入西方家庭》,《人民日报》,1988 年 12 月 25 日,第 3 版。巧合的是,这两则新闻也是 1988 年的。

[3]　1989 年 3 月,上海交通大学出版社出版了一本《如何过圣诞》的小书,介绍了圣诞的由来、如何迎接圣诞(制作和挑选贺卡、做装饰品、圣诞食品等)、怎样过圣诞节(介绍各种圣诞游戏和如何聚会、如何装扮圣诞老人、如何送礼等)以及流行的圣诞歌曲和诗歌、故事等等。这本书显然是因上年圣诞热而应景编著的。

并没有受到大环境的影响。① 上海也是如此，商店的橱窗里到处可见圣诞老人，贺卡热与往年相比更加疯狂。② 西式圣诞大菜不必说，中式圣诞大菜才是亮点。③ 圣诞前夕，舞厅都在忙着准备烛光舞会、化妆舞会，食品厂正在赶制规格不等的圣诞蛋糕，甚至连念书的小朋友，也在迎考之际忙着为圣诞老人筹集礼品。④ 当时著名的歌星朱逢博与电台主持人合作，在她自己开的酒店里举行圣诞夜歌星评选及幸运抽奖活动，并评出"圣诞卡拉 OK 之星"。上海各大娱乐场所使出浑身招数吸引顾客，不过，总体而言，圣诞的热度终究还是稍逊于上一年。⑤

可以说，到 20 世纪 80 年代末，圣诞节至少在中国的一些大城市中已经完成了重现、升温、沸腾三个阶段，在当代中国的节庆文化中打入了一个洋楔子。

圣诞元素与圣诞节的商业化

圣诞节在当代西方国家是一个宗教、家庭、商业三合一的节日。中国人热衷的圣诞节并不以宗教为重，也不以家庭为中心，而是以消费娱乐为主。进入新世纪以后，"圣诞经济""圣诞商战"之类的称呼不绝于耳，圣诞热也早已从上海、北京、广州等大城市蔓延至二三线城市甚至小城市。圣诞节前后，商场一般都有较大的打折力度，由于延续时间长，圣诞节在有些地方也因此变成了"圣诞月"。⑥

每到圣诞节，圣诞树和圣诞老人是最常见的节日元素，圣诞大餐也如中国

---

① 从报纸报道和广告来看，北京、广州仍很热闹。杭州则比上一年更显热闹，可参见《杭州日报》，1989 年 12 月 19 日，第 2 版、3 版；12 月 20 日，第 3 版；12 月 21 日，第 3 版；12 月 23 日，第 3 版；12 月 24 日，第 4 版；以及《钱江晚报》，1989 年 12 月 19 日，第 4 版；12 月 20 日，第 2 版；12 月 22 日，第 3 版广告。

② 一张：《"洋冬至见闻"》，《解放日报》，1989 - 12 - 23(8)；罗涌才：《朋友互赠贺卡 莫过热》，《解放日报》，1988 年 12 月 25 日，第 6 版；姚冬梅、干练：《昨天邮局贺卡收寄已达 17 万件 发往国外日渐增多 公款购买明显减少》，《新民晚报》，1989 年 12 月 17 日，第 4 版。

③ 陈彤：《粤秀酒家菜点洋为中用 中式圣诞大菜上餐桌》，《新民晚报》，1989 年 12 月 18 日，第 5 版。

④ 吉力马：《写在圣诞节前》，《新民晚报》，1989 年 12 月 22 日，第 1 版。

⑤ 《今年圣诞乐事多　笙歌处处不夜城》，《新民晚报》，1989 年 12 月 23 日，第 8 版；姚冬梅：《去年盛况已成明日黄花 各大宾馆着眼国内宾客 圣诞生意的"拉客战"》，《新民晚报》，1989 年 12 月 23 日，第 4 版。

⑥ 余小静：《圣诞节成圣诞月 卖场做大节日"蛋糕"》，《福建工商时报》，2005 年 12 月 2 日，第 6 版；李栋、李轻舟：《圣诞节升级成"圣诞月""圣诞经济"走俏珠海岁末市场》，《珠海特区报》，2007 年 12 月 14 日，第 5 版；任翀：《通宵营业提前了一个月 沪上"圣诞商战"今天开场》，《解放日报》，2011 年 12 月 2 日，第 9 版。

的年夜饭一样成为过节的标志，从这三个圣诞元素中，大致可以看到中国人过圣诞节的商业化情形。

圣诞树

圣诞树最早出现在宗教场合。1980 年圣诞节，中国天主教爱国会、中国天主教教务委员联合举办圣诞茶话会，会场主席台正中就摆放了一棵点缀着闪亮的彩灯圣诞树。[①] 在 80 年代，教堂举办的圣诞庆祝活动有时也会用圣诞树来烘托气氛。[②]

圣诞树最常出现的地方还是消费场所，红房子第一次推出圣诞大菜的时候就用了圣诞树和圣诞老人作为店内的装饰。80 年代初，圣诞树对中国人来说还是非常新鲜的景观，到宾馆去过圣诞节的人们会到圣诞树前留影以作纪念。[③] 圣诞节在上海渐成气候，圣诞树也就逐渐成为圣诞节必备的装饰品，市场上也有销售，商家看中了圣诞树重复利用的价值，所以有盆栽圣诞树出租的业务。[④] 80 年代中期，北京刚出现圣诞热，宾馆饭店就在圣诞树上大做文章。1986 年圣诞节，北京友谊商店用了五十二株圣诞树将店内装饰一新。当年，北京花木公司售出圣诞树近二百株，价格从六十至三百五十元不等，这么高的价格显然是单位购买为主。建国饭店更夸张，他们用来为节日增彩的三株大型人造圣诞树竟然是从瑞士订购并空运来的。[⑤] 1988 年圣诞节，福州西湖大酒店大堂内竖起了一棵高达 10 米的圣诞树，餐厅、酒吧及舞厅门口也各有 2 米高的圣诞树。这些圣诞树上撒着白色的棉花，挂着彩灯以及儿童喜爱的小礼品，周围摆满"圣诞红"和礼物盒。酒店还把装饰圣诞树的办法登在报上，与大家共享，一方面是普及圣诞树装饰的知识，另一方面也有为酒店做广告的意思。[⑥] 1990 年圣诞节前，上海的"圣诞树王"现身于上海太平洋大饭店的大堂。这棵高达四层楼的雪松是酒店派人寻找两个星期，在市郊一个偏僻的地方找到的，树龄 50 年，十几个工人花了一整天才挖出来，获得有关部门发给的"超长运输许可证"才得以运回市区。"圣诞树王"披上彩灯、缀满小天使、大蝴蝶等各种圣诞小饰

① 《中国天主教爱国会、中国天主教教务委员会举行欢庆圣诞座谈会》，《中国天主教》，第 2 期。
② 《上海基督徒欢庆圣诞节》，《解放日报》，1984 年 12 月 25 日，第 3 版；鸥翔：《圣诞之夜在教堂》，《解放日报》，1984 年 12 月 29 日，"周末增刊"，第 1 版。
③ 吴芝麟、屠海鸣：《圣诞之夜，在上海……》，《解放日报》，1984 年 12 月 25 日，第 3 版。
④ 《圣诞花圣诞树应市》，《解放日报》，1987 年 12 月 19 日，第 2 版。
⑤ 张亮：《北京人开始重视圣诞节　首都出现一片节日气氛》(中国新闻社十二月二十三日电)，《天津日报》，1986 年 12 月 24 日，第 3 版。
⑥ 福州西湖大酒店公关部：《圣诞树的设计》，《福建日报》，1988 年 12 月 24 日，第 3 版。

品,只是为了"千娇百媚地迎送来往宾客。"①

进入新世纪以后,圣诞节更为热闹,"圣诞月"销售旺季的开始一般都以圣诞树亮灯为标志。许多商家都在11月底或12月初在自己门前或大厅内竖起高高的圣诞树,在有的城市,商业街或商业区也以圣诞树来营造圣诞消费气氛。圣诞树一棵比一棵高,圣诞树的建造也是争奇斗妍,以吸引顾客的眼球。事实上,圣诞树已成为城市圣诞季最显眼的商业符号之一,正像某报所言,每年12月成为上海全城圣诞树 PK 的季节。②

2005年圣诞节,北京晚报社与建外 SOHO 社区一起组织了盛大的圣诞社区活动,SOHO 社区商业街的一棵圣诞树高达15米,上缀3000只彩灯,整个社区另有250棵圣诞树。③ 次年,建外 SOHO 社区商业街又树起了一棵15米高的圣诞树,旁边还矗立着一个高达4米的圣诞大礼包。崇文门新世界为聚拢人气不惜耗资40多万元,在新世界青春馆门口竖起高达28米的巨型圣诞树,成为当年北京最高大的圣诞树。④ 随后几年,北京商家的圣诞树花样百出,有"汽车圣诞树"⑤"铁艺圣诞树"⑥"亲情圣诞树"⑦"饮料瓶圣诞树"⑧等等。其他城市的圣诞树也是花样百出,无论材料、形状如何,归根到底都是商家在圣诞销售旺季的促销手段。⑨ 至于商场内部的小圣诞树,多与促销的商品联系在一起,与

① 徐明容:《圣诞树王寻觅记》,《新民晚报》,1990年12月26日,第7版。

② 潘玮、吕正:《圣诞树全城摆阵大 PK》,《申江服务导报》,2010年12月22日,第12版、13版、14版。

③ 《本报"彩灯飘雪迎新年"活动开幕　今夜建外 SOHO 看灯》,《北京晚报》,2005年12月24日,第16版。

④ 勾晓峰:《圣诞节成"圣诞月"商家预热岁末市场》,《经济参考报》,2006年12月15日,第13版。

⑤ 2008年圣诞节,北京工体北广场出现一棵高12.5米的圣诞树,树上爬着三辆 MINI 汽车。《京华时报》(杨开然摄影报道),2008年12月25日,C02版。

⑥ 刘航:《最大铁艺圣诞树昨夜点燃》,《北京晚报》,2008年11月29日,第3版。

⑦ 王丹:《鸟巢立起圣诞树 今晚上演灯光秀》,《法制晚报》,2008年12月24日,A05版。"亲情圣诞树"设立在鸟巢体育场中心,高达38米,是走旅游项目之一。

⑧ 张颖川、宗波、兰艺云、杨威:《上万饮料瓶　扎成圣诞树》,《法制晚报》,2009年12月8日,B04版。这棵由1.5万个饮料瓶组成的圣诞树高10米,位于王府井新东安广场前,瓶子由环保志愿者提供。

⑨ 2008年圣诞节前,重庆杨家坪商业街一商家用数万个塑料瓶做成一棵圣诞树,用以营造节日气氛。见巨建斌:《数万塑料瓶化身"圣诞树"》,《重庆日报》,2008年12月9日,第9版;2010年圣诞前,重庆北城天街出现"巨兔圣诞树",高15米,是一直延续到春节的"天街木兔年"狂欢活动一个项目。参见许星:《好大一只兔 原是圣诞树》,《重庆晨报》,2010年12月11日,第7版;2008年圣诞夜,长沙世界之窗还出现了由2000人组成的"人体圣诞树",高达90米,引起不少争议。转引钱凤伟:《90米高的圣诞树未免热情过头了》,《成都晚报》,2008年12月26日,第10版;2009年在杭州出现的一棵圣诞树还曾申请吉尼斯纪录。参见鲁莹、温庆强:《巨型圣诞树申请吉尼斯纪录》,《都市快报》,2009年12月9日,第40版;关于这棵树,有的新闻标题一看即可知道是为了品牌促销,见宓路平、李忠:《3000个锅子+5000个水晶杯+6000个白瓷杯　等于一棵九层楼高价值150万的圣诞树》,《杭州日报》,2009年12月10日,C03版。

其说是"圣诞树",不如说"商品树",如卖首饰的有"水晶圣诞树",卖啤酒有"啤酒圣诞树",卖衣服的有"衣架圣诞树",卖锅碗瓢盆有"不锈钢圣诞树"。①

　　作为整体的商业街(区)有时候也利用圣诞树来营造圣诞季的消费气氛。2008 年金融危机之后的第一个冬天,上海各商业街区充分利用圣诞节来刺激消费。黄浦区发动南京路、豫园地区的商家开展"百日千家"年末大营销活动。从 12 月 10 日起,步行街世纪广场竖起一棵高 20 米、直径 10 米的圣诞树。南京路步行街河南中路至福建中路段,浙江中路至西藏中路段,分别树起 6 棵高 8 米直径 4 米的小圣诞树。"12＋1"的大型圣诞"树列"一字排开,让"中华第一街"别具"国际味道"。徐家汇港汇广场的两棵巨型水晶圣诞树(分别高 12 米和 17 米)在 12 月初就已经正式亮灯。"新天地"的圣诞树有 16 米高,树身由 300 多个大大小小的银色"相框"而成。"353 广场"中庭有一棵由 2353 个卡通玩偶组成的"玩具圣诞树",高 12 米,消费者可以花 49.5 元认购圣诞树上的一个玩具,作为爱心礼物送给四川地震灾区的小朋友。② 2009 年圣诞节前,刚刚改造成步行街的北京前门商业街的牌坊前也树起了一棵缀满彩灯、高 12 米的圣诞树,有着 600 年历史的老街第一次利用"洋节"来招徕顾客。③ 次年,前门商业街仍用同样高的圣诞树来营造商业气氛。④ 时至今日,全国各地大小城市的商业场所每到年底销售旺季,无不有圣诞树装点门面,圣诞树在中国也和西方国家一样成为节日的标志性装饰,只不过中国的圣诞树几乎全在商场、饭店等消费场所,很少出现在家庭里而已。

圣诞老人

　　有圣诞树的地方必有圣诞老人,一树一人,一静一动,是标准的圣诞场景。自从圣诞节重新在中国的城市里流行之后,圣诞老人的身份定位就是促销员。每当圣诞节来临之际,餐饮、娱乐等消费场大多有圣诞老人迎候,有时候与圣诞老人一起迎候客人还有唐老鸭、米老鼠。⑤ 有的地方甚至还有白雪公主和他在一起共同迎客。⑥ 圣诞老人也经常被做成蜡烛形状出售,圣诞蛋糕上也有他的

---

① 任翀:《大街小巷欢乐缤纷　圣诞节为啥一年比一年热闹?》,《解放日报》,2011 年 12 月 23 日,第 9 版。

② 吴卫群:《圣诞树"争鲜"亮相》,《解放日报》,2008 年 12 月 9 日,第 9 版。

③ 冯祎、陶然:《前门大街 首立圣诞树》,《法制晚报》,2009 年 12 月 11 日,A12 版。

④ 王妍、郭谦:《老前门过洋节 圣诞树迎客》,《法制晚报》,2010 年 12 月 20 日,B04 版。

⑤ 姚冬梅:《欢乐的圣诞之夜》,《新民晚报》,1987 年 12 月 25 日,第 4 版。

⑥ 见 1990 年圣诞前杭州市文化中心"圣诞之夜大联欢"广告,《钱江晚报》,1990 年 12 月 19 日,第 6 版。

形象,贺卡上则更为常见,商店橱窗里贴上几张圣诞老人画像也是标准的街头节日景象。

从 20 世纪 80 年代末开始,上海等地的报纸上就经常出现利用圣诞老人形象的促销广告,尽管所卖商品与圣诞节毫无关系。[①] 餐饮娱乐场所广告使用圣诞老人的频率更高,大多是为圣诞大餐和圣诞舞会、圣诞晚会吆喝。有些广告还特别提到,圣诞老人会在现场抽奖派发礼物。[②] 圣诞老人在西方国家的基本定位是送礼者,尤其是给小朋友送礼,但是在中国,这个送礼者的形象大多由父母悄悄承担了,社会上的圣诞老人被商家用作促销员。所以,有人认为圣诞老人名为送礼的人,实际上却是一个收礼的人,雇用他的商家每年利用他来大赚一笔,他自己虽然"清廉",却年年为他人作嫁衣裳。[③] 因为圣诞老人的商业化,有一幅漫画干脆把他完全负面化了,在这幅画中,圣诞树上挂着的是钞票,树下四个欢乐的孩子,圣诞老人口袋里满满的钞票,正在窃笑着离开(见图 6-1 左)。[④]

进入 21 世纪以来,圣诞节在中国越来越热,圣诞老人也更加忙碌,他的足迹也远至一些偏远的大小城市。[⑤] 中国人对圣诞老人的需求太大了,他老人家也得赶紧学学中文(见图 6-1 右)。[⑥] 正宗的圣诞老人还真的赶到中国来淘金了。2006 年,苏宁电器便获得了芬兰政府的许可,在中国代理北极村圣诞老人亲笔签名贺信在中国境内的预订事宜,订购费是每份 79 元。[⑦] 据报道,真正的芬兰圣诞老人 2007 年第一次来中国的时候,参加的还是以"爱·和谐"为主题

---

① 广告太多,不能一一列举。较常见的是商厦、商场的促销广告,还有服装、食品、日用品等也用到圣诞老人形象。

② 如"中国杭州黄龙饭店"广告,《钱江晚报》,1989 年 12 月 19 日,第 4 版;"北京饭店圣诞之夜联欢晚会"广告,《北京晚报》,1990 年 12 月 22 日,第 2 版。

③ 言微:《圣诞老人来收礼》,《新民晚报》,1989 年 12 月 24 日,第 1 版。

④ 俞熊鹤:《无题》(漫画),《新民晚报》,1996 年 12 月 24 日,第 18 版。

⑤ 2001 年圣诞节前,贵阳邮政速递礼仪局的工作人员扮成圣诞老人为顾客送圣诞礼品,生意不错。《圣诞节未至礼品已送上门》,《贵州商报》,2001 年 12 月 14 日;世纪初的太原,一般百姓对圣诞还没有什么热情,商家却很热衷营造圣诞气氛,商铺用圣诞树和圣诞老人装饰一新,就连证券营业部也请圣诞老人来迎接客户。见桑广庆:《省城商家"热炒"圣诞》,《山西经济日报》,2003 年 12 月 11 日,第 2 版;就连陕西安康这样的地级市,圣诞老人也和圣诞树、"铃儿响叮当"这些圣诞元素一起为"圣诞经济"加热。见艾荐:《"圣诞经济"预热安康》,《安康日报》,2006 年 12 月 22 日,第 2 版。

⑥ 李建明:《圣诞老人赶学中文》(漫画),《新民晚报》,2005 年 12 月 21 日,第 22 版。

⑦ 刘微:《商家心急 早早请来圣诞老人促销》,《消费日报》,2006 年 11 月 20 日,A03 版。芬兰邮政局后来与中国邮政局合作,专门推出芬兰圣诞老人贺卡邮递活动,2011 年的圣诞贺卡分 30 元和 70 元两种,有芬兰邮政的邮戳,甚至还有"圣诞老人的签名"。见于建:《圣诞节,与购物无关》,《北京晚报》,2011 年 12 月 23 日,第 11 版。

的活动,2009 年再次来的时候,商业利益已是主要目的。这一年圣诞节前,万
达集团与芬兰圣诞老人基金会合作,来自北极村的圣诞老人专程到南京建邺万
达广场搞促销活动。^① 次年,万达集团继续与芬兰合作,圣诞老人到全国 11 个
城市的 15 座万达广场搞活。2011 年,"芬兰圣诞老人相约万达广场"进一步扩
大,21 个城市的 29 座万达广场都有圣诞老人到场。^② 2012 年,来参加商业活
动的芬兰圣诞老人达到 11 位,芬兰旅游局局长亲自来到中国吆喝圣诞老人
旅游。^③

图 6 - 1

　　相比这些正宗的芬兰圣诞老人,更多的"圣诞老人"是中国人扮成的,有些
则是在中国工作、学习的外国人。^④ 据说在国内扮演圣诞老人有正版、职业与
兼职三类,所谓正版当然是指芬兰来的经过芬兰官方认可的圣诞老人,请一位
要 20 万元左右。一般的圣诞老人,职业性的每小时收入 800 至 1 000 元,扮演

---

　　① 方人、刘伟伟:《真正芬兰圣诞老人首次造访南京》,《扬子晚报》,2009 年 11 月 19 日,C20 版。
　　② 胡雪柏:《万达借圣诞老人打文化牌》,《京华时报》,2011 年 11 月 25 日,B69 版;李捷:《芬兰圣
诞老人亮相万达广场》,《新京报》,2011 年 11 月 25 日,B20 版。
　　③ 胡雪柏:《相约圣诞老人》,《京华时报》,2012 年 12 月 2 日,D02 版。
　　④ 这是非常常见的景象,因为中国没有像美国那样专门的圣诞老人培训机构,只有请人装扮,比
如 2008 年圣诞节,武汉广场请 20 名快递员装扮成圣诞老人,为顾客送礼物到指定的地点。见李幽幽:
《圣诞老人来派礼,将传说变为现实》,《长江日报》,2008 年 12 月 19 日,第 8 版;有的则自己培训一下,如
南京 1912 时尚街区 2009 年圣诞节前便召集 100 位青年进行排练,在节日期间充当圣诞老人。见宋峤:
《百位圣诞老人排练》,《扬子晚报》,2009 年 12 月 2 日,A12 版;能够请外国人做圣诞老人当然更好,毕竟
圣诞老人是西方人,武汉某商场 2008 年请在武汉教书的英国人 Chris 扮演圣诞老人,这也是他第四年扮
装成圣诞老人参加商业活动。见王翮、彭治:《请来"洋人"扮圣诞老人》,《武汉晚报》,2008 年 12 月 16
日,第 5 版。

者往往是职业演员,比较有经验;兼职的圣诞老人多为留学生或其他身份的外国人,每天收入大约 500 到 1 000 元。如果是职业圣诞老人演员,"圣诞月"的最高收入可能超过 10 万。①

中国孩子最常见的圣诞老人不是驾着雪橇而来,而是商场门口穿着红衣服、戴着假胡须的促销人员。② 也难怪,有些商家为了推销产品,连婴幼儿也被纳入了"圣诞老人"的服务对象。③ 尽管圣诞老人已经被商业化包围,孩子们仍然喜欢过圣诞节,圣诞老人也是孩子们最喜欢的人物,远远超过中国的财神、金龙、醒狮。④ 当然也超过中国的"圣人"孔子。有一年,重庆一个幼儿园曾在中国传统经典文化课上挂出彩绘孔子像,老师问小朋友这是谁,三十多个小朋友脆生生回答道:"圣诞老人!"⑤出现这种情况主要原因是家长和幼儿园,他们想让孩子们在童话般的气氛中获得快乐,所以常在圣诞节的时用圣诞老人为幌子给孩子们送礼物。对许多中国孩子来说,他们最为担心的问题是:家里没有烟囱,圣诞老人怎么来送礼呢?⑥

商家和孩子们都喜欢圣诞老人,这是世界通例,中国当然也是如此。每到圣诞节,中国城市到处都可见这个穿红衣、戴红帽的白胡子老爷爷,这种形象在中国的节庆传统中根本见不到。所以,有些人出于各种理由,也想挖掘中国节庆文化中的老人元素以抗衡这个外来的老头。80 年代圣诞节刚在中国兴起时,有人就注意到圣诞老人很受国人欢迎,这使人想起传说中的南极老人(老寿星)。不过,比较而言,人们也不得不承认圣诞老人可爱得多,南极老人除了关心自己长寿,没见他关心别人。⑦ 80 年代刚打开国门,人们的心态还是开放的,没有人建议拿南极老人来对抗甚至取代来自外国的圣诞老人。进入新世纪以后,随着圣诞节在许多城市里逐渐狂欢化的趋势,这个外来的洋节似乎有压倒

---

① 周思立、关健:《职业圣诞老人 1 个月可赚 10 万》,《新闻晨报》,2013 年 12 月 13 日,A12 版。

② 李万娜:《圣诞节在中国》,《团结报》,2010 年 12 月 25 日,第 5 版。

③ "帮宝适"(宝洁公司品牌)曾在 2008 年举办过一个活动,只要上传宝宝睡觉的照片,就有可能得到"圣诞老人"上门看望宝宝的机会,并可获得礼物。见《圣诞老人夜访睡宝宝》,《北京娱乐信报》,2008 年 12 月 23 日,第 24 版。

④ 据广州市青少年宫的一项调查,圣诞老人受欢迎程度是 52%,高居第一。另外,65%接受调查的学生认为中国人应该过过圣诞节,72%的学生希望圣诞节放假。参见谢苗枫、王健:《最想得到的是红包 最中意圣诞老人》,《南方日报》,2009 年 1 月 22 日,A10 版。

⑤ 贺怀湘:《小孩不知孔子 竟称圣诞老人》,《重庆晚报》,2008 年 3 月 7 日,第 11 版。

⑥ 刘艳元、刘庆传、王世停、庾康:《"圣诞热"中,不妨从孩子的视角探析其背后的动因——"铃儿响叮当",究竟敲响了什么》,《新华日报》,2009 年 12 月 25 日,A5 版。许多报纸都刊登过幼儿园和家长如何对圣诞节重视的新闻,圣诞老人送礼物给孩子是最主要的内容。

⑦ 陶然翁:《圣诞老人与南极老人》,《北京晚报》,1987 年 12 月 26 日,第 6 版。

中国春节之势,有人便想到了过年前向玉皇大帝打报告的"灶王爷",建议塑造一个具有时代气息的"灶王爷"形象与圣诞老人一比高下。理由是,圣诞老人从烟囱里进来给孩子们送礼物,而中国的灶王爷也从灶台上为全家祈福,因此建议恢复"灶王节"。① 还有人提议用地方上过春节的一些元素来抵消圣诞节的影响,比如用财神爷比拼圣诞老人,用桃花代替圣诞树,用"利是封"取代圣诞袜。② 大概是因为中国人过年特别强调祈福,2012 年圣诞节后第二天,有机构推出了一个"中华福爷爷"的形象来代表"中华福文化",这是一个身穿汉服、手持福袋、慈眉善目、笑容可掬的老人,显然是来跟圣诞老人叫板的。③ 没有必要过多评价这些建议或措施,无论如何,比拟圣诞老人的做法与已表明了圣诞节和圣诞老人在当代中国受欢迎的程度。

圣诞大餐

在上文提到的广州青少年宫的调查中,学生最熟悉的圣诞节项目依次是"扮演圣诞老人""吃圣诞大餐""交换礼物""寄贺卡",可见在孩子眼中,吃大餐也是过圣诞节很重要的一件事情。除了教堂弥撒之外,当代中国人开始过圣诞节确实是从吃圣诞大餐开始的,圣诞节的商业化程度在圣诞大餐中也体现得最为明显,追踪圣诞大餐的价格走势,大致也可了解圣诞节在中国的流行程度。④

80 年代初的圣诞大菜大多出自西餐厅和涉外宾馆,主顾是外宾和归国华侨,国内消费者须按外宾价才可享用圣诞大菜,价格自然不菲。1984 年圣诞节,四个青浦老农在上海西菜馆吃的圣诞大菜是 14 元一客,当年上海涉外宾馆的大菜价格一般在 20 元左右,如东亚饭店是每份 18 元、20 元、25 元三个档次。⑤ 1985 年,价格明显上涨,上海新苑宾馆圣诞大菜每位 20、40 元,圣诞晚会门票 8 元(含饮料、小吃)。⑥ 1986 年,上海东亚饭店圣诞大餐的最高价格比上一年翻了一番,达 50 元一客。樱花度假村举办的"樱花圣诞、新年晚会"每位 40 元,不吃大餐,单独供应饮料、果饯则收费 10 元。⑦ 1987 年,锦江饭店的圣

---

①　王蔚、倪红梅、刘畅:《何不让灶王爷与圣诞老人比比武?——他们都是"与民同乐"形象,圣诞节越来越本土化,而灶王爷却显得冷清》,《新华每日电讯》,2004 年 12 月 25 日,第 2 版。

②　谢哲:《财神爷 VS 圣诞老人》,《羊城晚报》"创意春节"主题报道,2010 年 2 月 11 日,B14 版。

③　《当"中华福爷爷"遇上"圣诞老人"》,《光明日报》,2012 年 12 月 27 日,第 15 版。

④　圣诞晚会、圣诞舞会往往与圣诞大餐一同被视为圣诞节高消费项目,叙述时也稍稍涉及。

⑤　《圣诞节和平饭店有音乐晚会 东亚饭店通宵供应圣诞大菜》,《解放日报》,1984 年 12 月 22 日,第 2 版。

⑥　"新苑宾馆圣诞 Party"(广告),《新民晚报》,1985 年 12 月 24 日,第 2 版。

⑦　《宾馆餐厅准备圣诞晚会》,《新民晚报》,1986 年 12 月 22 日,第 5 版。

诞活动分为"圣诞烛光大菜及舞会""圣诞自助菜""圣诞化妆舞会"三类,价格分别是 50-80 元,35 元和 25 元。① 1988 年的圣诞消费价格虽与上年差不多,如锦江饭店的舞会票价是 30 元②,衡山宾馆的大菜是 60 元、80 元③,但是由于这一年上海的圣诞节热度超过往年,引起了人们的广泛关注,吃圣诞大菜、参加圣诞舞会和晚会被认为是典型的高消费行为。按当时的工资水平来说,80 年代在上海过圣诞节确实属于高消费。据统计,1983 年上海市职工年人均工资是873 元,1985 年为 1 416 元,1988 年也不过 2 277 元。④ 如果按 1988 年的数字算,上海职工月均工资约为 190 元,衡山宾馆当年的圣诞大菜平均价格为 70元,吃一顿像样的圣诞大菜,大约要花费月工资的三分之一多,这个收入消费比当然非常高。即使如此,当时的宾馆、饭店每到圣诞节还是人满为患,可见上海人为了享受这个洋节多么舍得花钱。

广州、杭州的圣诞消费与上海相去不远。广州的宾馆饭从开始供应圣诞大菜时就与上海的价格水平相差无几,大约是每客 15 元左右。⑤ 到 1988 年,中国大酒店的各类圣诞消费项目最高已达 120 元外汇券,所有项目均需另加13%的服务费。⑥ 1988 年圣诞节,杭州望湖宾馆西餐厅的圣诞餐是 60 元,自助圣诞大宴 45 元。⑦ 海丰西餐社的"海丰圣诞大菜"分为 30 元、45 元和 60 元三档。⑧ 海丰西餐社特意为过圣诞节装饰一新,圣诞夜果然吸引了 500 人前来就餐。⑨ 北京似乎稍微便宜些,到 1990 年,北京饭店的圣诞大餐加联欢晚会与上

① "锦江饭店祝您圣诞快乐 热诚欢迎社会各界朋友光临"(通栏广告),《新民晚报》,1987 年 12 月22 日,第 3 版。

② "'88 圣诞——89 元旦 如果您来锦江……"(通栏广告),《新民晚报》,1988 年 12 月 19 日,第 2版。

③ 见前引萧丁《圣诞节有感》一文。

④ 据上海市地方志办公室政府网站的资料。http://www.shtong.gov.cn/node2/node2245/node72907/node72914/node73026/node73048/userobject1ai85866.html. 另可参见程恩富主编:《上海消费市场发展史略》,上海财经大学出版社,1996 年,第 254 页。统计数字略有出入,此书中 1988 年的平均工资为 2 181 元。

⑤ 如广州的太平馆餐厅大餐价格,1984 年为 15 元,次年为 16 元。见宜铭:《太平馆供应圣诞餐》,《羊城晚报》,1984 年 12 月 20 日,第 2 版;宜铭:《太平馆新款西餐》,《羊城晚报》,1985 年 12 月 20 日,第2 版。

⑥ "中国大酒店圣诞新猷"(广告),《广州日报》,1988 年 12 月 22 日,第 5 版。

⑦ 参见"望湖宾馆"广告,《杭州日报》,1988 年 12 月 24 日,第 2 版。

⑧ "海丰西餐社"广告,《杭州日报》,1988 年 12 月 24 日,第 3 版。

⑨ 章新民:《圣诞,年轻人的新节日——昨晚杭城见闻录》,《钱江晚报》,1988 年 12 月 25 日,第 1版。

海 1987、1988 两年的水平相当。① 在著名的马克西姆餐厅所属美尼姆斯餐厅，只需二三十元即可享受正宗的法式圣诞套餐。②

90 年代初，圣诞节消费并未受到意识形态环境的影响，也没有因为经济上的治理整顿而明显削弱。1990 年圣诞节，上海据说有上百万人卷入这股洋节热浪。圣诞之夜，宾馆饭店、餐厅酒吧、娱乐场所都成了圣诞欢庆的中心，处处爆满。"白玉兰"餐厅门票 218 元，总共 360 个位子，12 月 24 日的票子，一星期前就一抢而空，25 日的票子 4 天前也售罄，但 24 日晚仍有人在门口愿出双倍的钱进去消费。希尔顿宾馆圣诞自助餐价格为 95 元兑换券③，原来只准备 200 个位子，结果一下涌来 400 多人，饭店只得临时安排餐位。170 元兑换券一客的圣诞大菜也告满，后来者又涌入中餐厅。"新锦江"24 日、25 日仅餐饮一项就达 25 万元，创历史纪录；华亭宾馆仅圣诞晚上的餐饮和舞厅收入就达 14 万元，比平时翻了一番。一向花钱精打细算的上海人却在圣诞之夜表现出了如此的大方。④

相对于当时中国的经济形势和收入水平，这样的消费自然有高消费之嫌，甚至有些畸形，当时的媒体也对圣诞热中出现的诸多问题提出了批评。

1990 年圣诞节，《新民晚报》曝光了部分宾馆饭店高价低质的圣诞活动。锦江饭店海底世界餐厅的晚会要价 118 元，场地却只有 40 多平方米，一百几十人挤在狭小的空间里，引起舞客闹事；龙柏饭店票价 150 元，可是许多人并没有座位，有人另花 50 元，只能买到 4 听罐装雪碧；宝隆宾馆"圣诞之夜"服务很差，圣诞大菜竟然安排在午夜之后，价格却高达 140 元，有顾客提出异议竟然被宾馆方面赶出场。⑤ 1992 年，上海有一家酒店舞会的门票高达 188 元，却不包括饮料，有人点了 2 听椰奶、2 听粒粒橙、2 大杯生啤，要价竟高达 385 元。因为舞厅爆满，主办方还不让迟来的持票者进场。⑥ 杭州的圣诞高消费也遭到了媒体

　　① "北京饭店圣诞之夜联欢晚会"（广告），《北京晚报》，1990 年 12 月 22 日，"周末版"，第 2 版。北京饭店当年的圣诞餐价格是 60 到 80 元，宴会厅只需 20 元。

　　② 梁秀伟：《异彩纷呈的北京"圣诞之夜"》，《北京晚报》，1990 年 12 月 23 日，第 2 版。

　　③ 20 世纪八九十年代由中国银行发行的一种外汇兑换券，与人民币等值，用于涉外消费场所，这些场所不接受人民币，必须用这种外汇券才能消费，因此在黑市上的实际价格高于人民币。

　　④ 郑土有：《冲突·并存·交融·创新：上海民俗的形成与特点》，上海民间文艺家协会编：《中国民间文化——上海民俗研究》，学林出版社，1991 年，第 13 页。

　　⑤ 崔以琳、方钟泽：《这样的圣诞之夜过得真扫兴！——昨夜本报值班室投诉电话铃声不断》，《新民晚报》，1990 年 12 月 25 日，第 4 版。

　　⑥ 王伟如：《四川路南海渔村圣诞夜乱斩客　近百舞客有票反坐冷板凳——稽查人员当场吊销其文娱经营许可证》，《新民晚报》，1992 年 12 月 25 日，第 3 版。

的炮轰,有报道直截了当地指出,商家之所以大肆喧闹办"洋节",说穿了就是想趁机赚一票。① 1994年圣诞节,《钱江晚报》连续两天在头版揭露杭州某俱乐部疯狂宰客的行为,据称,商家的毛利率竟高达1 500%。② 对许多人来说,一年一度的"圣诞商战"花样之新,价格之高,确实令人瞠目。而价格虚高、抽奖作假、服务态度差、消费内容与实不符等等,已严重损害了商业道德秩序。③ 高价圣诞节被指已成"金钱节",原本引入圣诞节主要是为了获得快乐,却演变成了竞相挥霍的新花样,在有些人看来,用金钱购买的节日快乐已经显得有些不伦不类。④

从另一个角度来看,商家之所以敢抬升价格、怠慢顾客,也是因为圣诞消费需求过于狂热。90年代初上海的圣诞节狂热到何种程度?据报道,1992年圣诞节,上海一家著名的KTV迪斯科舞厅的最低消费标准是5 000元,但是仍挡不住热情的顾客,圣诞夜爆满不说,25日晚也是满座。⑤ 1993年圣诞夜,上海美丽华贵族酒店特设的10间大、中、小包厢,价格是1 888 - 4 000元/间。⑥ 这个价格在当时的上海相当于1到2平方米的商品房价格。⑦ 当然,高得离谱的消费场所毕竟是少数,但是,到90年代中期,圣诞节期间二三百元一位的消费场所确实比比皆是,500元到1 000元之间的也不少见。

从各地关于"圣诞经济"的报道来看,20世纪末到21世纪初,圣诞节不仅蔓延到了内地大城市,连中小城市也普遍出现了圣诞热。大城市的圣诞热更是愈趋疯狂,这也带动了圣诞大餐价格一路走高,连偏远省份的一些城市也加入到了圣诞高消费的行列。

据说,北京的圣诞大餐价格2005年以前每年大约上涨100到300元,而2000年就已出现了2 000元一客的价格。2003年圣诞节前,天伦王朝饭店推出号称"京城最贵的晚宴"(2 588元)之后,北京饭店不甘示弱,将皇帝套房圣诞烛光晚宴定为每客9 888元,华汇金润酒店的圣诞晚宴以汽车为奖品,门票

---

① 柏建斌、祝水兴:《"洋节"何必搞得沸沸扬扬》,《钱江晚报》,1993年12月24日,第1版。
② 柏建斌:《"名人俱乐部"昨晚"斩客"真狠》,《钱江晚报》,1994年12月25日,第1版;柏建斌:《"名人俱乐部"暴利吓煞人 食品毛利率高达1500%》,1994年12月26日,第1版。
③ 金平:《"丑话"圣诞》,《新民晚报》,1992年12月22日,第1版。
④ 春夏:《圣诞不是金钱节》,《新民晚报》,1990年12月24日,第1版。
⑤ 《近十五年来怎么过圣诞》,《新民晚报》,1999年12月25日,第11版。
⑥ "24狂欢夜"(广告),《解放日报》,1993年12月21日,第9版。
⑦ 当年的沙田公寓广告上标的现房价格是1 888元/平方米(普通型),2 318元/平方米(豪华型),见《解放日报》,1993年12月24日,第12版。顺带补充一句,这则房产广告借用了圣诞老人的形象,当然是因为在圣诞节期间刊登的缘故。

高达 9 999 元。2005 年圣诞节商家稍稍恢复理性,但是星级酒店的圣诞大餐也普遍在 1 000 元至 3 000 元之间。① 到 2011 年圣诞节,高价圣诞大餐又现京城,2 000 元以上基本上属于起步价,最高的达 8 800 元,所有星级酒店的圣诞大餐到 12 月初已经订出了一半。② 上海的圣诞大菜价格反而从本世纪初就开始落后于北京③,最近数年来更是逐渐回归理性。④ 2005 年,杭州部分大酒店的圣诞大餐价格在 1 000 元到 1 500 元左右,已被当地党报点名批评,新华社也做了报道。⑤ 但是与银川市当年的圣诞大餐价格相比,杭州不能算太高。宁夏国际饭店平安夜门票最高档的是 1 980 元;宁夏香渔王子国际酒店推出 5 888 元的豪华套房套餐也被订走;其他宾馆 688、888 等价位的也很畅销。虽然高价圣诞大餐有公关的因素,但是正如报道所指出的,银川当年的圣诞气氛已达到了极致,这才出现圣诞大餐奢侈、昂贵的共同特点。⑥ 2007 年,贵阳也出现了豪华圣诞餐,价格超过千元,预订火爆。⑦ 到 2010 年,就连贵州遵义的圣诞大餐价格也可与沿海城市比肩了。⑧ 往北看,沈阳市酒店的圣诞大餐在 2006 年前就被认为可以与北京、上海有得一拼,为了适应沈阳市民的收入水平以吸引更

---

① 刘静:《圣诞经济:公款消费奢侈弥漫》,《工人日报》,2005 年 12 月 11 日,第 2 版。

② 窦媛媛:《8880 元一顿圣诞宴,值吗?——业内人士测算成本才 2000 元》,《北京晚报》,2011 年 12 月 9 日,第 12 版。

③ 2002 年,上海的星级酒店圣诞大餐不过千元左右,已被指为高得离谱。参见吴卫群、陶健:《沪上圣诞大餐"大"得离谱》,《解放日报》,2002 年 12 月 25 日,第 9 版。到 2004 年,虽有近 2 000 元的高价位,大部分还是在千元甚至 500 元以下。参见枕头包:《何处消夜》,《新民晚报》,2004 年 12 月 23 日,第 33 版。

④ 2010 年,上海一般餐馆只要数百元,五星级酒店的圣诞大餐普遍在 2 000 元以下,报道称"天价圣诞大餐"已销声匿迹。参见王玥、藤芙勤:《中式餐也想沾圣诞老人光》,《新闻晚报》,2010 年 12 月 21 日,A1 第 18 版;藤芙勤、王玥:《商场:低价折扣晚关门　大餐:降身段送豪礼》,《新闻晚报》,2010 年 12 月 24 日,A1 第 6 版、7 版;2011 年圣诞节,上海一些酒店的圣诞大餐折价票或转让票不足千元,有的不到 500 元,仍被认为是"高价玄机"。参见皇甫萍:《高价圣诞餐藏玄机》,《新民晚报》,2011 年 12 月 23 日,A8 版。到 2013 年,上海的酒店大打"亲民牌",锦江饭店小礼堂的圣诞晚餐仅为每位 288 元,浦东喜来登酒店的圣诞晚宴从上一年的每位 1 588 元下调至每位 888 元。参见潘洁:《圣诞餐今年遇"寒流"》,《国际金融报》,2013 年 12 月 16 日,第 7 版。

⑤ 黄宏:《晚宴动辄上千元一位　高价"圣诞大餐"谁来"埋单"》(转引自《浙江日报》),《新民晚报》,2005 年 12 月 23 日,第 23 版;《杭州:高价"圣诞大餐",谁来埋单?》(新华社杭州 12 月 22 日电),《新华每日电讯》,2005 年 12 月 23 日,第 1 版。

⑥ 刘晓莉:《豪华圣诞宴的背后,"公关"知多少》(新华社银川 12 月 24 日电),《新华每日电讯》,2005 年 12 月 23 日,第 2 版。

⑦ 王丽:《豪华圣诞宴动辄上万,水请谁吃为啥》(新华社贵阳 12 月 24 日电),《新华每日电讯》,2007 年 12 月 25 日,第 3 版。

⑧ 遵义大部分酒楼当年的圣诞大餐价格在 818－1 688 元一桌,圣诞餐预订火热。参见陈果:《餐位预订"一桌难求"》,《遵义晚报》,2010 年 12 月 20 日,第 4 版。

多顾客,酒店不得主动不调低价格。① 内蒙古的大城市也常见千元左右的圣诞大餐。② 2010 年,哈尔滨高档酒店的圣诞大餐普遍昂贵,香格里拉酒店推出的两档圣诞大餐分别是 2 888 元和 1 988 元一位。③ 从绝对高价位来看,西南、西北、东北省份城市的圣诞大餐与沿海城市的差距已经不大。

当然,上文所述多以高价位为例,一般店家的圣诞大餐并没有那么高,但是相比平常时候的大餐,一顿圣诞大餐贵出数倍是普遍现象。中国人吃圣诞大餐与西方人不一样,西方人的大餐一般是家庭聚会时在家里享用的,而中国人则是在宾馆饭店大吃大喝,就方式而言与平常的节假日的餐饮消费没有什么大的区别,也不在于吃的究竟是否是真正的西式大菜,关键在于"洋节"所提供的异国情调,"圣诞大餐"这个名称才是卖点,中国人花费在圣诞大餐上的其实不是钱,而是对这个洋节的热情。

"外国年"和"中国年"

圣诞节在当代中国重现、流行已经有三十年多了,人们过这个洋节自有各自的理由,不同年代的人们对这个洋节也有不同的认识。

开放心情过洋节

改革开放政策从硬的一面看是放松了政治、经济的严格控制,从软的一面看,社会关系和社会心理也得以脱离紧张的状态,整个社会生活随之轻松起来,人性得以恢复正常。80 年代初关于人道主义和人的异化问题的讨论,以及人性论的广泛传播,都与长期以来个人的精神生活不能舒展有关。一旦人性得到充分的认可,物质生活得以丰富,人们就会反思为什么以前会失去这些对个人和社会来说都是最根本的东西。

在 80 年代精神疏放的社会气氛中,拥抱生活的情感是最真实的人性呼唤,当时的人们普遍关注"八小时之外"应如何安排个人的生活,新闻界讨论比较多

---

① 傅淞岩等:《酒店业突围圣诞经济"七年之痒"》,《沈阳日报》,2006 年 12 月 19 日,C01 版。

② 2008 年,包头的圣诞大餐价格在 300 至 1 000 元之间;2009 年,呼和浩特许多星级酒店的大餐价格是 500 到 2 000 元,预订情况很好。分别见韩晓慧:《商家紧盯"圣诞大餐"》,《内蒙古晨报》,2008 年 12 月 25 日,"包头新闻",第 1 版;蔚艳红:《"圣诞夜宴"价不菲　明星＋奖品成噱头》,《内蒙古晨报》,2009 年 12 月 4 日,第 4 版。

③ 张菲菲:《每位两千八百八》,《新晚报》,2010 年 12 月 22 日,第 11 版。

的则是"社会新闻"是否应该加大分量。当时所谓的社会新闻,就是反映社会日常社会的多种侧面,特别是"八小时以外"的那些事情,反映的是人与人之间,个人与社会之间的关系,是与政治权力等"硬"的社会建制较为疏远的那些关于社会生活方方面面的事情的报道。① 社会生活与社会新闻之间有着正比例的关系,没有社会生活的正常化,便不会有相应的社会新闻,反过来说,从社会新闻里也可以观察社会生活的变化。本章关于圣诞节的资料主要来自当时报纸的新闻报道,这些新闻就属于当时所称的社会新闻,从中可以比较清晰地发现圣诞节的演变轨迹。我们可以看到,圣诞节最初的流行其实就是经过"文革"以后,人们开放心情,愿意接纳生活中一切可以带来心情愉悦的事物的一个表现。

圣诞贺卡和新年贺卡最初开始流行的时候,有人就注意到,这是改革开放以后人际关系正常化的表现,这在"文革"期间不断追查"反动社会关系"的时候是不可想象的,只有心情舒畅、生活宽裕而又怀着希望的人们,才愿意花钱买贺年片送给亲友。② 老报人秦绿枝在谈到圣诞节的时候,讲述了自己与圣诞节有关的一个小故事。"文革"期间,有外调人员来调查他的一个老朋友的情况,原因是他们曾在解放前一起举办过两次家庭圣诞通宵舞会。秦绿枝承认错误,认可跳舞是腐朽的资产阶级生活方式,但是外调人员一再追究舞会的目的到底是什么,每人带女伴参加舞会竟然成为重要的疑点,弄得他哭笑不得。今昔对比,他深深体会到,圣诞节带给人们的应该就是"温暖、同情、慈爱、希望、幸福"。③没有经历过长期的政治紧张和社会生活贫乏的人,很难领会这五个词所代表的时代感受。下面这段话颇能说明 80 年代的人们过圣诞节的社会心理:"中国人长期自我封闭,心理负担极为沉重。现在能够敞开心扉,懂得生活中还要跳跳'迪斯科',过过圣诞节来轻松轻松,这实在是一大进步。所以,当我收到一份份圣诞卡,当我听说花鸟商店的圣诞树、圣诞红被抢购一空的消息时,真是喜不自禁——上海人真的变了。"④作者所担心的是,通宵舞会让人身体吃不消,高消费使一般人"白相"不起。

改革开放以来,曾经严厉的政治压力确实在一定程度得到释放。有记者注意到,1988 年国庆节的时候,上海没有像以前那样升起国旗,他从中得出了自

---

① 夏鼎铭:《社会新闻漫议》(上),《新闻大学》,1984 年第 2 期,第 47 页。

② 一张:《闲话贺年片》,《新民晚报》,1985 年 12 月 24 日,第 2 版。

③ 秦绿枝:《圣诞》,《新民晚报》,1988 年 12 月 25 日,第 7 版。

④ 川石:《上海人如今要过三个"年"了吗? 闲话圣诞 喜忧参半》,《新民晚报》,1988 年 12 月 24 日,第 2 版。

己的解读,"一切都显得平易、松弛、朴实,充满了世俗化的意味。我们头上不再飘扬国旗,对此我们并不在乎。我们的胸中不再呼啸激情,对此我们也并不计较。似乎什锦火锅中的沸水已蒸发干了我们的爱国主义热情。面对先辈事迹的无限缅怀也让位于沙发、时装、首饰抢购后的疲惫!"这位记者观察到,自1976年以后,社会生活中的"这股世俗化的潮流,经十一年的奔腾已完全占据了主流的地位,从1985年起,国庆社论便告取消。从1988年起,不再报道国外政府、政党对国庆的贺电、贺函。1988年10月1日,本市大报的头版头条上是'认真治理经济环境和整顿经济秩序,确保明年物价上涨幅度低于今年'的报道,李鹏总理主持的国庆招待会被放到了次要的位置。我们全体都将十月一日当作了一个寻常的假日。我们放逐了令人生厌的'政治',放逐了大而无当的狂热。放逐了窒息人性的'神性'。我们不再激动、不再慷慨激昂的涕泗滂沱"。①
圣诞节就是这股世俗化潮流的代表,也是一个能够让灵魂唱歌的节日,回忆刚刚过去的圣诞热,人们的心头仍感到暖暖的:

圣诞前夕,漫步在上海街头,但见五颜六色,缤纷斑斓的圣诞贺卡几乎是十步一摊,百步一店,顿时把古寒风中瑟瑟颤抖的城市烤得热乎乎的;

一张张印满了真诚祝愿的圣诞卡漫天飞舞,日邮量高达10万多件,连空气都变得温柔暖湿;各大宾馆扎起火树银花,备下圣诞舞会,让终日为生计辛勤劳作的男士女士有机会一扫往日烦闷与忧愁,欢度一个赏心悦目的平安夜;

幽静安谧的华山路丁香花园门口出租车排成了长阵。山海国际礼拜堂门前的自行车将4米的人行道堵得严严实实。有6 000多人参加的"中外青年圣诞欢乐之夜"更为这个引进的"外国冬至"和我们的民族血液双双注入了呈现豪放狂欢的热情。

置身于这样的节日气氛之中,许多人由衷感到:这种精神上的娱悦和富足,远比吃上十顿筵席更能让人咀嚼到生活的真正滋味。②

从字里行间我们可以感觉到作者满怀激情的对圣诞节的赞美,甚至可以说是讴歌。这种情感不单属于作者个人,80年代的许多人正是在这样的心态中

---

① 吴纪春:《消失的"正统"——关于我们节日的报告》,潘益大主编:《大上海万花筒——社会大特写荟萃》,上海人民出版社,1989年,第324页,第326页。

② 吴纪春:《消失的"正统"——关于我们节日的报告》,潘益大主编:《大上海万花筒——社会大特写荟萃》,第329页。

迎接圣诞节的。

从 80 年代初期开始,许多原有的中国民俗也陆续恢复,但是与圣诞节这样的洋节相比,中国传统节俗的魅力不免大为逊色。当时就有人认为,中国的传统节日尤其是春节比较偏重吃喝,形式单调,已不能满足社会群体各个层次的需要,而圣诞节活动的形式较为丰富。圣诞卡图片精致可爱,贺卡上的词句文明,富于浪漫情调的年轻人喜欢这些东西,圣诞卡也博得平时忙于工作和家务的中老年人的青睐,以贺卡传递感情、沟通联系,比送吃的、喝的有意思。[①] 与年节和"土冬至"之类的中国传统节日相比,"洋冬至"圣诞节这样的西方节日是嘉年华式样的节日,确实活泼吸引人。[②] 在与耶稣有关的圣诞节、复活节、受难节、升天节这几大节中,唯有圣诞节才被中国人当作节日来过,最根本的理由就是,圣诞节体现的是快乐和爱。[③] 这是许多中国传统节日所缺乏的,其实,大部分中国人过圣诞,就是因为它能够给处于各种压力之下的人们提供一个适当的机会和渠道来放松一下身心,从圣诞节自 80 年代初重新进入中国以来,这是中国人乐意过这个洋节最基本的理由。[④]

中国人过圣诞节,大多是亲朋好友们聚一聚,跳跳舞,唱唱歌,让生活增加点色彩,如此而已。对普通人而言,过圣诞节完全是个人的事情,与个人的感情、心理有关。1987 年圣诞节,作家曹正文收到六岁的女儿自己制作的一张圣诞贺卡,上面画了一棵高高的圣诞树,树上挂着美丽的花环和许多小铃铛,旁边是一只呆头呆脑的大熊猫,贺卡上写着"祝爸爸快乐!"他的女儿又给妈妈画了一张贺卡,"祝妈妈幸福"。女儿的爱让他们夫妇万分珍惜。[⑤] 这就是一个简单而温馨的充满爱的个人化的圣诞节。二十多年后的一个圣诞节,另一个普通家庭也同样收获了温暖的亲情。每年圣诞节,忙于工作的邹先生夫妇都会给儿子

---

① 郑土有:《冲突·并存·交融·创新:上海民俗的形成与特点》,上海民间文艺家协会编:《中国民间文化——上海民俗研究》,第 13 页。

② 程乃珊:《土冬至和洋冬至》,《新民晚报》,2005 年 12 月 22 日,第 35 版。

③ 西方圣诞节的"爱"还含有博爱、慈善的传统,中国人并没有很好地接受。尽管如此,快乐确实是圣诞节最重要的特点,有一本英文著作书名即是 *Joy to The World*:*Two Thousand Years of Christmas*(Edited by Francis G.James & Miriam G.Hill),Four Court Press,2000.)此书收集的原始资料说明,世俗的圣诞节向来就是以快乐(Joy)为主题的。

④ 在笔者所见的许多新闻报道中,被采访者提到较多的词有休息、休闲、放松、娱乐、快乐、高兴等等,"放松"的使用频率最高。另据中国社会事务调查所的一项调查,53.6% 的年轻人过"洋节"是为了"找个快乐的理由",60.7% 的女性认为"洋节轻松自在,中国传统节日过得累"。引自包雅静:《圣诞节就是文化殖民吗》,《中国改革报》,2005 年 12 月 24 日,第 1 版。

⑤ 曹正文:《呵,快乐的圣诞树》,《新民晚报》,1987 年 12 月 24 日,第 7 版。

准备圣诞袜,并让儿子写信给圣诞老人要礼物。这一年,十岁的儿子在信纸上写道:"亲爱的圣诞老人,今年我想要一只小狗做礼物。爸爸妈妈上班太忙了,小狗能陪陪我。"看到这封信,邹先生几乎落泪。圣诞节让这位父亲深深感受到,多和孩子在一起才是最重要的。[①] 有一年圣诞夜,一位文科女生和她的工科博士男朋友因舞场人太多,便在实验室里以做实验的方式过节,他们的"圣诞大餐"只是一个苹果。但是在他们自己的回忆中,这却是最浪漫的一个圣诞节。[②] 这样的故事很平常,也会在日常生活中的其他任何时候发生,圣诞节本身含有温情要素只是提供了一个表达的契机,即使没有圣诞节可过,人们也会利用其他方式来寻找感情上的慰藉,包括我们自己的传统节日,如春节、中秋节等等。就像有人所指出的那样,中国人喜欢过的洋节,如圣诞、情人节、母亲节、父亲节等,都是有助于增进亲人、爱人、朋友之间感情的,"只要能增进感情,不管是传统节日还是'洋节',我想都是多多益善的。"[③]

作为生活方式的洋节

对刚刚打开国门的当代中国人而言,西方的一切事物都是新鲜的,都代表着现代化,是学习效仿的榜样。对年轻人来说,西方生活方式很容易被接受,80年代初,迪斯科、喇叭裤、蛤蟆镜、长头发等等,在当时大城市乃至小城镇都曾广泛流行。上海因为历史的原因,西化生活方式更容易恢复,因为西方物质文化的遗留在上海的要比其他地方更多,诸如西餐馆、咖啡厅、面包房、牛奶棚、奶油蛋糕等等都很受上海人的喜爱,其中移植沿袭西方习俗在上海表现得最为明显,"圣诞节、情人节、愚人节等已成为不可不过的节日。以圣诞节为例,上海开动所有的宾馆饭店和商业服务系统,推出'圣诞大餐'等各种节日服务项目,轰轰烈烈。"[④]这段话所描述的是80年代的情景,当然也适用于此后二十年的上海。

80年代的上海,人们的业余生活非常丰富且具有现代气息,"入夜,咖啡室、酒吧、舞厅、电影院有争奇竞华。七重天的舞会至夜半方散,大光明影院的电影、酒吧、舞厅通宵达旦,荣华酒楼的歌舞厅聚集了各方歌迷,椰露酒吧、上海咖啡厅天天人满为患,而最引人兴致的黄楼卡拉 OK、延中卡拉 OK 每晚都能

---

① 窦媛媛、傅洋、于建:《圣诞节,与购物无关》,《北京晚报》,2011 年 12 月 23 日,第 11 版。
② 郎弘:《实验室的圣诞大餐》,《新民晚报》,1994 年 12 月 26 日,第 10 版。
③ 荆墨:《圣诞节是一种快乐仪式》,《检察日报》,2008 年 12 月 26 日,第 5 版。
④ 杨东平:《城市季风:北京和上海的文化精神》,新星出版社,2006 年,第 332 页。

招至许多中外来客一展自己的歌喉。"①据说,当时的上海每晚有十余万人在这些消费场所过夜生活,其中以先富起来的个体户居多。有记者曾采访过一名个体户"阿 Z",阿 Z 从工厂辞职后从事水产生意,几年下来已经有一笔不小的财富。他几乎每晚都带女朋友去舞厅跳舞,平常花费四十元左右。1988 年圣诞节,他和女友连着玩了两个通宵,用去四五百元之多。② 由此看来,圣诞节不过是上海人一般社会生活中的一个特殊日子而言,与平时的夜生活不同的只是多了一个"洋节",更有理由去享受生活。

上海人本来就喜欢洋派的事物,圣诞节是西方传来的节日,过这个洋节自然被视作海派文化善于吸收外来文化的又一个表征。在很多人看来,每年过洋节与意识形态"西化"没有关系,人们只是想图个新鲜,想尝尝外国人过年的滋味和风情而已。③ 上海人的长处是外生内长、洋生土长的能力强,用"拿来主义"加上"消化主义"就能创造出适合自己需要的事物。④ 其实,善于接纳外来事物本来就是中国人的特点,这是中国之所以能迅速发展的基础,也是像圣诞节这样的"洋节"得以风行几十年的前提。所以,在 20 世纪 80 年代,我们几乎看不到对人们热衷于过圣诞节的否定论调,报纸报道和评论文章基本上持肯定态度,只是对不符合国情的高消费倾向颇有微词。90 年代初开始,对圣诞节的批评渐多,但是大多也是针对高消费和商业道德等问题,对过圣诞节以及圣诞消费本身并无异议,反而认为引进圣诞节有其合理性。⑤ 进入新世纪以后,反对过圣诞节的声音也不是主流。⑥ 大多数人认为年轻人以自己喜欢的方式轻松热闹度过一个外来的节日,属于年轻人之间的社交行为,即使受到西方文化的影响,在全球化的背景中也属正常,基本上不属于崇洋媚外,更不是"文化侵略",至多属于生活方式的多元化。而在一个开放社会里,生活方式多元化总比

---

① 顾土:《大上海的昼与夜》,《人民日报》,1988 年 12 月 27 日,第 8 版。

② 潘益大:《夜生活心态录》,潘益大主编:《大上海万花筒——社会大特写荟萃》,上海人民出版社,1989 年,第 238 页。

③ 吉力马:《写在圣诞节前》,《新民晚报》,1989 年 12 月 22 日,第 1 版。

④ 沈峻坡:《也谈"上海特色"》,《解放日报》,1990 年 12 月 27 日,第 2 版。

⑤ 参见春夏:《圣诞节不是金钱节》,《新民晚报》,1990 年 12 月 24 日,第 1 版;章智明:《"圣诞热"下的思考》,《新民晚报》,1990 年 12 月 26 日,第 1 版;金平:《"丑话"圣诞》,《新民晚报》,1992 年 12 月 22 日,第 1 版。

⑥ 2006 年,"十博士"发表反对"耶诞节"的宣言,认为中国人过圣诞节是文化上的集体无意识和崇洋心理等因素所致,这是对中国人过洋节最严厉的批评,但是这样的批评并不多。该宣言题为《走出文化集体无意识,挺立中国文化主体性——我们对"耶诞节"问题的看法》,许多网站均有全文可查。

一元化好,这多少也体现了我们在文化上的自信心和包容性。①

中国人过圣诞节并没有完全照搬西方的节庆方式,而是按照自己的需要来过节。比如,在大多数过节的国人眼中,耶稣是不存在的,八九十年代还有很多人去教堂凑热闹,现在的年轻人过节的场所主要是商场和宾馆、餐厅、歌厅。又如西方人一般在家里吃圣诞大餐,而中国人大多与朋友、同事在宾馆、餐厅、咖啡馆这样的地方花大价钱吃大餐,这些场所往往还伴有歌舞、魔术、相声等文艺表演,甚至有现场抽奖活动。② 圣诞节在中国也是情人之间送礼约会的日子,与2月14日的情人节没有太大的差异。中国人过圣诞节还独创出一种庆贺方式,就是在苹果上印上圣诞老人图像或"平安""圣诞快乐"等字样,称之为"平安果",用彩纸包装,十分畅销。《华盛顿邮报》曾专文报道过中国人过圣诞节的八大令人迷惑的现象,"平安果"是其中之一,把圣诞节当情人节来过也是一个。此外,圣诞老人经常吹萨克斯管也是中国特有的节日场景。③ 圣诞老人也会踩着高跷和猪八戒一起兴高采烈地走街,中国的民俗表演也可以用来欢庆圣诞。④

日常生活本来就没有太多的规则可循,尤其是对待圣诞节这样具有宗教意义的节日,中国人不可能完全按照西方传统来过。在非基督教国家,人们接受的圣诞节多是商业化的一面,而商业化的圣诞节本身就没有宗教仪式那样严格的规矩。比如在当代日本,圣诞节也主要是年轻人在过,他们也把这个圣诞节当情人节来过,也在外面吃圣诞大餐,圣诞老人甚至可由女孩来扮演。⑤ 日本与中国一样,在一定程度上把圣诞节本土化了。这无可非议,毕竟,愿意怎么过

---

① 可参看以下各文。陈伟、陈悠悠:《圣诞节国内"受宠"的背后》,《经济参考报》,2006年12月25日,第16版;邓清波:《文化要自觉自,更要自信自强》,《解放日报》,2006年12月23日,第5版;袁晓明:《过不过圣诞节,很重要吗?》,《东方早报》,2008年1月2日,B7版;邵建:《似是而非的"文化侵略"论》,《东方早报》,2008年1月2日,第23版;周明全:《从圣诞节的流行看文化包容性》,《文艺报》,2012年1月16日,第11版。

② 圣诞节娱乐消费场所的歌舞表演在80年代的上海就很火爆(《新民晚报》和《解放日报》的广告上有许多演出的信息),90年代中期曾冷清过数年。可参见晓雁:《洋节日没有认同感——沪上圣诞气氛逐年趋冷》,《新民晚报》,1997年12月25日,第3版;杨建国:《上海圣诞娱乐降温 专场演出数减两成 演员不再炙手可热》,《新民晚报》,1998年12月25日,第11版。进入21世纪以后,北京等地的高价圣诞大餐一般都伴有演出,可参看前文所引北京天价圣诞大餐的那些报道。

③ Max Fisher, *Eight fascinating facts about Christmas in China*. http://www.washingtonpost.com/blogs/worldviews/wp/2012/12/24/seven-fascinating-facts-about-christmas-in-china/.

④ 参看前引李万娜:《圣诞节在中国》《团结报》所配图片。

⑤ Brian Moeran and Lise Skov, *Cinderella Christmas: kitsch, Consumerism, and Youth in Japan*.in Daniel Miller ed, *Unwrapping Christmas*.Oxford University Press,1993.p105-133.

圣诞节最终要由愿意过节的人们来决定,这只是生活方式的一种选择而已。

外国年 VS 中国年

圣诞节是西方国家最热闹的一个节日,以家庭团聚为主的庆贺方式与中国人过年有些相似,所以,当它在 80 年代开始重新在中国流行并为之狂热的时候,人们很自然地将它称为"外国年"或"外国新年"。由于过完圣诞节就是阳历新年,此后不久就是春节,在一些人看来,中国人好像要过"三个年"了。① 这"三个年"只有旧历年才真正属于中国人自己的老传统。

其实,所谓圣诞节是"外国年"的概念是当代中国人自己臆造出来的。"外国(新)年"就是英文所称的 New Year's Day,即一年中的第一天,这个概念,清末的中国人已经十分清楚,那时所称的"西人度岁之期""西人过年之期""外国新年"就是这个日子②,并不是指耶诞日,耶诞日被称为"西国冬至"或"外国冬至",很少有人把它与中国人的"年"直接联系在一起。民国的时候,眼看着上海这样的大城市热衷于过圣诞节,中国人也曾哀叹"中国冬至"("土冬至")不敌"外国冬至"("洋冬至")。但是,那时的圣诞节还只能与我们的冬至节相提并论,中国旧历年最大的危机不是来自洋节的挑战,而是国民党政府严格奉行"国历"(阳历),不准人们过旧历年的规定。③ 即使这样,中国民间也还是照样过旧历年,大部分中国人不过"外国年"——西历 1 月 1 日。另外,国民党政府并没有禁止人们过圣诞节,抗战结束之后,政府甚至还公开庆祝圣诞节。④

民国时期,不敌圣诞节的是中国冬至节,现在,圣诞节在中国的热闹程度从购物、吃喝、娱乐几个方面来看,似乎都有比肩中国年节的倾向,有人因此提出了"保卫春节"的口号。⑤ 为什么要保卫春节?据说是因为春节遭遇了文化上的危机,最直接的原因就是西方节日文化的冲击。越来越多的人,尤其是青年人"更喜欢西方文化背景下的圣诞节、情人节等那种游戏性的狂欢",而不能细

---

① 早在 1988 年和 1989 年,上海人要过三个年的说法就已经出现了。所谓"三个年"指的是圣诞节(外国年)、元旦、春节(中国年)。见前引川石、萧丁、吉力马三位作者的文章。

② 《申报》创刊那年就把西历 1 月 1 日称为"西人度岁之期",见《耶稣诞日》,《申报》,同治十一年壬申廿四日,第 4 页。另见《西人除夕》,《申报》,同治十二年十一月十二日,第 2 页;《西历节期》,《申报》,1880 年 12 月 19 日,第 3 版;《中西书院新定章程》,《申报》,1886 年 12 月 20 日,第 4 版。

③ 从 1930 年开始,国民党政府消灭了所有旧历节日,把春节的仪式移置于 1 月 1 日,所谓"过年"指的是过西历元旦。参见《内政部、教育部致行政院会呈》,中国第二历史档案馆编:《中华民国史档案资料汇编》第五辑第一编"文化"(一),江苏古籍出版社,1991 年,第 430 页。

④ 《首都同庆圣诞夕——蒋主席欢宴美在华嘉宾 各音乐厅举行圣诞舞会》,《申报》,1946 年 12 月 25 日,第 2 版。

⑤ 王胜昔、王晖、郭兴华:《民俗学家呼吁"保卫春节"》,《河南日报》,2005 年 12 月 20 日,第 3 版。

细品味春节文化的内涵。[①] 对于"保卫春节"这种说法,有人认为是一个伪命题,因为春节并没有没落到需要保护的地步。[②] 有人认为比"保卫"更重要的是发掘春节新的文化内涵。[③] 还有人认为要革除春节的一些陋习,创造新的过节形式,创新才是最好的保护,如此等等。[④] 这些说法也许都有道理,不过,最重要的问题还是提出"保卫春节"口号的那位学者所指出的,是要"在日常生活中去保护它"。

节日本来就是日常生活中活生生的文化,它体现在人们的感情、心理、社会关系及行为等诸多方面,人们愿意把自己的感情、心理、关系、行为投入到节日中去,节日就活了,所谓节日文化也就得到了体现,保卫、保护也就实现了。或者说,只要是一个节日,其实根本就不必保卫、保护,因为参与节日的人多,节日自然就是活的,何须保卫? 春节是全体中国人参与的节日,仅就这一点而言,过农历新年仍是全体中国人日常生活中最大的集体文化事件,是最具有社会活力的节日,保卫之说何从提起? 与春节相比,圣诞节不过是一部分中国人日常生活中的小插曲,把它当作中国传统节日文化的大敌,实在有与风车作战的嫌疑。

日常生活以日常消费为基础,伴随着节日往往出现消费旺季。就消费这一点来看,国内有人认为圣诞节是商业炒作的结果也不是没有道理,前文所述也可大致说明问题。但是,就目前的情况而言,圣诞节的商业化程度还不足以构成对春节的挑战,春节仍是一年之中最大的消费季节,甚至超过美国圣诞季的消费水平。[⑤] 圣诞节当然如罗伯特·贝拉所言,是人类历史上最大的消费主义者的狂欢节,西方国家对这种商业化的圣诞节也是多有贬斥。[⑥] 但是节日经济能拉动内需,没有人愿意用文化保护的名义打压洋节经济,在我所见的资料中,也没有人提出流行于当代中国的圣诞节是西方消费文化对中国的侵略。事实

---

① 李宏伟:《春节与传统文化——民俗学家高有鹏谈"保卫春节"》,《光明日报》,2006 年 1 月 27 日,第 6 版。

② 李龙:《"保卫春节"是个伪命题》,《广州日报》,2007 年 2 月 23 日,第 4 版。

③ 伍振:《"保卫春节"要有心的文化内涵》,《光明日报》,2007 年 1 月 26 日,第 10 版。

④ 王淮林:《〈保卫春节宣言〉一石激起千层浪 三学者三种理念谈过年——春节需要"保卫"吗?》,《深圳商报》,2006 年 1 月 26 日,B09 版。

⑤ 2013 年春节黄金周期间,全国商业和餐饮销售额达 5 390 亿元人民币;《华尔街日报》曾比较中美两国的节日消费,2011 年中国春节 7 天日均消费 87.5 亿美元,而美国圣诞假日每天是 75.7 亿美元。参见肖遥:《春节消费超 5000 亿元》,《人民日报》,2013 年 2 月 17 日,第 2 版;李强:《消费时代,如何过个好年(新春观察之三)》,《人民日报》,2013 年 2 月 7 日,第 5 版。

⑥ 冯亦斐:《圣诞经济:全球消费主义者的大狂欢》,《新闻周刊》,2003 年第 47 期。

上,西方国家的圣诞用品倒有相当大的部分来自中国。[①]

　　中国人所接受的圣诞节不是教堂里的那个圣诞节,就像前引《华盛顿邮报》那篇文章所说的,耶稣是谁在中国是没有人关心的,中国人也没有像西方人那样以家庭为中心来过圣诞节。如果从文化接受的视角来看,中国人并没有照单接受圣诞在西方国家所蕴含的宗教文化和社会文化,因此,有人认为圣诞节在中国徒具西方节庆文化的外在表现形式,充其量只是中国文化的一个补丁。[②] 确实,中国的孩子和年轻人在过圣诞节的时候,可能很少或根本没有考虑文化层面的因素,对他们而言,过圣诞节意味着能收到礼物,平安夜可以轻松热闹地度过,就这么简单。[③] 这并不是说圣诞节在中国没有内涵,快乐、轻松、亲情、友情、爱情都是内涵,也是西方圣诞节原本就有的,只是中国人有自己的表现方式。在家庭以外的公共消费场所,以吃、喝、玩、乐的方式欢度圣诞节,看起来似乎不伦不类,如果我们换一个角度看,它可能是合理的。因为,对待一个外来节日,中国人可以不顾那种文化本身的规制,可以按照自己的意愿充分利用,无拘无束地享受快乐,同时又能收获感情和心理的慰藉。所以,中国人过圣诞节可以不去教堂,可以不理会耶稣,可以不回家与亲人团聚,但是可以选择圣诞老人、圣诞树、圣诞袜、圣诞蜡烛来装点节日。中国人的这种过节方式,也可认为是对洋节的一种文化消解,对"中国年"所代表的传统民俗文化来说并无损害。

"圣诞盲"们的圣诞节

　　1988 年上海的圣诞热看起来有些"突兀",因为很多人并不清楚圣诞节到底是怎样的一个节日。上海市某青年联谊会在当年曾专门组织了一场狂欢之夜圣诞有奖竞猜大赛,题目很简单,如"圣诞节的含义是什么?""写一首圣诞颂歌的歌名""圣诞老人的原名叫什么,他是什么地方人?""圣诞袜能穿吗? 它派什么用场?"等,共有 10 道题目。参加竞猜的近 500 名青年,没有一个全答对的,答出一半的不到 7%,50% 的竞猜者吃了大鸭蛋。竞猜比赛的女主持人因

---

　　① 这方面的报道很多,从这些报道可知浙江省义乌市是世界圣诞商品的流通基地。代表性的报道是《中国青年报》的"冰点特稿"《"中国牌"圣诞节》,2012 年 12 月 26 日,第 12 版。

　　② 朱怡:《当圣诞节成为传统文化"补丁"》,《长春日报》,2009 年 12 月 24 日,第 5 版。

　　③ 陈家兴:《年轻人为何热衷圣诞节》,《人民日报》,2006 年 12 月 25 日,第 5 版。

丢失标准答案,无法在现场公布正确答案,因为她自己也是个"圣诞盲"。①

对圣诞节所知不多而又热衷于过这个节日,正是许多中国人对待洋节的基本状态,"圣诞盲"无足怪,人们需要的只是这个节日的欢乐气氛。也就是说,中国人过圣诞节只是看重了它的形式,对其内在的文化含义并不深究。进而言之,中国人过圣诞节早已把它的文化内涵置换为自己的内容。圣母、圣婴、马槽、弥撒等宗教要素不必说,家庭化过节习俗也没有被中国人接受,圣诞树原本主要出现在西方人的家庭里,但是在中国,圣诞树在商业场所最为常见,一般人家里是不会竖一棵圣诞树的。至于狄更斯的圣诞"颂歌哲学",在当代中国也几乎没有人关心,圣诞慈善活动在我所见到的资料里很少出现②,人们在乎的是自己的快乐。慈善是西方圣诞节的主题,没有"颂歌哲学"也就没有现代圣诞节,但是在中国普通市民之中,缺乏慈善意识的人们也照样过这个洋节,这当然无须加以苛责,毕竟有很多中国人对这个节日的"颂歌哲学"并不知悉。

"洋节"一词和"洋货"一样,在中国有着特殊的含义,"洋"是指来源,表明来自西洋国家,"节"就如"货"一样意味着实用性。中国人过"洋节"和使用"洋货"差不多,一方面认为凡"洋"就是高级,因此要过、要用,这是一种所谓的"复制文化"(copy culture),在许多国家(包括欧洲、美国)都曾经出现过③,不能简单地用以卑崇尊的心理来解释;另一方面,"货""节"意味着可用性,怎么用、怎么过就是自己的事情。丰子恺曾提到中国农民用筷子吃西餐的现象,他认为这样做是有优点的,可以让中国人在享用异国风味的菜肴时免去使用刀叉的麻烦。④我在前文也提及,西餐被中国人接受之后,也曾加以改造以适合中国人的口味,因此既有正宗西式大菜,也有中西合璧的和菜,更有"公司菜"的吃法。事实上,大量的洋货进入中国以后多被加以改造,使用方式也完全是中国化的,如西洋镜子也可被中国人挂在门上当作照妖镜。文化混合(cultural hybridity)是常见现象,在其他国家和地区也是如此,西方现代圣诞节本身就是多种文化混搭而形成的。圣诞节到中国以后,人们接受的是购物和玩乐,在年轻人中几乎过成了"情人节"或"友情节",有人称中国的圣诞节为"洋青年节",这也不算过分,

---

① 习慧泽:《圣诞潮的沉思》,《商界风云录》,文汇出版社,1991年,第53页。

② 广州在2008年圣诞节时有过社会性的慈善活动。见《羊城,洋节,满街尽是"圣诞老人"》,《南方都市报》,2008年12月25日,GA12版。最近几年,杭州市有一些机构借圣诞节时机做过公益慈善活动。

③ Frank Dikötter(2006),pp36 – 39.

④ 卢汉超:《霓虹灯外——20世纪初日常生活中的上海》,第274页。

因为在中国热衷于过圣诞节的主要是青年人。[①] 从这一点来说,圣诞节在当代中国也是一种亚文化现象,是特殊人群的一个节日。由此可见,圣诞节在中国几乎被完全置换成了另一个节日,保留的只是如圣诞老人、圣诞树这样的节日符号,以表明这个节日至少还是"洋"的。

从上文所述我们也可大致得出这样的印象:上海是圣诞节流行于中国的发源地,解放前和改革开放后都是如此。这当然与上海的特殊性有关。上海在近代以来中国现代化发展历程中的中心地位是没有疑问的,就消费文化而言,上海也是无可争议的中心。有学者认为上海的商业文化是现代性的一个表征,1990 年代以来,整个中国的商业消费主义与民国时期的上海商业文化相比有许多相同之处。[②] 即使对西化影响上海市民日常生活持怀疑态度的学者也不能不承认,城市强大的商业特性对"上海人在根本上是与众不同的"这一观念的形成起了很大的作用,这种商业特性含有无法抵抗的西方的成分,近代上海人精明、足智多谋、会算计、头脑灵活、适应性强、随机应变等特征都与商业有关。[③] 法国学者白吉尔在论及上海的时候曾指出,现代化与现代性是不一样的,现代化是指变革的过程,结果如何不能预料,"而现代性是指由现代化及其成果所唤起的相应的精神状态和思想面貌。一个半世纪以来,中国投入了现代化进程,而上海的先进使她很早就走向现代性。"[④]言下之意,上海因为其特殊的历史原因,很早就已经在精神和思想层面上达到了现代化应有的结果,而中国的其他地方很久以后还在现代化的过程之中。仅在商业文化和社会生活层面上而言,上海确实在清末民国的时候就已经很现代,或曰很西化了,举凡吃喝玩乐莫不如此,热衷于过圣诞节是其中一个特别的物质文化现象。解放前上海人过圣诞节被视为资产阶级生活方式,改革开放以后,上海人过圣诞节除了被指高消费之外,一般舆论均认为属于生活层面的个人选择。到 90 年代,特别是进入 21 世纪以后,圣诞节伴随着浓厚的商业气息在全国各地都成了一种时髦,这正符合所谓的"云端到尘土"的理论(cloud-to-dust theory),模仿消费

---

① 习慧泽:《商界风云录》,53 页。《中国青年报》报道上海圣诞热的一篇文章中也认为它源于宾馆商场和青年群体。见《上海今冬圣诞热》,《中国青年报》,1988 年 12 月 24 日,第 1 版。

② Carrie Waara, *Invention, Industry, Art: the Commercialization of Culture in Republican Art Magazine*, in Sherman Cochran ed, *Inventing Nanjing Road: Commercial Culture in Shanghai*, 1900 – 1945, East Asain Program, Cornell University(Number 103 in Cornell East Asia Series), p89.

③ 卢汉超:《霓虹灯外——20 世纪初日常生活中的上海》,第 287 页。

④ 〔法〕白吉尔:《上海史:走向现代之路》,王菊、赵念国译,上海社会科学院出版社,2005 年,中文版序,第 3 页。

(emulation model of consumption)总是从某些地方的某些精英阶层逐渐普及到一般大众,这在凡勃伦的《有闲阶级论》中已有论证。① 上海在圣诞节的传播和流行过程中充当的就是"云端"的角色,从这个比拟出发,可以把中国各地过圣诞节的流风看作是"上海化"的过程。

"上海化"只是一个比喻,其实质是社会生活的日常化、世俗化,这其中商业是不可缺的因素,因为现代生活惟有经过商业化才能落到实处。当人们浸淫于商业化之中时,一般不会去追究所消费某种商品究竟有怎样的历史或文化内涵,他或她要么是跟着风尚,要么是跟着自己的感觉,这肯定是一个去意识形态的过程,在一定程度上也是一个去文化的过程。也许圣诞节与一般商品的消费不同,毕竟它是一种文化现象,但是,凡是具有世俗意义的文化都离不开物质,也就不可能脱离商业的影响。从圣诞节在当代中国的重现、流播、流行的过程中,我们看到政治意识形态也慢慢退出日常生活领域,这不仅是改革开放以来社会生活越来越繁荣的根本保证,也是圣诞节等洋节日得以流行的重要原因。②

最后我想回答本章开头提出的那个问题,即1949年被切断的民国时期社会性圣诞节习俗与在当代中国流行的圣诞节之间没有接续的关系,但是两者又有着惊人的历史相似性:大致上都是从教堂或教会机构开始,然后逐渐在社会上流行,圣诞大餐、圣诞舞会、圣诞老人、圣诞卡、圣诞树、各种圣诞礼物大受欢迎,孩子和年轻人是主角等等。原因何在? 我的回答很简单。因为近代以来以物质消费为基础的中国人的日常生活本身就受到西方物质文化巨大的影响,西方物质文化以各种形式改变中国人的日常生活,不仅是所消费的东西,生活方式也因此而改变。中国并无渗透到日常生活中的强烈的宗教习惯,所以只要有大致相同的物质生活基础,生活方式就不会有太大的悬殊。1949年前的上海与改革开放后的上海以及其他大城市,虽然所消费的具体商品不同,但是却有着大致相同的物质文化基础,社会心态中对"洋"的追寻也没有本质的差异,而现代商业市场的逻辑又基本一致,这导致即使在历史(包括历史记忆)隔断的情况下也会出现大致相近的圣诞消费文化。换言之,是生活本身的逻辑导致人们

---

① Frank Dikötter(2006),p9.

② 有一年圣诞节前,我听说某市宣传部门通知新闻单位不要炒作圣诞节,果然,圣诞节期间的当地报纸均无相关报道。但是,商家的圣诞促销广告则照登不误,这年的圣诞节各消费场所照旧热热闹闹,因为,并没有任何官方指令限制或禁止商家搞圣诞节促销活动,当然也不会限制或禁止消费者的过节行为。

过洋节,而不是"洋节"创造生活的逻辑。其实,只要有一个日子(或一些日子)能够给人们提供消费、休闲、欢乐的机会,这个日子就会成为日常生活中的一个节日,不管它是"洋节"还是"土节",11 月 11 日这个所谓的"光棍节"不是已经演变为了一个消费节吗? 七夕这个中国传统中的"女儿节"不是变成了中国版的情人节了吗? 这和把耶稣的诞辰当做情人节或青年节来过是一样的逻辑。

第七章　重构的社会化节日

陆九渊有一段名言："东海有圣人出焉，此心同也，此理同也；西海有圣人出焉，此心同也，此理同也；南海北海有圣人出焉，此心同也，此理同也；千百世之上，至千百世之下，有圣人出焉，此心此理，亦莫不同也。"[①]所谓"心"，陆九渊指的是人的"本心"，虽然对这个本心有不同的解释，但是我们也可以理解为它是人之所以为人的根本特征。抛开理学、心学的抽象说辞，转译为现代的通俗观念，这段话意思也可以理解为四方之人都有本心，因此"理"也是可以相通的。东西方之间自近代以来的相遇，从不能沟通到逐渐沟通，再到部分的相互接受，靠的也就是人在生活中所具有的最基本的那些东西。当然，这种沟通和接受都还是有限的，也是不均衡的，毕竟人的本心之外有太多其他的因素在阻碍人与人之间、文化与文化之间的沟通。开放心态，开放心情，对个人而言比整体性的文化更容易些，因为个人是基于日常生活的存在，较容易抛开那些经由历史而形成的意识形态及文化上的负担。从前面的章节中可以看到，许多中国人对于圣诞节这个外国人的节日几乎完全是凭个体感受加以体认的，个体的消费行为主导了对圣诞节的接受方式。圣诞节在中国变成一个"洋节"，主要与个人的生活选择有关，这种选择与宗教无关，与政治也没有关系。民国时期经历过一个宗教上、政治上的对圣诞节的拒斥和斗争的过程，但是，这一政治性的插曲对都市人群接受圣诞节也没有多大的影响。1949 年以后的三十年间，由于国际关系的改变和国内政治运动不断，中国社会中的宗教生活受到抑制，当然也不可能存在圣诞节。随着"文革"结束和改革开放政策的实施，经济生活逐渐繁荣，圣诞节又以相当自然的方式流行起来。1949 年前和 1979 年后虽然是两个不同的历史时期，但是圣诞节的流行以及过节的方式又有着相似之处，这里面有一些共通的道理。

---

① ［宋］陆九渊：《陆象山全集》（卷三十六·年谱），中国书店，1992 年，第 317 页。

"海派圣诞"

如果我们从 20 世纪 20 年代算起,圣诞节在中国的都市生活中至少存在了一个甲子之久(1949 年至 1979 年之间的三十年除外),历史不可谓不长。

民国时期的圣诞节还局限在上海、天津、北京等少数大城市,以吃大餐、聚会、跳舞等消费娱乐方式过节的人以受过现代教育的年轻人居多。在上海,除了买办和洋行职员之外,当然也有所谓的"小市民"[①]参与其中,如果把接受慈善捐赠的部分下层城市贫民也算入,过圣诞节的人群已经遍及社会各界,事实上,在《申报》上有关圣诞节的新闻报道和广告中,"各界""各界人士"是经常出现的用词。这当然与上海是一个商业高度发达的超级都市有关,即使是普通小市民,也很难不被租界里满街的圣诞装饰和圣诞商业气氛所感染,而 12 月 25 日又适逢云南起义纪念日[②],学校、机关、单位等均放假一日,市民因放假而上街游玩、购物、看电影,甚至吃西餐、跳舞,所有这些消费行为都可视为过洋节。放假一日无疑是民国时期圣诞节得以影响至一般中国人的重要因素,此外还有礼拜六(晚上)和礼拜日,就像现代一样,如果遇到周末,这一年的圣诞节往往会比周中过圣诞节的年份热闹许多。上海小市民的生活确实如陈丹燕所说的那样,可以分成"面向大街的生活"和"弄堂里的生活"。[③] 前一种生活尽量表现得体面,可通过体面的消费过程体现出来,比如吃一顿西式大菜或圣诞大餐;而后一种生活以弄堂里狭小的家庭空间为主,无非是一日三餐等等的琐碎,也许更真实,但是不值得展示,人们也不愿意展示。凡勃伦认为,现代文明社会存在着必要的明显有闲和明显消费,以显示自己的社会地位。多数阶级成员的"家庭内部生活,同他们在大众面前公开的那部分生活比起来,前者多比较简陋,后者

---

① 小市民通常形容城市中等或中下阶层的人们,美国学者林培瑞认为小市民包括中产阶级或小资产阶级,也包括小商贩、公司职员、高中学生、家庭主妇或者其他受过一定教育的、生活富裕的都市人。参见卢汉超:《霓虹灯外——20 世纪初日常生活中的上海》,第 48-49 页。这些近代社会的小市民中的职员是凭薪水生活的人,他们有较强的"职员"意识,生活分为"公事"与"公余",他们在公余的闲暇时间里阅读报纸、杂志、书籍,或醉心于体育运动,或欣赏音乐、电影、话剧,他们是城市生活新风尚的引领者,也是"现代性"的城市群众文化和群众消费社会的主要体现者。参见[日]岩间一弘著:《在表演和宣传之间:上海民营企业职员阶层的重组与群众运动》,甘慧杰译,巫仁恕、康豹、林美莉主编:《从城市看中国的现代性》,台湾"中央研究院"近代史研究所,2010 年,第 362-263 页。

② 后来又与所谓"民族复兴节"重叠。

③ 参见陈丹燕:《上海的风花雪月》,作家出版社,2000 年(第 2 版),第 4-5 页。

多比较奢华……人们往往把自己的私生活隐蔽起来,不让外人窥见。"①这与此处所说的两种生活是差不多的意思。从明显有闲和明显消费的意义上说,圣诞节的景象是面向大街的生活里展示出来的市民生活,也许有些表面化,但是,我们不能说它不真实。有人曾这样描写孤岛时期上海人过"外国冬至"的场景:

> 礼拜一过(按,指教堂中的弥撒仪式),因为各机关学校都放了假,人多走到了路上,马路就特别挤,各影院无不选映名片,各歌剧院无不有名家演出,各报章杂志无不出特辑,各菜馆无不定制圣诞早餐,圣诞午餐,圣诞晚餐,以高昂到极点的价钱,供有钱没处用的人们大吃而特吃,此外如圣诞蛋糕,大如面盆,上插五色小烛,圣诞糖果,做成各式图形,亦皆悦目可口,商家橱窗则排列着上好货品,圣诞老儿的像,用各种姿态,给排列在店铺街头,顿时之间,各城市街道都成了一个喧哗嘈杂的大剧院。②

这段文字很生动地写出了向公众展示的——也就是面向大街的——都市生活景观。由于圣诞节,整个大街都变成了大剧院,人们就在这大街剧院里展示着自己的明显有闲和明显消费,这也是都市人获得存在感的一种方式,实际上也是都市生活方式的表现。

真正以高消费换取"狂欢"的人也许是少数,但是把圣诞夜和圣诞日到大街上的电影院看场电影,到商店里逛逛、买点东西的普通市民也算在内,这就很像一个节日了,再加上外侨过节和教堂弥撒,以及各种圣诞慈善活动,民国时期整个上海街头节日气氛之浓烈可以想见。③ 所以,当我阅读《申报》《社会日报》等报刊有关圣诞节的新闻和文章以及广告时,我并不怀疑报刊所展示的圣诞场景有夸大之嫌。当然,上海人热衷于过圣诞节属于面向大街的生活的一部分,有炫耀性消费的成分。不过,日常生活总是存在炫耀性消费的一面,对上海这个沾染洋气比较多的都市而言,没有这种现象反倒不能理解,这也算是现代性的一种表现吧。毕竟,近代上海最为中国人所知并夸耀的就是高楼大厦、百货公司、电影院、舞厅、酒吧间、咖啡馆、西菜馆、爵士乐等等,出入这些场所的消费行

---

① 见〔美〕凡勃伦:《有闲阶级论》,蔡受百译,商务印书馆,2013年,第87-88页。

② 敬昔:《中外冬至谈》,《上海生活》,1941年(第12期?〔我所阅读的这期残缺,因有关于圣诞节的多篇文字,似为12月号〕),第42页。

③ 据程乃珊记述,抗战胜利那年圣诞节时,大量美军从昆明转到上海,上海的繁华让美军吃惊,圣诞节的气氛比纽约还纽约,华裔士兵吉米钟和其他美军士兵在上海过了一个最阔气、最尽兴的圣诞节。参见程乃珊:《上海探戈》,学林出版社,2002年,第61-63页。

为与周旋于弄堂里的烟纸店、米店、小菜场、煤饼店完全不同,但是,上海之为上海显然不是因为后者。从这个意义上说,像圣诞节这样的洋节消费很能代表近代上海的文化特征。

就像前文所述,改革开放以后的圣诞节首先在上海重新恢复。之所以说是恢复,一方面是因为上海人解放前就过这个洋节,另一方面也因为当代人过圣诞节的方式与民国时期的上海有着惊人的相似性。事实上,从清末到民国以及从改革开放到如今,圣诞节普及的方式也大致相同:最初是少数外国人(改革开放后是外宾和归国华侨)在固定的区域过节(租界、涉外宾馆),教堂的圣诞弥撒吸引国人的关注,然后是圣诞老人、圣诞树、圣诞卡等逐渐为人所知,于是吃大餐、跳舞、狂欢、购物,等等。于是,人们惊呼"洋节""洋节",反对者有之,认同者有之,挖掘传统中的因素与洋节对比、对抗者有之,感到文化危机者有之,如此等等。与解放前稍有不同的是,解放前过圣诞节的地域不广,甚至像毗邻香港的广州都对这个洋节还有些陌生。[①] 而改革开放至今,圣诞节的热潮几乎遍及中国各个地区的大、中城市,甚至还波及某些地方的小城镇。

罗兹·墨菲认为,上海在政治、经济等方面都是中国现代化的一把钥匙,他虽然没有具体论及文化,但是上海无疑也是中国人接受并调适西方文化的关键。[②] 虽然无法给出具体的流播时间表和路径图,但是圣诞节俗的传播无论在1949年之前还是1979年之后,大抵呈现出以上海为扇底的扇形展开状态。上海处于中国海岸线的中轴点上,又是对外开放的中心口岸,它接受来自西方的海洋文明最快也最多,就像一把扇子的扇轴一样,联通南北两侧沿海的诸多城市,扇动它们所吸收的"西风",无论是物质还是文化均是如此,当然,其"风力"随地域的延展而必然有所减弱,圣诞节这个洋节在中国的传播也大致如此。[③]

关于上海近代以来民俗的演变,有人认为它融合了中国民俗、上海传统民俗和西方民俗三个来源,它们不是简单地叠加,也非机械拼凑,而是一种共时的

---

① 圣诞节在民国时期的广州并不热闹,有人观察到,抗战胜利以后,与香港过圣诞节热闹的场景相比,广州的市面"没有半点圣诞节日的景象。大概这里的同胞们还没有几个与圣诞老人认识吧"。参见梁风:《广州片段》,《申报》,1946年1月6日,第1版。

② 关于墨菲的观点,可参阅他的著作《上海——现代中国的钥匙》,上海社会科学院历史研究所译,上海人民出版社,1986年。

③ 这只是个比喻,借以说明西方物质、文化对中国产生影响的大致情况,不能一一对应现实。比如广州在民国时期并没有明显的圣诞热,沿海城市也并不是都过圣诞节。改革开放以后,广州较早受香港的影响而形成圣诞热,并不比上海落后多少。当然也会有其他的例外,比如北京和天津很难说受上海的影响有多大,关于这方面的情况,难有定论。

融汇和历时的沉淀,由此形成了上海现时的新民俗,如图 7－1 所示。[①] 如果我们把"上海"替换成"某市",这个图也基本适用中国其他城市,程度可能有所降低,地区差异当然会更大些。这不是说所有的地方都受了上海的影响因而形成了新民俗,而是指当代中国城市在受西方文化、节俗的影响过程中,都存在这样的融汇模式。不过,也应该承认,上海吸收西方民俗在历史上确实是领风气之先的,上海最早形成中西方交融的城市新民俗,因此会有许多人认为其他地方是在学上海的风气。

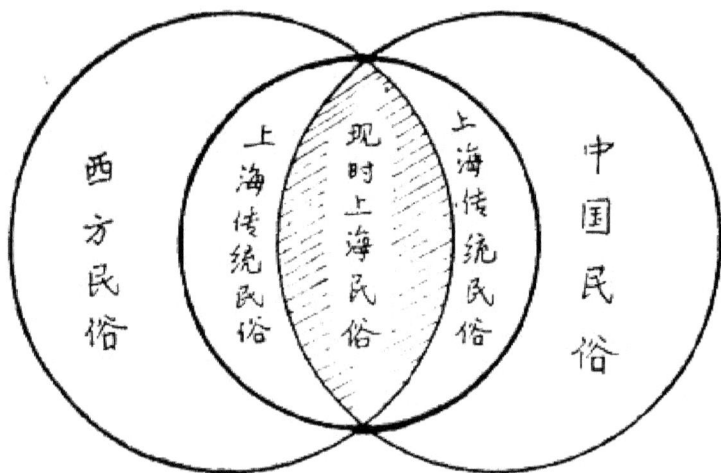

图 7－1

关于上海在中国的地位和影响力,有许多论著阐述,此处我只想借用 20 世纪 30 年代的一次征文的集子稍加展开。[②] 在这本题为《上海的将来》的小书中,许多作者都对当时的上海提出了严厉的批评,认为上海在帝国主义统治下藏污纳垢,甚至把上海视为"中国的浪子""中国的荡妇",包藏这无限的危机。[③] 也有人冷静地观察上海,并对其将来在中国的位置做出预测。黄幼雄和俞颂华认为,将来的上海有两种可能的变化,一种是上海现有的模式慢慢扩展至全国,

① 郑土有:《冲突·并存·交融·创新:上海民俗的形成与特点》,《中国民间文化——上海民俗研究》,第 14 页。
② 1933 年,上海《新中华》杂志以"上海的将来"为题向各界征文,字数限一千字,此次征文次年一月结集出版。
③ 新中华杂志社编:《上海的将来》,中华书局,1934 年 1 月版,第 61 页。

全国都变成了上海,黄河就像苏州河,长江仿佛洋泾浜,东海之滨就是外滩;另一种可能是,上海渐渐失去特殊性,溶化在全国之中,因为到那时,全中国的政治和社会都走上了正轨,实业和物质文明都很繁荣,现在上海的一切畸形和不合理全被消灭。他们认为前一种可能是外国人的努力,后一种变化是中国人自己奋斗的结果。① 沈志远的希望是:"将来的上海扩大成为整个的中国! 到了那时,上海就是中国,中国就是上海。"②黄幼雄、俞颂华与沈志远的出发点是不一样的,前者从反帝国主义的立场,不愿意看到全中国变成当时的上海,后者承认当时上海的发展模式就是中国将来的模式。黄幼雄、俞颂华的第二种设想其实也是把上海当时的繁荣看成中国未来的状态,只是要去掉上海因租界而具有的特殊性而已。

　　其他有些作者也注意到上海在文化、习俗方面的地位。孙本文认为上海就是一幅中国社会史的缩影图,上海的文化代表着中国最新的文化,同时也保留了中国固有文化,因此,将来的上海是全国文化的集中地,一方面可以代表文化最新的潮流,一方面也可代表固有文化,"将来之上海,必为奇风异俗荟萃之区,巴黎、伦敦、柏林、莫斯科之最新交际方式,必同时见于上海社会。其他婚嫁丧葬待人接物之各种仪节,亦必竞效世界最新之方式。"③曾觉之更以文化融合的观点来论述上海物质文化和精神文化,他认为一切物的混合和人的混合必然创造出新的东西来,物质上有上海式的东西,人物上又何尝没有上海式的人们?"人们不要诅咒,上海式的人们将要普遍于全中国,如上海的东西一般呢!"混合的结果自然是产生出一种崭新的混合文明,"这正是将来文明的特征。将来文明要混合一切而成,在其混合的过程中,当然表现无可名言的离奇现象。但一经淘炼,至成熟纯净之候,人们要惊叹其无边彩耀了。"④他们都认为上海式的文化和上海式的人们(也就是具有上海文化特质的人)代表了全中国文化的发展方向,这种文化并不拒斥西方文化的影响,反而以开放的姿态接纳之,以熔铸出新的文明。

　　之所以引述上面的文字,是因为我在研究圣诞节在中国为何流行的时候,

----

① 新中华杂志社编:《上海的将来》,第 15 页。
② 新中华杂志社编:《上海的将来》,第 68 页。
③ 新中华杂志社编:《上海的将来》,第 85 页。
④ 新中华杂志社编:《上海的将来》,第 79 页。

发现上海始终是中心,这是我最初开始接触这个话题时并未想到的。^① 上海在民国时期首先形成了过圣诞节的风气,这离不开上海整个的政治、经济、文化、社会环境,特别是租界繁荣的商业文化。高加龙(Sherman Cochran)在《发明南京路:上海的商业文化,1900-1945》一书的序言中曾提出这样的问题:1900年到1945年之间的上海商业文化究竟是进口的还是被发明出来的(Imported or Invented)? 他在自己的专文中认为,像英美烟草公司这样的美国企业把美国式的广告照搬入中国最初并不成功,直到采用中国人熟悉的内容和方式之后才得以全面铺开,并取得成功,随后即有中国企业效法他们的做法。^② 高加龙编辑的这本书里的其他几篇文章也提到上海商业以及商业推销中西合璧的风格。可以说,上海的商业文化是在进口的基础上被发明出来的,是中西商业文化混合的产物,因此才有"上海式的东西"辐射全国的巨大效果,就像英美烟草公司发明的月份牌广告形式风靡全国一样。所谓"上海式的人们"其实也是综合了中西特点的人们,他们是中国人,但是饱吸了西洋文明,生活方式也不免含有许多西化的成分。

商业化加上西化,圣诞节就有了流行的基础,正如吴承仕所说,圣诞节在中国之形成是因为"圣诞商品"的需要,然后可见各色各样的广告,于是形成了我们心中的"圣诞节。这种以商品为基础的圣诞节首先出现在上海,称之为"海派圣诞"也不为过。

就像《上海的将来》中有些作者所观察到并且设想的那样,上海的发展模式——除去租界这个特殊的历史存在之外——就是全中国当时以及未来的发展模式。"海派"的工业、商业、文化、教育乃至新闻业等等,总之,上海的一切可能确实如张仲礼先生所说的那样,处处呈现出一种所谓的"孤岛效应"。^③ 这种效应指的是上海相对于全中国的特殊性,而不是指抗战爆发到太平洋战争时的那段特殊历史时期。"孤岛效应"可能有些畸形,但是往往能获得超常发展的机会。但是,当租界成为历史,上海完全属于中国人之后,在它的"孤岛"特性慢慢消去的时候,实际上也是这种特性慢慢扩散的过程,直到全中国都在不同程度

---

① 我最初对圣诞节的传播感兴趣和许多人一样,仅仅是因为自己经历了这个洋节,注意到它在中国城市里越来越热。当我试图对它做溯源式的研究时,才发现上海的重要性。

② 参见 Sherman Cochran(ed.), *Transnational Origins of Advertising in Early Twentieth-Century China*, in Sherman Cochran ed, *Inventing Nanjing Road:Commercial Culture in Shanghai*, 1900-1945,East Asia Program,Cornell University(number 103 in the Cornell East Asia Series).

③ 参见《张仲礼文集》,上海人民出版社,2001年,第476页。

上变成上海的样子,而上海也变得与全国其他地方差不多。圣诞节在当代中国的恢复并流行就是这样,一开始是上海人最热衷过节,到 1988 年已经可以与 20 世纪三四十年代的狂欢场面比肩,进入 90 年代以后特别是 21 世纪以后,全国的大小城市都与 80 年代中后期的上海那样呈现出圣诞热。当然,上海的圣诞节仍呈现出"海派"的特征,只不过这种"海派"同时也在很大程度上成了中国其他城市的特点。

2004 年圣诞节是中国零售业全面对外开放之后的第一个圣诞节,上海的圣诞商业气氛特别浓郁,《新民晚报》在 12 月 22 日到 25 日作了大量的报道,连续几天在"夜上海"专栏推出专版,图文并茂地介绍了各种过圣诞节的花样,上海的圣诞节真的呈现出"海派"的气象。在一篇新闻里,记者自信地声称,只要在平安夜到淮海中路街区看看,你就会明白什么叫"海派圣诞":

> 东方美莎 Wa!!、第一百货淮海店推出了购物送圣诞心愿烛、点亮心愿的活动,为新一年许下美好心愿:打扮美丽人生。香港新世界设有儿童福利募捐箱,凡捐款 5 元,就能得一块心愿牌,挂在圣诞大树上,感受普天同乐。高 15 米的"新天地"圣诞树上,挂着一些贫困学生的心愿,与此同时举办的为上海慈善基金会募捐的特色商品义卖,让圣诞许愿美梦成真。
>
> 圣诞老人不仅是悄悄送来礼物的"神秘客",更变成了营造欢乐气氛的明星人物。华亭伊势丹的圣诞老人与小朋友亲密接触,又是合影留念,又是送圣诞小礼品。最妙的是红房子西菜馆里像真人一样高的圣诞老公公,这个电动遥控的"人物",会唱"圣诞歌",会跳欢快舞,带来了一份动漫乐趣。
>
> 新华联广场上的"雪人"真逗人,不远处的小木屋顶上,尽管覆盖着厚厚的"积雪",可一进屋门就温暖如春。在大上海时代广场的中庭,搭起一座别致的圣诞小屋,顾客消费满百元,就能得到一只金苹果,将它投入小屋烟囱落进小屋,便可在圣诞树上挑选一个圣诞礼品小球。
>
> 上海的西菜馆就数淮海路街区最集中,圣诞大菜、圣诞套餐、圣诞烛光餐、圣诞自助餐,品种繁多;圣诞打折、圣诞特卖,在百货商厦、世界品牌专卖店随处可见,国际购物中心五楼的世界名品折扣店,多个品牌打折让人怦然心动;圣诞的送礼也是五花八门,麦当劳上海广场

店加 6 元送一张拍拍唱英语 VCD,让圣诞营销多了点文化特色。①

圣诞树、圣诞老人、烟囱、雪人、圣诞歌、圣诞礼品、圣诞餐,世界品牌竞相在百货商场中推销,还有麦当劳这样的洋快餐,所有西方圣诞节的商业元素几乎都在这里展露无遗,而且还有圣诞慈善。什么是"海派圣诞"呢?没有解释,大概也无需解释。无需解释的以消费、娱乐为基础的快乐的圣诞节就是"海派圣诞",也是所有愿意过这个洋节的中国人心目中的圣诞节吧。②

重构的社会化节日

一个社会中的节日脱不开这个社会的人际关系网络,比如,中国传统的冬至节既要祭奠先人,又要在亲友间互送礼物,还有家庭欢宴,媳妇向舅姑献冬至履袜等风俗。③农历新年不仅家人团聚一堂,也是一年之中亲戚关系得以维系、强化的重要时机,中国人过年最典型的经验就是在亲友间来来往往,互送礼物,吃吃喝喝,年节都不来往,就意味着关系的疏远。即使逢佛诞、仙诞而形成的庙会,庙会所在地的主人也有义务招待赶庙会的亲戚。过节确实是维系社会关系的重要方式,在任何一种文化中都是如此。圣诞节在欧美国家也是一年之中家庭关系、戚友关系得以强化的时节,圣诞卡的功能就是确认社会关系,以免因距离而损害既存的社会关系。圣诞贺卡在中国特别受到欢迎,也是因为中国人本来就有在过年的时候向亲友家递名片拜年的习俗,拜年投刺而人不入门称贺谓之"飞帖",回拜的人也用这种方式。④这样的"飞帖"在功能上与圣诞卡一样,所以圣诞卡在中国也被改造为旧历年的贺年卡。

---

① 杨济诗、孙霞琴、王欣:《去淮海路过一个"海派圣诞"》,《新民晚报》,2004 年 12 月 24 日,第 3 版。

② 关于"海派",因其内涵非常丰富,很难加以定论。熊月之总结了"海派"的几个特征:创新、开放、灵活、多样以及宽容,"海派"兼收并蓄的能力非常强,无论是外地文化、外国文化、进步文化还是落后文化,都能熔于一炉。李天纲则认为"海派"也是中国型态的近代都市大众俗文化,是一种"市民文化"。参见熊月之主编:《上海通史·第一卷:导论》,上海人民出版社,1999 年,第 64 - 65 页;李天纲:《"海派"——近代市民文化之滥觞》,《人文上海——市民的空间》,上海教育出版社,2004 年,第 22 页。

③ 郑逸梅曾讲述过一个民国时期冬至节的故事。有一个师范大学的毕业生为娶一个教会大学毕业的女士,退掉原定的婚姻,这使得他父母极为不悦,也担心该女士可能会有新派的自由、解放思想。这年冬至,这对情人回家,女士向老人呈上绒绳袜履。老人因未来的媳妇懂得用四民月令之典,完全改变了对她的态度,欣然称其为贤媳。在这里,冬至传统礼节起到了确认了婚姻关系的作用。参见郑逸梅:《长至日之今昔两女士》,《申报》,1925 年 12 月 21 日,第 11 版。

④ [清]顾禄:《清嘉录·桐桥倚棹录》,第 40 页。

　　当一种文化中的节日进入另一种文化中,原本附着在这个节日的社会关系模式是否会改变呢？以我对圣诞节在中国的流行的认识来看,回答当然是:是。中国人在接受圣诞节的时候重构了围绕这个节日的西方式的社会关系模式。无论是民国时期还是改革开放以后,中国人都是根据自己的需要过圣诞节,同时把自己社会交往和社会关系带到这个洋节之中。

　　首先,中国人过圣诞节没有因信仰而结成的宗教关系,这与基督教国家过圣诞节很不相同。虽然西方的圣诞节确实是家庭团聚的节日,也是商业化很强的欢乐节,但是到教堂参加圣诞弥撒比较普遍。① 到教堂参加圣诞仪式体现的是一种社区性的宗教关系,因为在欧美国家的历史文化传统中,圣诞节首先是一个宗教性的节日,其次才是一个社会性的节日。但是在中国不然,中国人过圣诞节不问其宗教文化渊源,只是看重其表现出来的欢乐。

　　民国时期的上海人为了尽情抓住享乐的机会,随波逐流凑热闹,对于圣诞节的真正含义并不在乎。② 1940 年 12 月 24 日,一个基督教组织在《申报》上刊登了一幅特别的"恭祝圣诞"广告,用圣经里的语言告诫读者"天国近了,你们当悔改,信耶稣"。一颗红心状的图案中是一个"爱"字,下面有一黑色十字架,上书"信耶稣得救",还有一篇短文《刑罚快到,悔改趁早》。③ 广告的意思是要人们在欢度圣诞节的时候信仰耶稣,做一个基督徒。但是上海人不管这种宗教的引诱或原罪式的吓戒,没有唱过"吾主耶稣"赞美诗的上海人是不肯放过轧闹猛的机会的,"恭祝耶诞,X'MasSale,一个如火如荼的'佳节'一直延长到昨天晚上。"④上海的这种世俗圣诞的热闹与快乐即使信徒也难免其诱惑。有一位天主教徒回忆 1930 年代初过圣诞节的情形,他当时是教会学校圣方济学院的学生,圣诞夜去教堂参加弥撒时遇到属于教会的圣心医院的女护士曼琳,两人在宗教仪式结束之后,结伴到逸园舞厅跳舞。其时已过午夜,舞厅内人满为患,大家都在喝酒跳舞,他们也加入人群跳了个通宵,他们喝酒、抽烟,也把耶诞当作快乐的麻醉之宵。第二天早晨,他们又结伴回到到教堂里参加清晨弥撒,在圣母像前祈祷,在神父面前忏悔自己的享乐行为。作者承认自己所过的生活充满

　　① 据 *PEW*(美国皮尤研究中心)2013 年的一项调查,接受调查的美国人在孩提时期十分之七都参加圣诞弥撒,2013 年仍有 54% 的人打算参加宗教活动。见 http://www.pewforum.org/2013/12/18/celebrating-christmas-and-the-holidays-then-and-now/。

　　② 《耶稣再生》,《申报》,1938 年 12 月 24 日,第 12 版。

　　③ 《申报》,1940 年 12 月 24 日,第 5 版。

　　④ 韦亚君:《耶诞之夜》,《申报》,1940 年 12 月 25 日,第 7 版。

了矛盾。①

改革开放之初，因为中国人与外国的事物隔绝得太久，教堂里的圣诞弥撒曾经吸引不少人前去体验，有许多人到教堂去参加活动只不过是为了和外国人或教会人士接近，有的人想学英语，有的人想找个老外做靠山以便出国。② 更多的人去教堂观礼只是一种赶时髦，所谓的八九十年代青年人中间的"宗教热"就是这样。③ 而且，由于意识形态的敏感性，宗教性的圣诞活动与社会性的消费庆祝方式似乎也有意区别开来了，社会性的圣诞节尽量不与宗教发生关系。作家陈丹燕90年代初开始在上海东方电台主持期青少年节目，每到圣诞节时直播室都会贴出警示："圣诞是宗教节日，各位主持人不要在节目中直接提及〔宗教〕。"但是，她在1992年刚开始做主持时就做过圣诞特别节目，当时的上海人正热衷于过圣诞节。④ 当社会化的圣诞节流行起来之后，商业化、娱乐化的圣诞节就成了最主要的形式，圣诞老人而不是基督才是圣诞节的象征。所以，中国人所熟悉的圣诞装饰也只有圣诞树，少见 Nativity Scene（即耶稣诞生场景的摆设），这种摆设在西方国家也是较为重要的圣诞节装饰品，一般基督教家庭都会摆放。Christmas Putz⑤ 也没有在中国流行。总而言之，中国人对商业性的圣诞元素几乎是照单接受，而对具有宗教内涵的元素则不予关注。

其次，中国人过圣诞节不以家庭为中心，就此而言，中国人已经完全颠覆了西方圣诞节的社会习俗。中国人过圣诞节当然也会和家人逛街、吃饭、看电影，尤其会带孩子参加一些圣诞活动，但是很少有中国家庭在家里摆放圣诞树，也很少有人像西方人那样吃火鸡、布丁、蛋糕，至于在外地的子女、戚友更不会专门为了这个节日而赶回家与家人共享圣诞晚餐，欢聚一堂。对绝大多数家庭而言，过圣诞节就和过周末一样，只不过有圣诞老人，有圣诞树，有商场优惠，欢乐的气氛多些，因此也有兴致出门逛逛。中国人过圣诞节以在外消费为主，所以消费场所最热闹，商家也最卖力，和春节期间商家关门形成了鲜明的对比，这使得有些人觉得中国的春节不如圣诞节热闹，因此才有圣诞节压倒春节的错觉。

---

① 刘春华：《我与耶诞》，《上海生活》，第四年冬季号（1940年），第47—48页。

② 鸥翔：《圣诞之夜在教堂》，《解放日报》，1984年12月29日，"周末增刊"，第1版。

③ 以我亲身经历而言，80年代末至90年代中期杭州教堂圣诞瞻礼的热闹程度真可以用炽热一词，教堂内外几无插足之地，大部分人都是非教徒，大学生尤其多。

④ 陈丹燕：《上海的风花雪月》，第194页，以及扉页上的作者介绍。陈丹燕在这本书中两次专门写到"平安夜"，描述了上海人过节的场景。

⑤ 也是由耶稣诞辰场景发展而来的一种圣诞装饰，以小村落的冬日场景为主，饰以各种布景。这种装置在西方国家也很普遍。

其实,这种情况恰好反映了中国人过圣诞节的特殊性,须知,在西方国家,圣诞节的那几天也如中国的春节一样,商店歇业,街头冷冷清清。① "回家"在西方国家的圣诞节就与中国人过春节一样,是最迫切的念头,但是在中国,圣诞节期间绝不会有这种感觉。比较而言,解放前的上海因信教的人、买办和洋行职员以及受教会学校熏陶的人较多,有些家庭会像洋人那样以家庭的方式过节,有的人家也开家庭舞会,这种做派甚至延续到"文革"前,直到政府将家庭舞会划定为"黑灯舞会"并严厉查处才停止。② 解放后偷偷开舞会过圣诞的上海人,也不过是那些拥有旧式公馆、花园洋房的少数人家,他们在解放前就有这样的习惯,普通人群中根本不存在家庭过节的现象,80 年代以后在家里过圣诞节,即使有也不是普遍现象。

再次,圣诞节在中国主要是年轻人的节日,也就是部分人的节日,不像在西方国家几乎是全民的节日。③ 中国的年轻人过圣诞节主要与朋友在一起聚会,形式多样,无所拘束,因此这个洋节也可称是年轻人的社交节。无论在民国时期还是在今天,圣诞节在青年男女之间其实也是一个情人节,是情人之间送礼、约会的好时机。

中国的节日普遍缺乏个人化特征,适合年轻人表达浪漫的节日更是阙如。圣诞节在中国既然已被改造成以青年群体为主的消费节,爱情也就多了一个浪漫的机会。有外国人认为中国流行过圣诞节并不表明"西化",很多青年人把圣诞节和情人节当作身份认同的工具,尤其对男性青年而言,他得为感情作出承诺,"对于中国青年来说,圣诞礼物多了一次表白的机会:'亲爱的,我愿意为你付出一切。'这也被认为是表达忠贞不渝的一种方式。"④ "平安果"被认为是中国人独创的圣诞节商品,许多"平安果"上除了中英文的"圣诞快乐""平安""平平安安"等之外,也有英文"I Love You"和中文"我爱你",并且会印上一个"心"形图案。

在当代中国,人们一谈起"洋节",往往把圣诞节与情人节相提并论,我想主

① 作家、翻译家杨静远 1947 年在美国密歇根安阿伯看到的圣诞节景象是:"美国的圣诞节真是冷冷清清的。人们都蜷伏在家里,街上空空荡荡,店铺一概关门,连吃饭的地方都找不到。"而她在 1945 年圣诞节时前经过上海出国前所见到的街头圣诞景象却是一片欢乐和繁华。参见杨静远:《写给恋人》,商务印书馆,2015 年,第 268 页,41 页。
② 程乃珊:《上海探戈》,第 47 页。
③ 前面提到的 PEW 2013 年的调查表明,有 92% 的美国人(无论是否基督徒)都过圣诞节。
④ 汤姆·道克特罗夫:《中国人为何要过圣诞节》,《环球时报》,2010 年 12 月 20 日,第 6 版。按,原文发表于美国网络报纸《赫芬顿邮报》,译者陈一,原文不是这个标题。

要的原因是它们都是年轻人过的节日,这两个节日也与年轻人的感情诉求比较契合,圣诞节包含了友情和爱情,所以比情人节更加热闹。有学者认为中国的年轻人之所以喜欢圣诞节和情人节,原因有二,一是异域文化的新鲜感,这是对平时紧张生活的补充调剂;其二,它们是公共性的节日,年轻男女可以借节日的机会表述爱情,并因此而感受到快乐。① 中国人不善于表达感情,母亲节、父亲节这样的"洋节"使我们得以把藏在心底的亲情表达出来,同样,圣诞节和情人节也为年轻人表达爱情提供了正当的机会,在大家都表达爱的节日里,感情上的怯懦者也会变得大胆,这也是节日的功能之一吧。从这个意义上说,洋节的引入和转化对中国人的感情生活也是大有益处的。②

复次,中国的集体性圣诞活动也较为普遍。③ 民国时期,教会机构的慈善性圣诞活动总有大量的社会底层人士参加;一些公司(如先施公司)和工厂(浦东)也曾在青年会组织下过圣诞节;儿童和学校(包括校友会)过圣诞节就更为普遍。这在第二章中已有叙述。如今,每逢圣诞节,部分公司、企业或学校,也会有集体活动,许多人把圣诞节看作是活跃内部文化的一个好时机。因为儿童的关系,幼儿园和小学的活动相对更多些。2009 年,南京某报记者随机采访市区十所幼儿园,结果发现每家幼儿园都搞圣诞活动,圣诞老人、圣诞树其实也是陪衬,有的幼儿园主办者明确表示这是为了让孩子们体会快乐,通过参与圣诞游艺活动也可展示小朋友的才艺。④ 上海市教育系统的儿童研究中心曾做过一个调查,发现儿童最喜爱的节日依次是儿童节、春节、国庆节和圣诞节,该中心的负责人参与过多次学校组织的圣诞活动,许多学校都是老师和家长、孩子一起布置圣诞树,一起唱圣诞歌,大家都很快乐。该中心的负责人认为,"尽管过的是'洋节',但是蕴涵其中的向往和平、渴望安宁、追求幸福、共享欢乐的美

---

① 宋晓华、邵生余、张晨、孙巡:《欢乐圣诞 理性思考》,《新华日报》"焦点新闻",2007 年 12 月 25 日,A03 版。

② "洋节"也促使有些人努力挖掘本土文化中相仿的节日,比如《七夕情人节》就是一例。这里顺带提一下民国时期对西方情人节的认识。当时的人们把"瓦伦丁节"直译为"斐兰棠节",英汉字典也称之为"和鸣节",因为 2 月 14 日也是大地回春,百鸟择偶的季节。也有人称之为"情圣节"。参见嵩 :《情圣节杂缀》,《申报》,1926 年 2 月 19 日,第 12 版。但是这个洋节没有像圣诞那样在中国流行。不过,民国时期已经有人倡议用"七夕"代替西方的情人节,可参见《蒋碧微回忆录》(下册)《我与张道藩》,华东师范大学出版社,2014 年,第 226 页。另见怡红:《推行情人节》,《海晶》,1946 年第 24 期,第 12 页。

③ 当然,西方国家的公司、学校、慈善组织等也会举办集体活动,但是这些活动一般都在圣诞节前许多天(有时甚至数周前)举行,不大会在圣诞节期间。而中国人的集体活动却大部分在圣诞日或前一天举办。

④ 刘艳元、刘庆传、王世停、庾康:《"圣诞热"中,不妨从孩子的视角探析其背后的动因——"铃儿响叮当",究竟敲响了什么》,《新华日报》,2009 年 12 月 25 日,A5 版。

好情感确实是美好的、纯洁的,我感到这种情感也是儿童成长的宝贵营养,是不能拒绝的。"①总而言之,圣诞节可以丰富学校文化活动,是培养孩子们积极情感的机会,和一般的文娱活动没有本质的差异。

维多利亚时期的英国和美国以家庭为中心重新塑造了现代的圣诞节,中国人接受的圣诞节去除了两个最核心的西方价值:宗教和家庭。这样的节日实在不应该再叫做"洋节",我们只是利用了这个外来节日的形式,置换进去的是属于中国人自己的交往方式和情感方式,或许还有少许文化内涵,比如集体文化。由于是中国化了的圣诞节,每到圣诞节年轻人呼朋唤友,购物之外不外乎参加热闹的派对、K 歌、大吃大喝等等,闹哄哄的节日气氛与本土的节假日没有太大的区别。这种"洋节","洋人"不能理解,也并不喜欢。来自美国的魏一凡(Tim Hathaway)是一个在中国工作生活了多年的文化研究者,2003 年他第一次遭遇了中国式圣诞节,中国人的过节方式让他有些沮丧。他到中国的教堂里参加子夜弥撒,发现中国人在教堂里异常兴奋,毫无肃穆的庄严的神情。尤其让他不能忍受的是,许多中国人忙着对神父和教堂内的塑像、绘画和装饰拍照,即使弥撒开始后也是喋喋不休,甚至打电话安排弥撒之后的娱乐活动安排。商店、街头的热闹程度让他感到吃惊。中国的朋友们热情地邀请他到外面吃饭、喝酒,一起过节,他只能婉言谢绝。在他看来,中国式圣诞节的一切都和美国不同。在他的家乡,圣诞节体现的是家庭的温馨、快乐,弥撒是肃穆神圣的。他直言不讳地说:我真不喜欢中国的圣诞节。他赞同 2006 年"十博士"反对圣诞节的宣言,但是他的立论基础完全不同,在他这个西方人看来,"圣诞的文化'感染'不是一件伤害中国文化的事,反而伤害的是基督教文化和跨文化的交流。我在中国人过圣诞节的方式中看不见关于跨文化理解的努力,看见的甚至是误解。"他非常痛惜自己的文化在中国遭到这样的待遇,认为中国人这样过圣诞节是"无礼"的表现。当然,他也尽量以宽容的态度对待这种圣诞节的"汉化",毕竟中国在自己的文化中生产出来的仍是中国人,就像佛教和马克思主义已完全具有中国特色一样,尽管他不认为基督教也能进入中国的主流文化。②

从魏一凡的观点中我们可以看到,至少在某些西方人眼中,圣诞节在中国已经"汉化"到了伤害基督教文化的程度。换言之,中国式圣诞节基本上是中国人按照自己的需要改造过的名义上的"洋节",与西方圣诞节的共通之处主要是

① 杨江丁:《关于圣诞节的随想》,《上海教育》,2012 年第 36 期,第 45 页。
② Tim Hathaway(魏一凡):《圣诞节里的文化"感染"》,《南风窗》,2010 年第 1 期,第 98－99 页。

商业消费,圣诞节在宗教、家庭、文化方面的内涵则基本上没有被中国人接纳。

政治、文化与日常生活

　　程乃珊在讲述上海"阿飞"的过去与今天的时候认为,一般人以为上海自解放以后就没有了时尚,特别是西方的时尚。其实不然,"上海的时尚,一度并非都是记载于经籍之内,而只是一种民间创作。一直以来直到改革开放,上海的流行时尚,只是一股暗流,虽再三遭堵截,只如割韭菜,割了又长,长了再割,挖空心思想出这些时尚玩意的,就是那批所谓的'阿飞'"。①　"阿飞"风气代表的就是流行时尚,并非人们所认为的流氓习气。程乃珊提到,20世纪60年代初上海"新仙林"溜冰场是上海人最喜欢的娱乐场所,因为它坐落在南京西路老租界欧式建筑群之间,有一种"前朝遗风的韵味,沾着点点西方的生活特色。"②"新仙林"解放前是上海著名的舞厅,每到圣诞节也与其他舞厅一样,既有圣诞大餐,也有通宵舞会,是一个狂欢的地方。虽然娱乐的形式改变了,上海人追求西式生活的本质仍顽强地延续了下来,当20世纪八九十年代经济生活中的市场、消费导向确立以后,上海人特别有一种怀旧情绪,即对旧上海过去的那种既洋派又市井的日常生活的怀念。程乃珊自己也曾说,"或者,今日上海最流行的时尚,是怀旧。"③

　　怀旧的实质是把过去的生活美化之后加以认同。普通的老上海人也会根据自己的生活经验来判断过去与现在。20世纪90年代,许多老上海人认为当时正在上海出现的经济活动、生活方式与旧社会没有什么不同,他们认为"旧社会又回来了","忘记过去的60年—90年代与30年代接轨了。"④对旧上海没有亲身体会的年轻人,也可以通过"新天地"这样的怀旧空间而消费老上海的风情。在新、旧上海之间,半个多世纪的时间里被人们忘记的是什么? 联系两个历史空间的又是什么?

---

　　①　程乃珊:《上海探戈》,第16页。"阿飞"是 figure(有型,身段好,引人注目)的上海叫法,属于洋泾浜英语,其实与 play boy 同一意思,指的是奇装异服、多异性朋友、推崇西方生活方式的年轻人,与流氓没有关系。参见同书,第1页。
　　②　程乃珊:《上海探戈》,第21页。
　　③　程乃珊:《上海探戈》,第28页。
　　④　卢汉超:《霓虹灯外——20世纪初日常生活中的上海》,第294页。

　　前文曾引叶晓青的文字,她认为上海的普通百姓没有传统的道德负担,十分乐于接受新鲜事物、西方物质文明。卢汉超也认为中国百姓的实用主义思维使得他们更注重实际的利益,只要人们有实际的需要,就会毫不犹豫地抛弃旧存的一切而采用新的生活方式。在这个过程中,意识形态对处在日常生活中的人们来说太奢侈了。① 也就是说,政治意识形态虽能发挥很大的作用,但是具有日常生活理性的人们最关注的仍然是生活本身,一旦在日常生活中有自由选择生活方式的可能,意识形态自然就不再强制人们如何安排个人的日常生活。这也符合改革开放政策的逻辑,发展经济,共同富裕,让人们自己选择适合自己的发展道路和生活方式,使所有人都过上富足、快乐的生活,是政治考量的最重要的出发点。

　　北伐成功以后,反基督教热潮渐退,圣诞节在上海逐渐热闹起来,有些人便放下政治重担而享受消费给人们带来的愉悦,热衷于圣诞节的人中也不乏"革命同志"。到抗战胜利以后,从南京到上海、北京、重庆、武汉,不仅一般民众,就是政府也都加入了庆祝圣诞节的行列,其中虽有美国人的因素,但是人们早已习惯了这个洋节也是重要的原因。蒋碧微就曾说,她虽不是基督徒,但是喜欢过圣诞节,尤其喜欢圣诞树引起了欢愉快乐的情绪,她每年都要在家里布置一棵"火树银花"般的圣诞树,总要摆到旧历年之后,直到它枝叶枯萎。② 当时的人们在过圣诞节的时候既没有宗教观念的顾虑,也没有政治意识形态的束缚,完全是为了两个字:快乐。反观有人所称的中国"圣诞节"——孔子诞辰纪念,虽有南京政府的法定地位,也是一个国家级的节日,但是庆祝活动仅限于官方组织的活动,在一般民众的日常生活领域中看不到轻松快乐的过节行为,当然更不会有尽情享乐的消费、狂欢。

　　说到这里,我想通过孤岛时期"左联"作家石灵的一篇文章来说明,即使是左翼进步人士,也对圣诞节抱有好感,其出发点就是:生活。石灵的《圣诞树下》刊于左翼杂志《鲁迅风》第一期,这篇文章的开头写到,公共租界工部局写信给上海各报馆,请报馆告诉有汽车的人圣诞节那天不要在马路上停留,尤其不要到南京路一带特别热闹的地方去,以免影响他人。作者由此生发感慨,他想到圣诞日也是我们民族的一个纪念日(云南起义纪念日或民族复兴节,但是作者不明说,可能因为民族复兴节与蒋介石有关),何以我们的纪念日绝没人家的日

---

　　① 　卢汉超:《霓虹灯外——20世纪初日常生活中的上海》,第273-274页。
　　② 　《蒋碧微回忆录》(下册)《我与张道藩》,第289页。

子那般热闹呢？在作者看来,这个问题牵涉到为何外国人比中国人强的根本原因。就他所见的圣诞节的热闹状况而言,生活态度之不同就是原因之一:

> 我们讲中庸,已经几千年了,凡事不走极端,少年必须老成,逼人不为已甚。就是在吃西瓜,也颇有人以为应该想到河山破碎。这当然不能算坏,不过这如果一经养成一种态度,就把不定会应用到坏的一面去,在真正该想到河山破碎的时候,反而又想到吃西瓜。于是就前者说:西瓜既吃得不痛快,河山也依归破碎着;就后者说,河山依归破碎着,西瓜也没得吃。快乐的时候不能尽情地快乐,悲哀的时候不能尽情地悲哀。我们好像一出生,就带来了一副无表情的脸,一颗麻木的心。

石灵认为,严肃地工作、认真地游戏才是健康的生活,才是丰富的人生。这种说法似乎有个人主义的嫌疑,但是作者认为中国人最缺乏的正是这种个人主义,如果我们把西洋文明中的个人主义精神接受过来,也许就能够避免工作和战斗中的许多弱点。他明确指出,中国目前的民族解放运动无非是要在将来经过资本主义阶段(作者在此特意强调“不是跳过资本主义的阶段”),达到理想社会,而在资本主义的产物中,个人主义不属于坏的方面,因为这是一种真实、严肃的生活态度。他对中国人过圣诞节持积极的态度:

> 在圣诞树下熙熙攘攘的人们,起码已经是敢笑的了:这态度里,正蕴蓄着敢哭敢骂敢打的成分,因此,到了那天,如果街上还不至于真正的水泄不通,我们倒值得去凑凑热闹,比较比较,看人家精神饱满的人的生活方式是什么样子。我们自己又是什么样子。[1]

这些话出自一个左翼知识分子之口,咋看似乎很不可理解,其实,这番话的内在精神与鲁迅一一致。[2] 圣诞节作为一种西方生活方式,体现的是生活本身所具有的活力,也是个人主义活力的一种表现。

石灵的这些文字似乎是一个预言。四十余年之后,个人主义确实伴随着市场经济的步伐进入了中国人的日常生活。20 世纪 80 年代,当圣诞节又进入生

---

① 石灵:《圣诞树下》,《鲁迅风》,第 1 期(1939 年),第 5－6 页。附注:石灵后来接任《鲁迅风》主编,后加入共产党,是一个典型的左翼知识分子。他的这篇文章未收入《石灵选集》(新文艺出版社,1958年),也没有被收入《戴着枷锁跳舞——三十年代“鲁迅风”杂文选》(姜振昌、王连仲编,文化艺术出版社,1996 年)和《啸傲霜天——〈鲁迅风〉〈杂文〉散文随笔选萃》(王国绶选编,天津人民出版社,1998 年)。

② 鲁迅关于“青年必读书”的短文中对中外书籍的对比,实际上讲的就是对中外文化差异,他说“中国书虽有劝人入世的,也多是僵尸的乐观,外国书即使是颓废与厌世的,但却是活人的颓废与厌世。”见鲁迅:《青年必读书——应〈京报副刊〉的征求》,《华盖集》,人民文学出版社,1980 年,第 4 页。

活在像上海这样的大城市中的人们的日常生活时,有记者不自觉地把这股圣诞热归结于改革开放后人们对政治意识形态的松弛心态,代之而起的是对生活的热情,因而热情地欢呼这股世俗化的潮流。[1] 当时曾有记者记述了一位在上海某厂任专家顾问的美国共和党人大卫与该厂办公室主任关于圣诞节的一段趣事。厂主任邀请大卫参加在上海国际礼拜堂举办的圣诞夜晚会,但是大卫以自己不是教徒为由婉转拒绝了,这令主任大为尴尬,因为这位有着二十三年党龄的共产党员为了搞到入场券已经费尽各种关系,而且,主任已经在厂里俱乐部吃了圣诞餐,又跳了一会烛光迪斯科。[2] 这一节文字的小标题是"共和党人与共产党人的圣诞对话"。同一年圣诞节,有近五百人在杭州海丰西餐社吃圣诞大餐,记者遇到两位参加浙江省第八次党代会的代表,记者表示惊讶,党代表却轻松地说:"难道来西餐厅过一个圣诞夜,就会改变自己的信仰吗?"[3]在他们眼中,过圣诞节无关于政治信仰,意识形态自然不能成为拒绝圣诞大餐的理由。确实,改革开放至今,圣诞节从未受到来自意识形态管理部门的正式的公开的谴责,更没有在社会生活中加以禁止的官方命令[4],即使在 80 年代反资产阶级自由化和清除精神污染的两次政治运动中也是如此。等到 90 年代初市场经济政策完全确立以后,圣诞节也成了中国节日市场的一部分,这个洋节更没有遇到政治意识形态的直接的、正面的压力,耶稣的诞辰在当代中国能成为一个洋节日,这是一个不可忽视的因素,之所以如此,自然是因为这个洋节对刺激消费、拉动内需有积极的作用。也就是说,市场经济的逻辑在一定程度上占了上风。

　　作为一个洋节,圣诞节其实也是检验中国社会生活变迁的一个标尺。圣诞节在 1949 年之后消失的三十年时间,也是中国人的日常生活掺杂了过多的政治生活的时候。国家重新落实宗教政策以后,圣诞节逐渐回到社会中,它越来越热闹也是中国人的生活回归日常逻辑的标志之一,因为它是人们凭着生活本身的感受而自然选择的结果。商业的助推作用并不能用来指责人们过圣诞节就是集体无意识的表现,或者失去了文化自觉,就好像我们购买进口商品并不意味着丧失了作为一个中国人的资格,或者没有爱国心,等等,许多人只是在消

---

[1]　见第六章所引吴纪春《消失的"正统"——关于我们节日的报告》一文。

[2]　习慧泽:《圣诞潮的沉思》,《商界风云录》,第 54-55 页。

[3]　章新民:《圣诞,年轻人的新节日——昨晚杭城见闻录》,《钱江晚报》,1988 年 12 月 25 日,第 1 版。

[4]　最多也是某些地方的教育部门干预学校和学生的过节行为。

费而已,平常日子的消费与借着节日消费只有量的差别,并无质的不同。节日越多,消费也就更加旺盛,同时又能增进友情和亲情,从文化的角度看也使社会更加多元化。"洋",我们不要把它看成作耻辱的字眼,换一个角度,它也标志着中国社会的开放程度,而成为"节",表明中国的日常社会中又多了一个欢乐的机会,如果把西方的情人节、愚人节、母亲节、父亲节、万圣节也算上,再加上中国传统节日的日益复兴,对丰富中国日常社会的节庆文化也不无益处。

中国人自古以来就非常注重世俗性的日常生活,所以中国人在世俗生活中表现出对外来事物很强的转化能力。相对而言,这种转化能力在物质上体现得更为明显,我们只要看看近代中国方言中以"洋"字开头的物品名称就可以略知一二。① 文化上,只要与政治意识形态没有太大的瓜葛,外国的东西一般也被广泛接纳,解放前上海、天津等大城市里好莱坞电影的大肆流行就是一例②,圣诞节的流行当然更可以说明这一现象。我在前文指出过,圣诞节之所以在中国流行,有一个重要的原因就是它有物质基础,于是便有了圣诞消费。几乎所有民间流行的节日都有物质消费的一面,这大概是人类社会的共性,而基于物质消费的节本身就是一种文化。中国帝制时代往往限制淫祠淫祀,但是对因民间信仰而形成的庙会、集市并不干预,赶庙会至今被视为传统文化的重要形式,这是因为庙会为人们的日常生活提供了交换物品的便利,同时是社交、娱乐的时机。许多庙会的形成借助的就是宗教人物的"圣诞",比如佛诞、观音诞几乎在全国都有热闹的香市,神仙(吕洞宾)的诞日在苏州一带也有所谓"轧神仙"而形成的集市交易。③ 这一习俗如今已是苏州民俗旅游的正式项目,政府和商家看中的当然是其中蕴含的"宝贵的经济资源"。④

---

① 如洋酒、洋菜(馆)、洋装(服)、洋表、洋布、洋镜、洋车、洋蜡烛、洋灯、洋炉、洋火、洋烟(皮)、洋钉、洋(肥)皂、洋房(楼)、洋枪、洋炮、洋钱(钿)、羊绒、洋线、洋机(缝纫机)、洋袜、洋娃娃、洋参、洋墨水等等。

② 《申报》上的好莱坞电影广告可谓铺天盖地,该报并有"电影周刊"(后改为"电影专刊"),以介绍好莱坞电影为主。《大公报》《益世报》也有许多此类电影广告,当然远不及《申报》多。1935 年一年中,上海的 37 家电影院上映了 378 部外国电影,其中 332 部是美国电影。参见罗杰姆·陈:《中国和西方:1815 年至 1937 年的社会与文化》,转引自史书美:《现代的诱惑:书写半殖民地中国的现代主义(1917 - 1937)》,何恬译,江苏人民出版社,2007 年,第 305 - 306 页。

③ [清]顾禄:《清嘉录·桐桥倚棹录》,第 107 - 109 页。另可参见[清]袁景澜:《吴郡岁华纪丽》,甘兰经等校点,江苏古籍出版社,1998 年,第 161 - 162 页。

④ 苏州的"轧神仙"(扎神仙)民俗从 1999 年起重新恢复,主要是民俗旅游,每年 5 月底举行,在此期间人流量暴增,商业收入激增。2009 年该项目进入《江苏省非物质文化遗产名录》,2012 年完成了"轧神仙"商标注册。参见刘玉琴:《双重视角看苏走人"轧神仙"》,《新华日报》,2007 年 6 月 11 日,B03 版;刘晓平:《"轧神仙"成功申注册两类商标》,《苏州日报》,2012 年 4 月 19 日,A13 版。

从消费和日常生活的角度来看,圣诞节与中国民间节日其实并无本质上的差别,就如耶稣的诞辰被称为"圣诞"一样,这完全是一个中国化的称谓,反倒是"外国冬至",虽有冬至之名,其实表明了与中国人之间仍存在着文化上的巨大隔膜。由"外国冬至"到"圣诞节"的称谓转换也是中国人越来越接纳这个洋节的过程,可视为中国人主动消除文化隔膜的举动,正如绪论中所引的那篇《隔膜解》所说的那样,"隔膜要由生活来解除"。在这个过程中,似乎并不存在文化霸权问题,无论在民国时期还是在当代都是如此,这中间所体现的恐怕是学者所说的 20 世纪 80 年代的"文化热"中曾表现得非常充分的文化世界主义(cosmopolitianism)倾向,是中国人主动"走向世界""走向全球"的一种文化现象①,其基础是基于物质消费的日常生活行为,这种倾向至今仍是推动中国向前发展的基本动力之一。

---

① 史书美:《现代的诱惑:书写半殖民地中国的现代主义(1917-1937)》,序,第 2 页。

参考文献

一、报纸①

1. 1949 年以前

《申报》(上海)〔浙江大学图书馆藏影印本；部分使用"青苹果数据中心"的数据库(美国威斯康星大学图书馆订购)〕、《北华捷报》(The North China Herald)〔使用 Newspaper archive 数据库(美国威斯康星大学图书馆)〕、《民国日报》(上海)、《大公报》(天津)、《益世报》(天津)、《顺天时报》(北京)〔"瀚堂近代报刊"数据库(浙江大学图书馆订购)〕、《社会日报》(上海)(孟兆臣主编:《中国近代小报汇刊》,北京出版社,2009 年)

2. 当代

《人民日报》(北京)、《解放日报》(上海)、《新民晚报》(上海)、《杭州日报》、《钱江晚报》(杭州)、《羊城晚报》(广州)、《南方日报》(广州)、《广州日报》、《北京晚报》、《中国青年报》(北京)、《新华每日电讯》(北京)、《天津日报》、《南京日报》、《合肥晚报》、《经济参考报》(北京)、《经济日报》(北京)、《光明日报》(北京)、《福建日报》(福州)

3. 以下报纸采用"中华书苑数字报纸库报"(浙江大学图书馆订购)

《文艺报》(北京)、《中国改革报》(北京)、《法制晚报》(北京)、《检察日报》(北京)、《东方早报》(上海)、《工人日报》(北京)、《新闻晚报》(上海)、《国际金融报》(北京)、《遵义晚报》、《沈阳日报》、《内蒙古晨报》(呼和浩特)、《新晚报》(哈尔滨)、《河南日报》(郑州)、《深圳商报》、《成都晚报》、《长春日报》、《新华日报》(南京)、《申江服务导报》(上海)、《京华时报》(北京)、《重庆日报》、《重庆晚报》、《都市快报》(杭州)、《消费日报》(北京)、《扬子晚报》(南京)、《武汉晚报》、《贵州商报》(贵阳)、《团结报》(北京)、《北京娱乐信报》、《新闻晨报》(上海)

---

① 除注明之外,均为浙江大学图书馆藏。

4.《纽约时报》(ProQest Historical Newspaper 数据库,美国威斯康星大学图书馆订购)

二、书籍

1. 中文

[1] 包天笑:《钏影楼回忆录》,山西古籍出版社、山西教育出版社 1999 年版。

[2] [法]白吉尔著:《上海史:走向现代之路》,王菊、赵念国译,上海社会科学院出版社 2005 年版。

[3] [宋]陈元靓:《岁时广记》,商务印书馆 1939 版。

[4] 上海市档案馆编:《陈光甫日记》,上海书店出版社 2002 版。

[5] 程乃珊:《上海探戈》,学林出版社 2002 年版。

[6] 陈丹燕:《上海的风花雪月》,作家出版社 2000 年第 2 版。

[7] 程恩富主编:《上海消费市场发展史略》,上海财经大学出版社 1996 年版。

[8] [清]董丰垣:《识小编》,载王云五主编"丛书集成初编"《剿说·识小编》,商务印书馆 1936 年版。

[9] [清]甘熙:《白下琐言》,邓振明点校,南京出版社 2007 年版。

[10] 高福进:《"洋娱乐的流入"——近代上海的文化娱乐业》,上海人民出版社 2003 年版。

[11] [英]E.霍布斯鲍姆、T.兰格著:《传统的发明》,顾杭、庞冠群译,译林出版社 2004 年版。

[12] [美]凡勃伦:《有闲阶级论》,蔡受百译,商务印书馆 2013 年版。

[13] 冯自由:《革命逸史》初集,中华书局 1981 年版。

[14] [清]顾炎武:《日知录校释》(上),张京华校释,岳麓书社 2011 年版。

[15] [清]顾禄:《清嘉录·桐桥倚棹录》,来新夏、王稼句点校,中华书局 2008 年版。

[16] 顾裕禄:《中国天主教的过去和现在》,上海社会科学院出版社 1989 年版。

[17] 顾裕禄:《中国天主教述评》,上海社会科学院出版社 2005 年版。

[18] 黄濬:《花随人圣庵摭忆》,中华书局 2008 年版。

[19] 济南市档案馆、中共济南市委党史委编:《济南革命历史档案资料选编》,济南出版社 1991 年版。

[20] 翦伯赞等编《戊戌变法》第 2 册,上海人民出版社 2000 年版。

[21] 《坚决肃清龚品梅反革命集团,彻底清除暗藏在天主教内的一切反革命分

子》(续辑),上海人民出版社 1955 年版。

[22] 江钟秀:《尊孔大义》,浙江大学图书馆百万册数字图书(CADAL),无出版年份、页码不可辨。

[23] 蒋碧微:《蒋碧微回忆录》,华东师范大学出版社 2014 年版。

[24] [清]孔尚任:《节序同风录》手稿本(浙江大学图书馆百万册数字图书,无出版年份)。

[25] 孔德懋:《孔府内宅轶事》,天津人民出版社 1982 年版。

[26] [清]李堂阶:《李文清公日记》,穆易校点,岳麓书社 2010 年版。

[27] [清]李斗:《扬州画舫录》,汪北平、涂雨公点校,中华书局 1960 年版。

[28] 李欧梵:《上海摩登——一种新都市文化在中国 1930－1945》,毛尖译,北京大学出版社 2001 年版。

[29] 李天纲:《人文上海——市民的空间》,上海教育出版社 2004 年版。

[30] 李申编:《释奠孔子文献与图说》,国家图书馆出版社 2012 版。

[31] 《历代尊孔记孔教外论合刻》,中国道德会出版(1934 年)。

[32] [清]刘榛:《虚直堂文集》,康熙刻补修本。

[33] [清]刘锦藻:《清续文献通考》(第二册),商务印书馆 1936 年版。

[34] 刘豁公:《上海竹枝词》,雕龙出版社 1925 年版。

[35] 卢汉超:《霓虹灯外——20 世纪初日常生活中的上海》,锻炼、吴敏、子羽译,上海古籍出版社,2004 版。

[36] 鲁迅:《华盖集》,人民文学出版社 1958 年版。

[37] 鲁迅:《且介亭杂文二集》,人民文学出版社 1993 年版。

[38] 鲁迅:《鲁迅日记》,人民文学出版社 2006 年版。

[39] [清]陆士谔:《十尾龟》,中国文史出版社 2003 年版。

[40] [宋]陆九渊:《陆象山全集》(卷三十六·年谱),中国书店 1992 年版。

[41] [清]陆以湉:《冷庐杂识》,崔凡芝点校,中华书局 1984 年版。

[42] 罗兹·墨菲:《上海——现代中国的钥匙》,上海社会科学院历史研究所译,上海人民出版社 1986 年版。

[43] [德]马克斯·韦伯:《新教伦理与资本主义精神》,康乐、简惠美译,广西师范大学出版社 2010 年版。

[44] [清]毛奇龄:《西河集》(六),王云五主编"四库全书珍本十一集",商务印书馆(台北)1981 年版。

[45] [清] 潘荣陛:《帝京岁时纪胜》,收入《帝京岁时纪胜·燕京岁时记》,北京

古籍出版社 1981 年版。

[46] 潘益大主编:《大上海万花筒——社会大特写荟萃》,上海人民出版社 1989 年版。

[47] 任福黎编印:《乙亥夏历孔诞祭祀纪念刊》卷上,长沙同文印刷公司 1936 年夏四月出版。

[48] 上海市文物保管委员会编:《康有为与保皇会》,上海人民出版社 1982 年版。

[49] 上海民间文艺家协会编:《中国民间文化——上海民俗研究》,学林出版社 1991 年版。

[50] [明]沈德符:《万历野获编》中册,中华书局 1959 年版(2004 年重印)。

[51] 沈善洪主编:《蔡元培选集》上册,浙江教育出版社 1993 年版。

[52] 史书美:《现代的诱惑:书写半殖民地中国的现代主义(1917－1937)》,何恬译,江苏人民出版社 2007 年版。

[53] 宋军:《申报的兴衰》,上海社会科学院出版社 1996 年版。

[54] [清]孙泽承:《春明梦余录》上册,王剑英点校,北京古籍出版社 1992 年版。

[55] 孙镇东编著:《中国纪念节日手册》,台湾东华书局股份有限公司 1987 年版。

[56] 汤亦可编:《圣诞丛谈》,世界书局 1945 年再版。

[57] 汤志钧编:《康有为政论集》,中华书局 1981 年版。

[58] [宋]王明清:《挥尘录》"挥尘前录卷一",上海书店出版社 2009 年版。

[59] 王定九编:《上海的门径》,上海中央书店 1936 年版。

[60] 王尔敏:《近代文化生态及其变迁》,百花洲文艺出版社 2002 年版。

[61] 王潍江、吕澍辑译:《另眼相看——晚清德语文献中的上海》,上海辞书出版社 2009 年版。

[62] 汪晖、余国良编:《上海:城市、社会与文化》,中文大学出版社(香港)1998 年版。

[63] [清]文庆、李宗昉等纂修:《钦定国子监志》(上册),郭亚南等点校,北京古籍出版社 2000 年版。

[64] 《翁心存日记》第一册,张剑整理,中华书局 2011 年版。

[65] 《吴承仕文录》,北京师范大学出版社 1984 年版。

[66] 巫仁恕、康豹、林美莉主编:《从城市看中国的现代性》,台湾"中央研究院"

近代史研究所 2010 年版。

[67] 习慧泽:《圣诞潮的沉思》,《商界风云录》(上海青年记者自选文丛),文汇出版社 1991 年版。

[68] 新中华杂志社编:《上海的将来》,中华书局,1934 年 1 月版。

[69] 熊月之、周武主编:《圣约翰大学史》,上海人民出版社 2006 年版。

[70] 熊月之主编:《上海通史·第一卷:导论》,上海人民出版社 1999 年版。

[71] [北齐]颜之推:《颜氏家训》,夏家善、夏春田注释,天津古籍出版社 1995 年版。

[72] 杨东平:《城市季风:北京和上海的文化精神》,新星出版社 2006 年版。

[73] 杨静远:《写给恋人》,商务印书馆 2015 年版。

[74] 杨天宏:《基督教与近代中国》,四川人民出版社 1994 年版。

[75] [清]袁景澜:《吴郡岁华纪丽》,甘兰经等校点,江苏古籍出版社 1998 年版。

[76] 《张荫桓日记》,任青、马文忠整理,上海书店出版社 2004 年版。

[77] 张钦士选辑:《国内近十年来之宗教思潮——燕京华文学校研究科参考材料》,Printed by Commercial Press Works,Peking.1927.4。

[78] 《张仲礼文集》,上海人民出版社 2001 年版。

[79] [梁]宗懔:《荆楚岁时记》,宋金龙校注,陕西人民出版社 1987 年版。

[80] [清]朱寿朋:《光绪朝东华录》(第五册),中华书局 1958 年版。

[81] 中国图书编译馆:《上海春秋》,香港南天书业公司 1968 年版。

[82] 中国第二历史档案馆编:《中华民国史档案史料汇编》第三辑"文化",江苏古籍出版社 1991 年版。

[83] 中国第二历史档案馆编:《中华民国史档案资料汇编》第五辑第一编"文化"(一),江苏古籍出版社 1991 年版。

[84] 中国第二历史档案馆编:《中华民国史档案资料汇编》第五辑第一编"文化"(二),江苏古籍出版社 1994 年版。

[85] 中国新民主主义青年团中央委员会办公厅编:《中国青年运动历史资料(1925)》,1957 年 5 月出版(1981 重印),石油部物探局制图厂印刷。

[86] 《中国青年运动历史资料(1926－1927)》,1957 年 5 月(1981 年重印)。

[87] 《中国青年运动历史资料(1928 年)》,1957 年 11 月(1981 年重印)。

[88] 《中国青年运动历史资料(1929 年 7 月-12 月)》,1958 年 7 月(1981 年重印)。

［89］《中国青年运动历史资料(1930 年 1 月-6 月)》,1959 年 12 月(1981 年重印)。

［90］中国陕西省委党校党史教研室、陕西省社会科学院党史研究室:《新民主主义革命时期陕西大事记述》,陕西人民出版社 1980 年版。

［91］中华大辞典编纂处编:《国语辞典》,商务印书馆 1936 年初版(1948 年重印)。

［92］中国社会科学院近代史研究所中华民国史组编:《中华民国史资料丛稿》特刊第一辑"中国近代尊孔逆流史事纪年(上编)",中华书局 1974 年版。

［93］邹依仁:《旧上海人口变迁的研究》,上海人民出版社 1980 年版。

2. 英文

［1］Adrew David Field. *Shanghai's Dancing World*：*Cabaret Culture and Urban Politics*,1919－1954.The Chinese University Press,2010.

［2］Daniel Miller ed. *Unwrapping Christmas*.Oxford University Press,1993.

［3］Eugenia L.Tennant. *American Christmas*：*From the Puritans to the Victorians*. Exposition Press,1975.

［4］Francis G.James & Miriam G.Hill（Ed）. *Joy to the World*：*Two Thousand Years of Christmas*. Four Court Press,2000.

［5］Frank Dikötter. *Exotic Commodities*：*Modern Objects and Everyday Life in China*. Columbia University Press,2006.

［6］James H.Barnett. *The American Christmas*：*A Study in National Culture*. Arno Press,1976.

［7］James C.Thomson Jr. *While China Faced West*：*American Reformers in Nationalist Chin*a,1928－1937. Harvard University Press,1969.

［8］J.M.Golby and A.W.Purdue. *The Making of the Modern Christmas*. The University of Georgia Press,1986.

［9］Jessie Gregory Lutz. *China and the Christian Colleges* 1950－1950. Cornell University Press 1971.

［10］Ke-Che Yip. *Religion*，*Nationalism*，*and Chinese Students*：*the Anti-Christian Movement of* 1922－1927.Center for East Asian Studies,Western Washington University,1980.

［11］Mark Connelly. *Christmas*：*A Social History*. I. B. Tauris & Co

Ltd,1999.

[12] Neil Armstrong. *Christmas in nineteenth-century England*. Manchester University Press,2010.

[13] Penne L.Restad. *Christmas in America：A History*. Oxford University Press,1995.

[14] Sherman Cochran ed. *Inventing Nanjing Road：Commercial Culture in Shanghai*，1900-1945，*East Asia Program*. Cornell University(number 103 in the Cornell East Asia Series).

[15] Shirley S.Garret. *Social Reformers in Urban China：The Chinese Y.M.C.A.*,1895-1926. Harvard University Press,1970

[16] Wen-hsin Yeh. *Shanghai Splendor：Economic Sentiments and the Making of Modern China*，1843-1949. University of California Press,2007.

[17] William B.Waits. *The Modern Christmas in America：A Cultural History of Gift Giving*. New York University Press,1993.

三、期刊、论文

1. 中文

[1]《八月二十七日澳门同人祀孔子记》(光绪二十五年九月初一日),《知新报》第一百零一册。

[2]白痴:《狂欢之夜在上海——庆祝蒋委员长脱险》,《新人》,第3卷第20期(1837年新年号)。

[3]蓓蕾女士:《上海冬天的两条神秘之路》,《上海周报》,第1卷第7期(1933年)。

[4]陈独秀:《基督教与中国人》,《新青年》,第7卷第3号(1920年2月1日出版)。

[5]陈竞:《"革命化的春节"过了十年》,《党的建设》,2006年第1期。

[6]《陈总司令济棠请恢复孔关岳祀典提案》,《军声》第5卷第6期(1933年)

[7]《呈请中央明定孔子祀典之鱼电(民国十七年八月六日于衡阳清乡会办行署)》,《国光杂志》第8期(1935年)。

[8]《此亦是圣诞节一篇非基督教文字》,《真光》,29卷第1期(1930年)。

[9]《崇圣会与海内商榷圣诞办法公械》,《崇圣汇志》,第1卷第10期(1914

年）。

[10] 春申君:《上海的跳舞场》,《上海周报》,第 1 卷第 19 期(1933 年)。

[11]《大学校园里的"圣诞热"》,《视听界》,1989 年第 2 期。

[12]《大都会之兴奋剂——狂欢圣诞夜》,《展望》,1939 年第 1 期。

[13]《丁祭盛典纪略》,《宪法新闻》,1913 年第 17 册。

[14] 段琦:《中国基督教的本色化》,《中国社会科学院院报》,2003 - 3 - 18(3)。

[15]《反基督教运动再起》,《清华周刊》,第 34 卷第 9 期(1930 年)。

[16]《反对外力干涉》,《兴华》,第 22 卷第 2 期(1925 年)。

[17]《非基督教学生同盟宣言》,《先驱》,第 4 期(非基督教学生同盟号),1922
     年 3 月 15 日。

[18]《非基督教学生同盟通电》,《先驱》,第 4 期(非基督教学生同盟号),1922
     年 3 月 15 日。

[19] 冯亦斐:《圣诞经济:全球消费主义者的大狂欢》,《新闻周刊》,2003 年第
     47 期。

[20] 扶雅:《非基督教运动的前途》,《青年友》,5 卷 2 期(1925 年)。

[21]《古往今来忆圣诞》,《中国天主教》第 2 期(1981 年)。

[22] 郭栋:《圣诞的引力——青年宗教热的思考》,《青年探索》,1994 年第 3 期。

[23] 韩华:《民初废除尊孔读经及其社会反响》,《社会科学战线》2006 年第
     4 期。

[24] 胡克廷:《霞飞路上的"圣诞大菜"》,《食品与生活》,2006 年第 12 期。

[25]《沪市工人工资最低每月七元》,《中国实业》,第 1 卷第 8 期(1835)。

[26] 绩溪胡氏学校:《国庆纪念与孔子圣诞》,《来复报》,第 512 期(1928 年)。

[27] 家豹:《圣诞前后 X'mas Eve》,《上海周报》第 1 卷第 6 期(1933)。

[28] 健庵:《祀孔日期刍言》(社论),《国光杂志》第 7 期(1935 年)。

[29]《晋阎对废止祀孔谈话》,《兴华》,第 25 卷第 10 期(1928 年)。

[30] 敬昔:《中外冬至谈》,《上海生活》,1941 年(第 12 期?)

[31] 康有为:《曲阜大成节举行典礼序》,《孔教会杂志》第二卷第一号。

[32] 康有为:《曲阜大成节举行典礼序》,《不忍》杂志第九、十期(合刊),1917 年
     12 月出版。

[33]《孔教会总章程》,《孔教会杂志》第 2 卷第 1 号。

[34]《孔子诞日行礼通告》、《孔子圣诞演礼纪盛》、《孔子圣诞第一日预祝纪
     盛》,《孔社杂志》1915 年第 5 号。

[35]《孔子诞日庆祝规条》,《来复报》(杂志),第 26 期(1918 年)。

[36]《孔子诞辰举行纪念会及丁祭》,《浙江青年》1935 年第 1 卷第 11 期。

[37]《孔子诞辰宣传大纲》,《中央周报》第 323 期(1934 年)。

[38] 刘福庭神父:《首都神长教友热烈庆祝圣诞》,《中国天主教》第 2 期(1981 年)。

[39] 刘春华:《我与耶诞》,《上海生活》,第四年冬季号(1940 年)。

[40] 刘义:《基督徒与民初宪法上的信教自由——以定孔教为国教之争为中心(1912-1917)》,《东岳论丛》,2005 年第 1 期。

[41] 刘庆和、李珍军:《著名马列原著翻译家柯柏年》,《红广角》,2011 年第 10 期。

[42] 鲁汉:《废祀孔与复祀孔》,《革命》(周报)第 63 期(1928 年)。

[43] 梦蚨:《耶稣圣诞节与非基运动周》,《希望月刊》,7 卷 12 期(1930 年)。

[44]《内务教育两部为丁祭事会同通告各省电文》,《临时政府公报》1912 年第 32 期。

[45]《内务教育两部复金华府民事长丁祭办法电文》,《临时政府公报》1912 年第 40 期。

[46]《内务部通告》,《政府公报》,1919 年(第 1322 号)。

[47]《清华铲除基督教青年团宣言》,《清华周刊》(铲除基督教专号),第 33 卷第 10 期(1930 年)。

[48]《青年会讨论非基问题(上海)》、《基督徒援救非基督学生》,《真光》,第 26 卷第 1 期(1927 年)。

[49] 阮清华:《餐桌上的中西交流——红房子西菜馆》,《国际市场》,2012 年第 4 期。

[50] 荣昌教徒一分子:《教会今后对非基运动的应付》,《希望月刊》,第 7 卷第 2 期(1930 年)。

[51] 若旺:《上海教区神长教友热诚虔敬欢度圣诞》,《中国天主教》第 2 期(1981 年)。

[52] 瑟瑟:《圣诞节·店门以外》,《国闻周报》,第 2 卷第 49 期(1925 年 12 月 20 日)。

[53]《三晋圣诞之纪盛》,《崇圣汇志》,第 1 卷第 4 号(1913 年)。

[54]《山西宗圣社会缘起》,《崇圣汇志》,1913 年,第 1 卷第 1 号。

[55]《山西宗圣通告圣诞之公布》,《崇圣汇志》,第 1 卷第 4 号(1913 年)。

[56]《山西巡按使道坚先生圣诞日提倡圣道之布告》,《崇圣汇志》,第1卷第10期(1914年)。

[57] 善虞:《圣诞前夕上海舞市杂写》,《上海人》,创刊号(1938年1月1日出版)。

[58]《上海道台跳舞会记》,《时务报》第四十册。

[59]《上海特别市市政府训令第一六四二号》,《上海特别市市政府公报》第13期(1928年8月)。

[60]《圣诞日志非教潮(广东)》,《真光》,第25卷第1期(1926年)。

[61]《圣诞对话》,《中国天主教》第6期(1983年)。

[62]《圣诞漫话》,《中国天主教》第6期(1983年)。

[63]《圣诞史话》,《中国天主教》1987年第4期。

[64] 邵力子:《圣诞讲演》(1934年8月27日),《陕西省孔教会汇志》1935年第4期。

[65]《时事采集(国内之部)》,《来复报》(杂志),第502期(1928年)。

[66]《祀天祀孔问题面面观》,《兴华》,1916年,第13卷第37期。

[67] 石灵:《圣诞树下》,《鲁迅风》第1期(1939年)。

[68] 松烟:《礼物》,《北新》(周刊),第20期(1927年1月1日出版)。

[69] 宋伯鲁:《说礼》,《陕西省孔教会汇志》,1932年8月。

[70] 孙科:《国民党与基督教》,《真光》,第24卷第2期(1925年)。

[71] 他攻:《耶诞节的盛馔——火鸡》,《大陆》,第1卷第4期(1940)。

[72] 陶飞亚:《共产国际代表与中国非基督教运动》,《近代史研究》,2003年第5期。

[73] 王谢家:《对于取消祭天祭孔之抗议》,《崇圣学报》1916年(5附)。

[74] 歪嘴:《圣诞老人与灶君菩萨:一队打拉酥》,《艺海周刊》,1939年第11期。

[75] Tim Hathaway(魏一凡):《圣诞节里的文化"感染"》,《南风窗》,2010年第1期。

[76]《我对非基督教运动进一言》,《兴华》,第22卷第2期(1925年)。

[77]《我对非基督教运动进一言》,《兴华》,第22卷第2期(1925年)。

[78] 吴贯因:《中国本位的文化与外国本位的文化》,《文化建设》,第1卷第9期(1935年6月10日)。

[79] 吴建华:《汤斌毁淫祠事件》,《清史研究》,1996年第1期。

[80] 午光:《中国反基督教运动小史》,《清华周刊》,第33卷第10期(1930年)。

[81] 夏鼎铭：《社会新闻漫议》（上），《新闻大学》，1984 年第 2 期。

[82] 《湘闽皖三省学生反基督运动之举行》，《教育杂志》，第 18 卷第 2 期（1926 年）。

[83] 《向全国神长教友祝贺圣诞的信》，《中国天主教》第 2 期（1981 年）。

[84] 《校闻·青年会》，《清华周刊》，第 225 期（1921 年）。

[85] 忻平、赵凤欣：《革命化春节：政治视野下的春节习俗变革——以上海为中心的研究》，《中共党史研究》，2014 年第 8 期。

[86] 徐义君：《我党早期卓越的革命家张秋人》，《浙江学刊》，1982 年第 2 期。

[87] 学昭：《圣诞节的回忆》，《北新》（周刊），第 20 期（1927 年 1 月 1 日出版）。

[88] 杨江丁：《关于圣诞节的随想》，《上海教育》，2012 年第 36 期。

[89] 杨天宏：《世界基督教学生同盟第十一届大会与中国反基督教运动关系辨析》，《历史研究》，2006 年第 4 期。

[90] 杨天宏：《中国非基督教运动（1922－1927）》，《历史研究》，1993 年第 6 期。

[91] 仰公：《孔子生日祀典感言》（社论），《国光杂志》第 8 期（1935 年）。

[92] 怡红：《推行情人节》，《海晶》，1946 年第 24 期。

[93] 亦镜：《如是我闻之"非基督教周"的反基督教运动》，《真光》，第 24 卷第 1 期（1925 年）。

[94] 亦镜：《书民十七耶稣诞日上海的非基运动》，《真光》，第 28 卷第 2 期（1929 年）。

[95] 亦镜：《广州本届圣诞节之非教运动》，《真光》，第 29 卷第 1 期（1930 年）。

[96] 逸子：《圣诞节的前夜》，《新人周刊》，第 1 卷第 15 期（1934）。

[97] 《预祝圣诞》，《清华周刊》，第 300 期（1923 年）。

[98] 《云南圣诞之整肃》，《崇圣汇志》，第 1 卷第 10 期（1914 年）。

[99] 运炎：《我对非基督教运动进一言》，《青年友》，第 5 卷第 3 期（1925 年）。

[100] 曾觉叟：《孔子诞辰纪念感言》，《国光杂志》第 8 期（1935 年）。

[101] 查士杰：《民国初年基督教会的发展（一九一七——一九二二）》，《中国现代史专题研究报告》（第十一辑）（中华民国史料研究中心）。

[102] 张国祥、陈法清：《红房子西菜馆的由来》，《上海档案》，1988 年第 5 期。

[103] 《中国的圣诞》，《兴华》，第 19 卷第 49 期（1922 年）。

[104] 《中国天主教爱国会、中国天主教教务委员会举行欢庆圣诞座谈会》，《中国天主教》第 2 期。

[105] 《中国天主教爱国会、中国天主教教务委员会举行欢庆圣诞座谈会》，《中

国天主教》第 2 期。

[106] 邹振环:《西餐引入与近代上海城市文化空间的开拓》,《史林》,2007 年第 4 期。

[107] 左玉河:《跳舞与礼教:1927 年天津禁舞风波》,《河北学刊》,2005 年第 5 期。

2. 英文

[1] Jessie G.Lutz.Chinese nationalism and the Anti-Christian Campaigns of the 1920s.Modern Asian Studies,Vol.10.No.3.

[2] Lewis Hodus.The Anti-Christian Movement in China, *The Journal of Religion*,Vol.10,No.4(Oct.,1930).

[3] Paul A.Cohen.The Anti-Christian Tradition in China.*The Journal of Asian Studies*,Vol.20,No.2(Feb.,1961).

[4] Tatsuro Yamamoto and Sumiko Yamamoto. The Anti-Christian Movement in China,1922 - 1927.*The Far Eastern Quarterly*,Vol.12,No.2 (Feb.,1953).

索　引

圣诞老爹

圣诞树

圣诞卡

圣诞大餐

圣诞大菜

圣诞舞会

圣诞消费

圣诞增刊

圣诞热

圣诞颂歌

颂歌哲学

商业化

生日

上海

《申报》

《申报·自由谈》

圣·尼古拉斯

圣约翰大学

世俗化

社会化

商店

商场

社会主义青年团

生活方式

T

托马斯·纳斯特

同乐会

跳舞（场）

W

外国冬至

外国年

文化适应

文化同化

文化侵略

物质文化

维多利亚时期（时代）

外国清明

舞厅

舞会

舞女

X

消费

消费文化

习俗

西国

西方

西学

西教

西餐

西化

先师孔子诞辰纪念日

现代性

Y

洋货

洋节

洋冬（至）

阳历

阳历年

耶稣

耶稣诞辰

后　记

　　本书的书稿四年前即已初具,此后时加修改,随后便谋求出版。数觅之后,联系到上海交大出版社的提文静女士,她曾在我工作的浙江大学攻读研究生,当年我对她的这个姓氏印象很深。文静非常热心,努力使拙稿得以顺利出版,这是我特别要感谢的。复旦大学新闻学院的黄旦老师对我这本小书也很关心,时常问起书稿出版一事,并在出版过程中给了我很大的帮助,感激不尽。另外,我还要感谢出版社匿名审稿者的宽容和辛苦工作,我根据审稿意见认真修改了一些文字,使得书中的有些表述严谨了些。

　　本书的部分章节曾以论文的形式分别发表于《学术月刊》和《史林》,都是上海的学术刊物,梓行本书的出版社也在上海,而书中的内容也以上海为中心。我和上海真的有缘!这使我想起家乡宜兴方言中所称的"生报纸"。我小时候就知道,所有报纸都叫"生报纸",常听大人说"拿张生报纸来包包"。上大学之后才知道,所谓"生报纸"其实是《申报》纸。张静庐在初版于 1928 年的《中国的新闻纸》中说:"《申报》这一名词,在中国境内,没有人不晓得的……这'申报纸'三个字,几乎在中国内地是代表任何新闻纸的一个总名称了。"我记得初次看到这段话时,感到十分亲切。如果没有《申报》留下这么丰富的关于外国冬至的文字,我很怀疑自己能否着手做这项研究。因为,我最初对此话题产生兴趣,首先想到的便是去图书馆看看《申报》影印本。结果使我喜出望外。所以,我要感谢自清朝同光年间到民国时期《申报》的那些记者、作者、编者,以及那些舍得花钱在外国冬至节期做广告的商家。

邵志择

2018 年 10 月 11 日记于杭州余杭塘寓所